瞭望者

J

暨南文库·新闻传播学
JINAN Series in Journalism & Communication

编 委 会

本书为国家社会科学基金重大招标项目

"数字媒介时代的文艺批评研究"

阶段性成果

（项目号19ZDA269）

暨南文库·新闻传播学 1

JINAN Series in Journalism & Communication

媒介文化论

曾一果 著

暨南大学出版社
JINAN UNIVERSITY PRESS

中国·广州

图书在版编目（CIP）数据

媒介文化论/曾一果著. —广州：暨南大学出版社，2020.8（2023.7 重印）
（暨南文库. 新闻传播学）
ISBN 978 – 7 – 5668 – 2899 – 6

Ⅰ. ①媒… Ⅱ. ①曾… Ⅲ. ①传播媒介—文集 Ⅳ. ①G206. 2 – 53

中国版本图书馆 CIP 数据核字（2020）第 067260 号

媒介文化论

MEIJIE WENHUA LUN

著　者：曾一果

出 版 人：张晋升
项目统筹：黄圣英
责任编辑：冯　琳　亢东昌
责任校对：黄　球　冯月盈
责任印制：周一丹　郑玉婷

出版发行：暨南大学出版社（511443）
电　　话：总编室（8620）37332601
　　　　　营销部（8620）37332680　37332681　37332682　37332683
传　　真：（8620）37332660（办公室）　37332684（营销部）
网　　址：http://www.jnupress.com
排　　版：广州尚文数码科技有限公司
印　　刷：深圳市新联美术印刷有限公司
开　　本：787mm×1092mm　1/16
印　　张：17.75
字　　数：305 千
版　　次：2020 年 8 月第 1 版
印　　次：2023 年 7 月第 3 次
定　　价：70.00 元

总　序

……

如果从口语传播追溯起，新闻传播的历史至少与人类的历史一样久远。古人"尝恨天下无书以广新闻"，这大约是中国新闻传播活动走向制度化的一次比较早的觉醒。

消息、传闻、故事、新闻、报道，乃至愈来愈切近的信息、传播、大数据，它们或者与人们的生活特别相关、比较相关、不那么相关、一点也不相干，或者被视为一道道桥上的风景、一缕缕窗边的闲情抑或一粒粒天际的尘埃，转眼消失在风里。微观地看，除了极少数的场景外，新闻多一点还是少一点，未必会造成实质性的差别；本质地看，人类作为社会性的动物，莫不以社会交往，包括新闻传播的存在和丰富化为前提。

这也恰好是新闻传播生存样态的一种写照——人人心中有，大多笔下无。它的作用机制和内在规律究竟为何，它的边界究竟如何界定，每每人见人殊。要而言之，新闻传播学界其实永远不乏至为坚定、至为执着的务求寻根问底的一群人。

因此人们经常欣喜于新闻传播学啼声的清脆、交流的隽永，以及辩驳诘难的偶尔露峥嵘。重要的也许不是发现本身，而是有越来越多的研究者参与其中，或披荆斩棘，或整理修葺。走的人多了，便有了豁然开朗。倘若去粗取精，总会雁过留声；倘若去伪存真，总会人过留名。

走的人多了，我们就要成为真正的学术共同体，不囿于门户之见，又不息于学术的竞争。走的人多了，我们也要不避于小心地求证、深邃地思考，学而不思则罔。走的人多了，我们还要努力站在前人、今人的肩膀上，站得更高一些，看得更远一些。

这里的"我们"，所指的首先是暨南大学的新闻传播学人。自 1946 年起，创系先贤、中国第一位新闻学博士、毕业于德国慕尼黑大学的冯列山先生，以及上海《新闻报》总经理詹文浒先生等以启山林，至今弦歌不辍。求学问道的同好相互砥砺，相互激发，始有本文库的问世。

"我们"，也是沧海之一粟。小我终究要融入大我，我们的心血结晶不仅要接受全国同一学科学术共同体的检验，还要接受来自新闻、视听、广告、舆情、公共传播、跨文化传播等领域的更多读者的批评。重要的不完全是结果，更多的是过程。在这一过程中我们特别关注以下剖面：

第一，特定经验与全球视野的结合。文库的选题有时是从一斑窥起，主要目标仍然是研究中国全豹，当然，我们也偶或关注印度豹、非洲豹和美洲豹。在全球化时代，我们的研究总体会自觉不自觉地增添一些国际元素。

第二，理论思辨与贴近现实的结合。犹太谚语云"人类一思考，上帝就发笑"，或许指的是人力有时而穷，另外一种解释是万一我们脱离现实太远，也有可能会堕入五里雾中。理论联系实际，不仅是哲学的或革命的词句，也是科学的进路。

第三，新闻传播与科学技术的结合。作为一个极具公共性的学术领域，新闻传播的工具属于拿来主义的为多。而今，更是越来越频繁地跨界，直指5G、云计算、人工智能等自然科学的地盘。虽然并非试图攻城拔寨，但是新兴媒体始终是交叉学科的前沿地带之一。

归根结底，伟大的时代是投鞭击鼓的出卷人，我们是新闻传播学某一个年级某一个班级的以勤补拙的答卷人，广大的同行们、读者们是挑剔犀利的阅卷人。我们期望更多的人加入我们，我们期望为知识的积累和进步贡献绵薄的力量，我们期望不辜负于这一前所未有的气势磅礴的新时代！

编委会

2019 年 12 月

自序　媒介、文化与社会

…　…

　　本书的关键词有三个：媒介、文化与社会。吉见俊哉在《媒介文化论》的译本序中指出，媒介具有左右现代社会的强力动能，"战争、全球化、消费、经济、政治、乃至教育、宗教，现代的各种欲望与不安，媒介都是中介者。事实上，媒介论的视野横跨了广泛的知识领域，含盖（狭义的）大众传播理论、社会学、文学研究、资讯研究、政治学、历史学等学科。在这样的理解基础下，认识媒介应该是今日大学教育不可或缺的一步"。这也是本书写作的初衷，我们需要通过媒介理解人类历史发展至今的各种文化，特别是不断涌现的新兴文化。我们也需要通过媒介理解社会，离开了各种媒介，我们是没有办法理解我们所处的社会的。当然，反过来，要理解日新月异的各种媒介，不仅要懂得一定的媒介技术知识，还需要从文化和社会的角度理解媒介。将媒介置于特定的历史、文化和社会语境中加以考察，能够让我们摆脱仅仅将媒介视为信息传递渠道的单一认识。

　　具体而言，本书共分为六章，包括媒介文化理论、媒介与文化认同、媒介与政治传播、电视文化批判、新媒介与亚文化、媒介时代的性别图景等内容，涵盖了这些年来我对报纸杂志、电影电视、互联网、新媒体等不同媒体的观察分析，同时也包含了这些年来我对媒介与文化认同、媒介与政治传播、媒介与青年亚文化以及媒介与性别认同等问题的研究思考。我试图通过对上述议题的探究更好地认识种种新旧媒体，进而通过对各种媒介的研究，思考中国当代的文化与社会问题。我也希望这本书能够对读者从文化和社会的层面了解各种媒介的价值，以及从媒介的层面了解我国当代文化和社会的真实状况有所帮助。当然，由于才疏学浅，我的研究还存在着许多不足。

　　近年来，在"文化研究热"和新媒体快速发展的文化背景下，媒介文化研究在东西方都受到不少学者的关注，如英国的尼克·史蒂文森，美国的道格拉斯·凯尔纳以及日本的吉见俊哉都长期关注媒介文化；中国大陆的蒋原伦、隋岩、陈龙、蒋晓丽等人早已对媒介文化展开了研究；中国香港和台湾则有马杰伟、史文鸿、吴俊雄、冯应谦、张锦华、卢岚兰等人关注媒介文化。一些学校还在新闻传播学、文学和艺术学等学科领域开设媒介文化的本科、硕士和博士课程，媒介文化研究渐成气候，且跨越不同的学科领域。媒介文化研究在方法上也开始多元化起来，既包括传统的文化主义和文本研究，也有日益壮大的社会调查研究和民族志研究。不过，就整体而言，媒介文化研究无论在深度还是广度上都还相当不足。特别是随着新媒介技术的迅速推进，关于新媒体文化理论和现象的研究都还显得薄弱。

因此，我的这本书其实是"抛砖引玉"，希望通过这本书，能有越来越多的人开始了解媒介文化，走进媒介文化，切实地展开媒介文化理论与实践研究。

著　者

2019 年 10 月

媒介文化论

目 录
contents

第一章

媒介文化理论

······

第一节 现代性反思：法兰克福学派的批判理论

法兰克福学派成员继承了马克思对资本主义社会的批判传统，但与传统马克思主义思想有所不同的是，他们的注意力不再集中于考察资本主义的生产和再生产过程，而是将马克思主义学说与弗洛伊德精神分析学相结合，以马克思的"商品拜物教"理论为基础，批评整个现代社会对人的奴役和控制。

一、法兰克福学派的批判理论

在法兰克福大学社会研究所成立之前，匈牙利思想家卢卡奇已在《历史与阶级意识——关于马克思主义辩证法的研究》一书中开始批判资本主义的统治机制。在书中，卢卡奇不仅将批判的矛头指向资本家，而且指向整个现代社会制度。他认为现代资本主义体系借助马克斯·韦伯所说的合理化原则建立起来，合理化原则根据所谓的科学计算来调节，但看似严密的科学计算却导致主体和客体两方面都发生了"决定性的变化"：

第一，劳动过程的可计算性要求破坏产品本身的有机的、不合理的、始终由质所决定的统一。在对所有应达到的结果作越来越精确的预先计算这种意义上，只有通过把任何一个整体最准确地分解成它的各个组成部分，通过研究它们生产的特殊局部规律，合理化才是可以达到的。因此，它必须同根据传统劳动经验对整个产品进行有机生产的方式决裂：没有专门化，合理化是不可思议的。

…………

第二，生产的客体被分成许多部分这种情况，必然意味着它的主体也被分成许多部分。由于劳动过程的合理化，工人的人的性质和特点与这些抽象的局部规律按照预先合理的估计起作用相对立，越来越表现为只是错误的源泉。人无论在客观上还是在他对劳动过程的态度上都不表现为是这个过程的真正的主人，而是作为机械化的一部分被结合到某一机械系统里去。他发现这一机械系统是现成的、完全不依赖于他而运行的，他不管愿意与否必须服从于它的规律。①

卢卡奇认为这种越来越机械化和专门化的生产破坏了人类本性，而且生产效率越高、越先进、越理智，人类主体畸形发展的情况就越明显："工人的劳动力同他的个性相分离，它变成一种物，一种他在市场上出卖的对象，这种情况也在这里反复发生。区别仅仅在于，不是所有的精神能力都受到机械化的压抑，而是只有一种能力（或一系列能力）被与整个人格分离开来，被与它相对立地客体化，变成一种物，一种商品。"② 卢卡奇认为现代资本主义生产的可怕之处就在于"物化"现象不是"局部形式"，而是人类的"普遍形式"，工人的命运成为"整个社会的普遍命运"。

卢卡奇对于资本主义社会制度的尖锐批判影响了法兰克福学派，霍克海默、阿道尔诺等人认为不仅是资本主义制度造就了人的"异化"，而且启蒙本身就是有问题的。20 世纪 40 年代，霍克海默和阿道尔诺在美国合著《启蒙辩证法》一书，开始对"文化工业"展开系统批判，他们在后来的回忆中认为该书"不少思想今天尚未过时"。③ 可见他们对这本合著的重视，在书里，霍克海默和阿道尔诺严厉批判了整个现代社会制度对人的伤害。

法兰克福学派的理论经常被人们称为"批判理论"。"批判理论"一说最初源于霍克海默所写的著名论文《传统理论与批判理论》，在文章里，霍克海默划分了两种社会理论模式：传统理论模式和批判理论模式。传统理论倾向于科学研究，将整个社会当作物理学或者数学对象，通过搜集材料、设计问卷以及调查研究等方式进行研究。霍克海默对这种经验主义研究并不满意，他认为传统理论仅仅停留在具体经验上，"这种对于理论的理解没有弄清楚科学真正的社

---

① ［匈］卢卡奇著，杜章智、任立、燕宏远译：《历史与阶级意识——关于马克思主义辩证法的研究》，北京：商务印书馆，1996 年，第 150 – 151 页。

② ［匈］卢卡奇著，杜章智、任立、燕宏远译：《历史与阶级意识——关于马克思主义辩证法的研究》，北京：商务印书馆，1996 年，第 162 – 163 页。

③ ［德］马克斯·霍克海默、西奥多·阿道尔诺著，渠敬东、曹卫东译：《启蒙辩证法——哲学断片》新版前言，上海：上海人民出版社，2006 年。

会功能",① 他强调要解释清楚社会问题的本质,就必须通过批判理论从整体上加以认识,了解资本主义社会的整体结构,进而了解人在整个社会中的地位:"在采取了批判态度的人看来,现存社会整体的两面性是一个有意识的对立。"②《传统理论与批判理论》确立了法兰克福学派的批判立场,《启蒙辩证法》更是对资本主义制度和启蒙本身的一次彻底反思。启蒙运动试图通过科学、道德和艺术的发展,让人类摆脱自然或者神的控制:"我们这个时代,因为它所独有的理性化和理智化,最主要的是因为世界已被除魅,它的命运便是,那些终极的、最高贵的价值,已从公共生活中消声匿迹,它们或者遁入神秘生活的超验领域,或者走进了个人之间直接的私人交往的友爱之中。"③ 但是以工具理性起家的启蒙运动本身存在着明显缺陷,康德宣称脱离蒙昧状态的第一步就是"道德方面的堕落",而在物质方面,"则这一堕落的后果便是一大堆此前所从不知道的生活灾难,故而也就是一场惩罚"。④

霍克海默和阿道尔诺等人更是深刻地意识到启蒙本身便是一种"神话"。他们指出启蒙消除了神话,用知识代替想象。在此过程中,现代人逐渐消除了对自然的恐惧,摆脱了神的控制和封建暴君的压迫,但在消除这些神话的同时,启蒙却又创造了科学主义的新神话——对机器、技术和数字无以复加的迷恋,所以霍克海默和阿道尔诺认为"启蒙运动甚至依然在神话中认识自身"。⑤ 结果,在现代生产体系中,刚刚成为主人的人又重新沦为了"物",卢卡奇甚至说:"资本的市场运转与工具理性这种非强制性的奴役,比历史上任何一种外在的专制统治都要牢不可破。因为它的发生常常以进入市场和科学话语的主体自愿为前提,……"⑥ 一切看起来很合理,这恰恰是现代社会的可怕之处——以科学的名义实现对人的奴役和控制。

---

① [德]马克斯·霍克海默著,李小兵等译:《批判理论》,重庆:重庆出版社,1989年,第189页。

② [德]马克斯·霍克海默著,李小兵等译:《批判理论》,重庆:重庆出版社,1989年,第198 – 199页。

③ [德]马克斯·韦伯著,冯克利译:《学术与政治》,北京:生活·读书·新知三联书店,1998年,第48页。

④ [德]康德著,何兆武译:《历史理性批判》,北京:商务印书馆,1997年,第68页。

⑤ [德]马克斯·霍克海默:《启蒙的概念》(1947年),上海社会科学院哲学研究所外国哲学研究室编:《法兰克福学派论著选辑》(上卷),北京:商务印书馆,1998年,第120页。

⑥ 张一兵:《无调式的辩证想象》,北京:生活·读书·新知三联书店,2001年,第28页。

总之，在霍克海默和阿道尔诺等人看来，启蒙或许并没有带来进步，以"工具理性"为核心的新社会管理体系看起来越来越合理，实际上越来越没有人性，工具理性和"商品拜物教"让人丧失了"自我"。就此，霍克海默曾发表过这样一段著名言论：

社会、经济及科学工具越来越复杂和精确化，它们所提供的经验也越来越贫乏。生产体系长期使这个机体与这些工具相协调。质量的取消，质量转变为功能，乃是通过合理的劳动模式从科学转化成各民族的经验世界，并倾向于再次接近那个性质不明的世界……划船的人们不能相互说话，每个人都象工厂里、电影院和集体事业中的现代人一样被同一节奏制约着。社会中实际存在的工作条件需要这种一致性——而不是有意识的影响，这些影响使得被压迫的人们变成聋子，使他们脱离真理。工人的软弱无力并不只是统治者的策略，而是工业社会的逻辑结果——在努力避免这种结果的过程中，古代的命运之神也最终变成这种工业社会的逻辑结果。①

霍克海默和阿道尔诺进一步指出，工具的合理性就是统治和支配的合理性，法西斯正是把工具理性转化为统治的合理性，并将之发挥到淋漓尽致："资产阶级的起义依赖于时机的成熟，它们的成功，从改良主义者到法西斯主义的合法的革命，都是与标志资本主义进步的技术和经济成就联系在一起的。"②

二、文化工业与媒介文化批判

法兰克福学派批判理论的一个重要贡献是对现代大众传媒及其文化开展了批判。霍克海默、阿道尔诺等人因为遭受法西斯的迫害流亡美国，到美国后，阿道尔诺接受美国传播学界巨擘拉扎斯菲尔德等人的邀请，在哥伦比亚大学广播研究所任音乐部门主任；洛文塔尔等也参加了美国战时情报局（OWI）的实证研究。但阿道尔诺和霍克海默等人很快对美国经验主义感到厌倦，他们亦对

---

① ［德］马克斯·霍克海默：《独裁主义国家》（1940 年），上海社会科学院哲学研究所外国哲学研究室编：《法兰克福学派论著选辑》（上卷），北京：商务印书馆，1998 年，第 149 页。
② ［德］马克斯·霍克海默：《启蒙的概念》（1947 年），上海社会科学院哲学研究所外国哲学研究室编：《法兰克福学派论著选辑》（上卷），北京：商务印书馆，1998 年，第 120 页。

美国高度发达的大众媒体颇为失望，在《启蒙辩证法》中，霍克海默和阿道尔诺用"文化工业"（culture industry）一词重点批判了充斥美国社会的好莱坞电影、流行音乐和商业广告。

霍克海默和阿道尔诺认为充斥美国社会的大众传媒及其文化，同资本主义其他产品一样，具有商品化、复制化、标准化和工业化特征。"汽车、炸弹和电影将所有事物都联成了一个整体，直到他们所包含的夷平因素演变成一种邪恶的力量。文化工业的技术，通过祛除社会劳动和社会系统这两种逻辑之间的区别，实现了标准化和大众生产。"① 霍克海默和阿道尔诺指出现代化工厂流水线上生产出了标准化的电影和流行音乐，这些产品生产出来之后是为了出卖大众，尽管它们看上去都是很"个别的样子"，但实际上毫无个性可言，更谈不上有什么艺术风格，在资本主义的文化工业中，所有的艺术风格都将被磨平："所谓文化工业的风格已经不再需要通过抑制无法驾驭的物质冲动来检验自身了，它本身就是对风格的否定。"② 霍克海默、阿道尔诺认为到了20世纪之后，随着资本主义工业化的大规模化，艺术的自律性和艺术家的个性均遭到了严重破坏："今天，叫作流行娱乐的东西，实际上是被文化工业所刺激和操纵以及悄悄腐蚀着的需要。因此，它不能同艺术相处，即使它装着与艺术相处得很好。"③

霍克海默和阿道尔诺还认为，"文化工业"所生产的文化也不是大众需求的，而是它的制作者根据资本主义商品生产的需求，为了追求商品利润而自上而下强加给大众的，正是在这个过程中，统治阶级的意识形态被恰当地灌输给大众，新兴的媒介文化取代了原先富有个性的艺术文化，把各种虚假需求灌输给大众，从而塑造了大众的文化趣味，而且只要有了"闲暇时间"，大众就不得不接受这些产品。

霍克海默和阿道尔诺不愿意将好莱坞电影、流行音乐和商业广告称为"大众文化"（mass culture），虽然他们用"文化工业"一词本意指的就是"大众文化"。阿道尔诺后来在一篇名为《文化工业再思考》的文章里，再次重申了当初他们为什么称好莱坞电影等为"文化工业"，而不是"大众文化"：

---

① ［德］马克斯·霍克海默、西奥多·阿道尔诺著，渠敬东、曹卫东译：《启蒙辩证法——哲学断片》，上海：上海人民出版社，2006年，第108页。

② ［德］马克斯·霍克海默、西奥多·阿道尔诺著，渠敬东、曹卫东译：《启蒙辩证法——哲学断片》，上海：上海人民出版社，2006年，第108页。

③ ［德］马克斯·霍克海默著，李小兵等译：《艺术和大众文化》，《批判理论》，重庆：重庆出版社，1989年，第273－274页。

　　"文化工业"（culture industry）这个术语可能是在《启蒙辩证法》这本书中首先使用的。霍克海默和我于 1947 年在荷兰的阿姆斯特丹出版了该书。在我们的草稿中，我们使用的是"大众文化（mass culture）"。大众文化的倡导者认为，它是这样一种文化，仿佛同时从大众本身产生出来似的，是流行艺术的当代形式。我们为了从一开始就避免与此一致的解释，就采用"文化工业"代替了它。我们必须最大限度地把它与文化工业区别开来……文化工业别有用心地自上而下整合它的消费者。它把分隔了数千年的高雅艺术与低俗艺术的领域强行聚合在一起，结果，双方都深受其害。高雅艺术的严肃性在它的效用被人投机利用时遭到了毁灭；低俗艺术的严肃性在文明的重压下消失殆尽，文明的重压加诸它富于造反精神的抵抗性，而这种抵抗性在社会控制尚未达到整体化的时期，一直都是它所固有的。因此，尽管文化工业无可否认地一直在投机利用它所诉诸的千百万的意识和无意识，但是，大众绝不是首要的，而是次要的：他们是算计的对象，是机器的附属物。顾客不是上帝，不是文化产品的主体，而是客体。①

　　总之，在霍克海默和阿道尔诺看来，20 世纪初，随着好莱坞电影、广播和电视等大众传媒的兴起，现代艺术和文化变得庸俗化、复制化和雷同化，艺术家和大众均被整合到文化工业的生产结构中，沦为"机器的附属物"。值得注意的是，20 世纪 30 年代电视刚刚出现时，霍克海默和阿道尔诺已敏锐意识到其将产生巨大影响，他们甚至预测在电视的基础上有可能出现一种融合所有艺术的"总体艺术作品"："电视的目的就是要把电影和广播综合在一起，它之所以还没有能够做到这一点，是因为各个集团还没有达成一致，不过，电视迟早要产生巨大的影响，它会使审美迅速陷入极端贫困的状态，以至于在将来，所有罩在工业文化产品上的厚重面纱都将被打开，都会以嘲弄的方式实现瓦格纳的总体艺术作品（Gesamtkunstwerk）之梦，所有艺术都会融入在一件作品之

---

　　① ［德］西奥多·阿道尔诺著，高丙中译：《文化工业再思考》，当代文化研究网，2008年 2 月 26 日，http：//www. sociologyol. org/yanjiubankuai/fenleisuoyin/shehuixuelilun/2008 – 02 – 26/4678. html。

中。"① 霍克海默和阿道尔诺还指出，艺术、艺术家和大众被操控的命运，在民主国家和极权国家同时存在。在民主国家里，大众被娱乐工业控制，而在极权国家里，大众传媒直接服务于独裁统治："正是独裁主义统治艺术的问答教学法，对社会阶层（不管他是技术工人还是非技术工人）作了区别，同时还指出了种族之间的区别。这种区别必须通过一切传播媒介——报纸、无线电和电影——得到系统地发展，以便将个人同其他人分离开来。"②

法兰克福学派其他成员本雅明、马尔库塞等人也站在批判的立场，对资本主义的文化工业展开批判，共同开创了媒介文化的批判传统。不过，每个人的批判程度有很大差异。赵勇按照对新兴大众文化的态度将法兰克福学派成员划分为两类——持否定性话语的一类和持肯定性话语的一类。③"持否定性话语"以霍克海默和阿道尔诺为代表，他们完全否定文化工业的价值，认为文化工业欺骗、愚弄和控制大众；"持肯定性话语"则以本雅明、洛文塔尔为代表。本雅明在批评新兴机械复制技术毁坏艺术作品的同时，强调机械复制为大众带来了福音。他认为在过去艺术作品是独裁的，仅由少部分人享有，机械复制却带来了民主参与，让大众有了更多机会接触新媒介。更为关键的是，照相机和电影毁坏了传统艺术作品后也带来了一种迥然不同的美学形式——"震惊美学"：

> 照相机赋予瞬间一种追忆的震惊。这类触觉经验同视觉经验联合在一起，就像报纸的广告版或大城市交通给人的感觉一样。在这种来往的车辆行人中穿行把个体卷进了一系列惊恐与碰撞中。在危险的穿越中，神经紧张的刺激急速地接二连三地通过体内，就像电池里的能量……从而，技术使人的感觉中枢屈从于一种复杂的训练。不知从什么时候开始，一种对刺激的新的急迫的需要发现了电影。在一部电影里，震惊作为感知的形式已被确立为一种正式的原则。④

本雅明认为"震惊"体验已成为当代人的一种基本"感知形式"。马尔库

① ［德］马克斯·霍克海默、西奥多·阿道尔诺著，渠敬东、曹卫东译：《启蒙辩证法——哲学断片》，上海：上海人民出版社，2006年，第111页。

② ［德］马克斯·霍克海默：《独裁主义国家》（1940年），上海社会科学院哲学研究所外国哲学研究室编：《法兰克福学派论著选辑》（上卷），北京：商务印书馆，1998年，第99页。

③ 赵勇：《整合与颠覆：大众文化的辩证》，北京：北京大学出版社，2005年，第28页。

④ ［德］瓦尔特·本雅明著，张旭东、魏文生译：《发达资本主义时代的抒情诗人》，北京：生活·读书·新知三联书店，1989年，第146页。

塞也怀着矛盾的心情看待新兴技术和大众传媒，他批评现代技术和大众传媒将人整合为"单面孔的人"，在此社会中，文化只不过是一种"商品形式"。① 马尔库塞认为，现代社会看上去非常理性化和合理化，其实是"非理性化"的，因为它的生产率对于人的需要和才能的自由发展是"破坏性的"，他的和平要"由经常的战争威胁来维持"。不过，马尔库塞也看到了大众文化极具颠覆性的一面，在《爱欲与文明》中，他进一步反思了整个人类文明，指出文明的历史就是压抑的历史："进步的加速似乎与不自由的加剧联系在一起。在整个工业文明世界，人对人的统治，无论是在规模上还是效率上，都日益加强。这种倾向不仅是进步道路上偶然的、暂时的倒退。集中营、大屠杀、世界大战和原子弹这些东西都不是向'野蛮状态的倒退'，而是现代科学技术和统治成就的自然结果。况且，人对人的最有效征服和摧残恰恰发生在文明之巅，恰恰发生在人类的物质和精神成就仿佛可以使人建立一个真正自由的世界的时刻。"② 为了解决现代社会的问题，马尔库塞试图寻找建立一个"非压抑的世界"的途径，最终他走向了审美，他认为"美学这门学科确立了与理性秩序相反的感性秩序。把这个观念引入文化哲学是为了解放感觉，这种解放绝不会摧毁文明，反而会给它提供一个坚实的基础，并将极大地增强其潜能"。③

　　除了"肯定性话语"和"否定性话语"之外，在法兰克福学派成员中，还有哈贝马斯这样一批走"中间路线"的人。哈贝马斯肯定了启蒙运动的价值。从维护现代社会的立场出发，哈贝马斯提出了一系列具有建构意义的"现代性方案"。对于现代大众传媒文化，他也采取了折中的态度，既肯定大众传媒在资产阶级公共领域兴起过程中所发挥的巨大作用，同时又批评了愈来愈壮大的传媒"褫夺了公众性原则的中立特征"。④

---

① ［美］赫伯特·马尔库塞著，刘继译：《单向度的人——发达工业社会意识形态研究》，上海：上海译文出版社，2013 年，第 47 页。

② ［美］赫伯特·马尔库塞著，黄勇、薛民译：《爱欲与文明》，上海：上海译文出版社，2005 年，第 2 页。

③ ［美］赫伯特·马尔库塞著，黄勇、薛民译：《爱欲与文明》，上海：上海译文出版社，2005 年，第 138－139 页。

④ ［德］哈贝马斯著，曹卫东等译：《公共领域的结构转型》，上海：学林出版社，2002 年，第 2 页。

三、大众传媒、政治经济与意识形态批判

法兰克福学派反思启蒙，对资本主义"文化工业"展开的严厉批判产生了
广泛影响，不过，法兰克福学派的社会批判理论也遭到不少人批评。赵勇在
《整合与颠覆：大众文化的辩证》中认为法兰克福学派受到来自三个方面的批
评："第一，来自西方马克思主义的内部；第二，来自与法兰克福学派具有不同
文化背景的英、美国家的学者；第三，来自晚近接受后结构主义或后现代主义
文化洗礼的大众文化批评家。"① 虽然卢卡奇思想是法兰克福学派的源头之一，
布莱希特又是本雅明的战友兼精神导师，但这两位其实不完全赞同霍克海默、
阿道尔诺等人的批判理论，他们认为霍克海默和阿道尔诺并没有"坚持正确的
马克思主义发展方向"，他们失去了马克思主义的革命和政治实践精神，成了躲
在"豪华旅馆的深处"② 修身养性、闭门造车的空头理论家；汉诺·哈特认为
美国的实证主义研究也不给霍克海默和阿道尔诺的批判研究"留下任何余地"：
"他们将批判理论引进美国，但美国的环境不太接受马克思主义理论家，尤其对
外国的马克思主义理论家不太欢迎"③；20 世纪 70 年代之后，随着各种后现代
思潮兴起，不少大众文化批评家也不赞同霍克海默、阿道尔诺对大众文化的全
盘否定态度。因此，有学者指出在 20 世纪 60 年代，随着《启蒙辩证法》《否定
的辩证法》等论著陆续出版，法兰克福学派发展到了顶峰，但之后法兰克福学
派便逐渐衰落了。④

尽管法兰克福学派日益式微，"批判理论"却产生了广泛影响，美国传播
政治经济学派与英国文化研究学派从不同方面吸收了法兰克福学派的思想，批
判性地思考当代媒体文化现象。达拉斯·斯迈思、H. 席勒等美国传播政治经
济学者侧重于从政治与经济因素批判性地思考美国的大众传播。在他们看来，
政治和经济因素决定了媒体文化工业，在政治和资本的控制下，大众传媒日益
沦为统治阶级的统治工具。例如，斯迈思认为在资本主义社会里，受众购买商

---

① 赵勇：《整合与颠覆：大众文化的辩证》，北京：北京大学出版社，2005 年，第 12 页。
② 赵勇：《整合与颠覆：大众文化的辩证》，北京：北京大学出版社，2005 年，第 13 页。
③ ［美］汉诺·哈特著，何道宽译：《传播学批判研究——美国的传播、历史和理论》，
北京：北京大学出版社，2008 年，第 111 页。
④ 陈士部：《法兰克福学派批判理论的历史演进》，合肥：安徽大学出版社，2010 年，
第 6 页。

品虽然看上去是一种自然而然的行为——因为需要才去购物，实际情况却并不是这样，受众的购物意愿完全是由资本主义的"文化工业"所支配：

> "冲动购物"逐渐成为意识形态工业的实践，因为市场研究者已经发现商店布局、货架的摆设以及商品包装设计和图片对推着购物车穿过超市过道的消费者的效果。眨眼频率的研究表明消费者的准睡眠状态导致冲动购买，因为消费者回到家中以后想不起任何购物的理由。①

斯迈思的批判论调几乎与霍克海默、阿道尔诺完全一致。席勒则在 1969 年出版了《大众传播与美利坚帝国》（*Mass Communications and American Empire*）一书，更是对美国的媒介霸权进行了猛烈批判。在书中，席勒回顾了 1945 年到 1967 年期间，美国大众传媒所发生的巨大变化。他认为在"二战"前世界已经分成了三个主要群体：以美国为首的第一世界；以苏联为首的社会主义阵营；还有从欧洲殖民地独立的非洲、亚洲和中东地区的一些国家。② 在此格局中，美国发展越来越快，在世界政治经济格局中占据霸权地位。在这个过程中，昔日作为启蒙工具、宣扬信息自由流通的大众媒介已经沦为美国霸权的一部分，是美国"世界权力扩张的决定性因素"。为了改变美国独霸世界信息的格局，席勒提醒人们应该认真思考一下"未来到底是什么样子""传播的目的是什么"等问题，他希望大众传媒应该重新回到为民主服务的主题上：

> 要提供令人鼓舞的、启迪心灵的信息，大众媒介必须领导，而不能跟从。商业广播就不能做到这一点。公共广播虽然在理论上能够做到，但是如果它完全朝着这个方向前进，那么它将可能面临着失去支持的威胁。那么还有什么办法？也许不得不到常规的权限之外去寻找答案。我认为，可能性在于国家共同体本身所激发的一些力量。如果信息机构在呈现社会方向的过程中提供新闻、观点以及不可动摇的完整性，那么它只能沿着最活跃的社会力量的方向或者在其帮助下发展。如果大众传播要做一些不得不做的事情来说明事件的进展，迫

---

① SMYTHE D W. On the audience commodity and its work, edited by DURHAM M G, KELLNER D M, Media and cultural studies, Blakwell Publishing Ltd, 2001, p. 245.

② HERBERT L. Not yet the post-imperialist era, 曹晋、赵月枝主编：《传播政治经济学》（英文读本），上海：复旦大学出版社，2007 年，第 16 页。

使人们认识并参与社会进程，就必须与广受民众欢迎的、从未听说过的国内社会变革力量保持密切联系。①

席勒甚至希望"近几十年来已经变得非常顺从"的美国工人阶级、青年大学生和黑人族群能够"重振战斗精神"，奋力反抗资本主义在政治、经济上的压迫和控制，迫使统治阶级实施社会改革。

与传播政治经济学派不同的是，伯明翰学派在吸收批判理论的过程时更强调意识形态和文化因素。在这个方面，霍尔的贡献是巨大的，他吸取了阿尔都塞的意识形态理论和葛兰西的霸权理论，对大众媒介中的意识形态问题进行了深入思考。在霍尔眼里，大众传媒在社会生活中扮演着重要角色，既是意识形态的生产地，也是意识形态斗争的重要场域。霍尔重新评估了法兰克福学派的批判理论与美国的经验主义研究。他指出，美国的媒介研究仅仅关注媒介效果的"行为学"："这些效果被假定是，最好能根据行为的变化而定义和分析，媒体被认为是最能影响那些受到其影响的个人，造成他们行为上的变化的。"② 霍尔认为这样的媒介研究假定舆论是自发形成的，但实际的情况并不是这样，"媒体并不是简单反射或者'表达'一个已有舆论，而是倾向于再造一个讨好现有结构事物"。③ 霍尔认为在媒体舆论的运作过程中，"意识形态"问题应该重新得到重视。霍尔看到意识形态的争夺是复杂的，整个大众媒介领域就是一个战场，不同力量在这里互相争夺霸权，占主导地位的"意识形态"就是在各种话语争斗中被制造出来的。不过，由于受到葛兰西思想的影响，霍尔认识到主导阶层与从属阶层之间并非没有妥协，相反，占主动地位的阶层经常利用"合法强迫"的方法，赢得从属阶层和团体的共识，从而完成和确立了"领导权"。在此过程中，大众传媒发挥了重要作用，"舆论共识"就是由大众媒介再造出来的，"舆论共识"的过程自然也相当复杂，本身就要经历对抗、谈判和协商。

---

① ［美］赫伯特·席勒著，刘晓红译：《大众传播与美利坚帝国》，上海：上海译文出版社，2006 年，第 150 页。

② ［英］斯图亚特·霍尔著，杨蔚译：《"意识形态"的再发现——在媒介研究中受抑制后的重返》，蒋原伦、张柠主编：《媒介批评》第一辑，桂林：广西师范大学出版社，2005 年，第 171 页。

③ ［英］斯图亚特·霍尔著，杨蔚译：《"意识形态"的再发现——在媒介研究中受抑制后的重返》，蒋原伦、张柠主编：《媒介批评》第一辑，桂林：广西师范大学出版社，2005 年，第 171 页。

现代大众传媒往往就是不同利益阶层的"调节器",它不单为统治阶层服务,也考虑其他阶层的利益,不同的利益群体正是通过"舆论"达成意见的一致。通过意识形态的再发现,霍尔对传统的批判理论模式进行了修正,既肯定了法兰克福学派社会批判理论的重要作用,同时又吸收了结构主义符号学等理论,开创了"新的传播研究范式"。①

四、多元视角与今日批判理论

除了传播政治经济学派和伯明翰文化研究学派深受法兰克福学派批判理论影响之外,美国的经验学派也或多或少地受到了影响,拉扎斯菲尔德的研究就吸收了阿道尔诺的一些研究成果。② 法兰克福学派还直接影响了 20 世纪 70 年代之后逐渐兴起的各种后理论;而在法兰克福学派的发源地德国,1995 年,学者格尔哈特·施威蓬豪依塞尔等人创办了《批判理论》杂志,集中了安德雷亚·格鲁施卡、凯伊·林德曼等学者,继续高举法兰克福学派的批判理论大旗,在新的政治、社会、文化和经济语境中,重构批判理论,对当代世界社会和文化现状开展批判性的思考,有许多思考收录在施威蓬豪依塞尔主编的《多元视角与社会批判:今日批判理论》一书中。施威蓬豪依塞尔等人在继承法兰克福学派批判理论的基础上,对当代社会的技术和媒介文化现象展开了新的思考:

其一,多元视角下的社会批判。《多元视角与社会批判:今日批判理论》一书标题告诉人们"今日批判理论"与早期法兰克福学派最大的不同点是批判视角的多元化,而不是单一化。早期法兰克福学派虽然也糅合了马克思和弗洛伊德等人的学术思想,但视角总体上比较单一。霍克海默和阿道尔诺在 1969 年重新修订《启蒙辩证法》时也意识到原书中有些论调已不合时宜:"并不是书中的所有内容,我们现在都坚持不变。这样做是不合理论要求的,因为一种理论是要寻找时代的真谛,而不是把自己当作一成不变的东西,与历史进程对立起来。这本书是在国家社会主义的恐怖统治行将就寝的时候撰写出来的。书中

---

① 杨击:《传播·文化·社会——英国大众传播理论透视》,上海:复旦大学出版社,2006 年,第 25 页。

② [美]汉诺·哈特著,何道宽译:《传播学批判研究——美国的传播、历史和理论》,北京:北京大学出版社,2008 年,第 112 页。

的许多说法已经与今天的现实不相适应。"① 而 20 世纪 70 年代之后，世界政治、经济和文化以及媒体格局发生了巨大变化，旧有的批判理论失范，无法解释许多新现象。"今日批判理论"改变了旧批判理论单一的批判视角，吸收了后现代主义、传播政治经济学、文化研究和女权主义等理论，以多元视角看待当今社会的各种议题，多元的、微观的、边缘的视角取代了法兰克福学派单一的、宏大的、精英主义的批判视角。

其二，全球化语境下的批判理论。"今日批判理论"与旧的批判理论第二个不同点是，"今日批判理论"认识到当今世界任何一个问题和现象都要在全球语境中加以理解。法兰克福学派的社会批判理论是在德国、美国等西方社会当时的社会语境中产生的，所思考的是当时社会文化和媒介技术等问题。但今天的情况已经发生了很大变化，全球化浪潮席卷世界，任何一个地区的社会现象往往也与全球联系在一起，所以看待任何一个事件都要放在全球框架下完成，只有这样才能更好地理解事件本身。格尔克强调，在全球化的今天并非需要"一种全新的理论形式，却对批判理论提出了新任务和新要求"，因此需要打破旧的批判理论研究"或直白或含蓄的欧洲中心主义"的视角，② 以一种新的批判立场看待诸如美国"9·11"袭击事件等全球和地方性的各种政治、经济和文化现象。

其三，技术和媒介力量超越任何时代。早期法兰克福学派虽然集中批判了资本主义的媒介文化工业，但其实彼时大众传媒远没有今天这么发达。而在今日批判理论家看来，当今世界是一个技术和媒体的时代，要理解当今世界，在某种程度上，就是要理解技术和媒体文化。在《多元视角与社会批判：今日批判理论》中，得特勒夫·克劳森的《旧中之新——市民传统与批判的社会理论》、安德雷夫·芬贝格的《海德格尔与马尔库塞：启蒙的堕落与救赎》、迪特尔·普罗科普的《文化工业的辩证法——一篇新的批判性媒体研究》和杰里·夏皮罗的《数字模拟的理论基础与历史基础》等文章都将重点放在了对当代媒体和技术的思考上。他们均强调一方面要在新技术和新媒体视域下重新理解批

---

① ［德］马克斯·霍克海默、西奥多·阿道尔诺著，渠敬东、曹卫东译：《启蒙辩证法——哲学断片》，上海：上海人民出版社，2006 年，新版前言。
② ［德］克里斯托夫·格尔克：《矛盾与解放——全球社会化的批判理论观点》，［德］格·施威蓬豪依塞尔等著，鲁路、彭蓓译：《多元视角与社会批判：今日批判理论》（下卷），北京：人民出版社，2010 年，第 356 页。

判理论，另一方面要借助批判理论对新技术和新媒体展开批判性的反思，贡策林·施密特·内尔在《对当今技术的社会哲学批判》中一开始就声称：

> 人的生命在今天比以往任何时候都深刻地打上了科学和技术的烙印。不仅科学技术与社会处于一种交互性关系中，而且社会本身的实质已经技术化了。不仅在财富的生产中，而且在交往结构的形成上，技术都是社会性调整的最重要的中介、制造和巩固超个人结构的中介。社会技术系统的根脉远远超出了个体的感知，深入到建构个人和社会同一性的领域……人们的恐惧和希望也同某种更为先进的技术紧密交织在一起。①

整个社会的技术化和媒介化现象是霍克海默、阿道尔诺时代所没有的现象。媒介和技术不仅是中介，也是社会和个体本身。内尔指出旧的批判理论希望建立一个"社会的总主体"，但是在今天的媒介和技术社会中，这样的想法只能是一种"幻想"。今天技术发展已经出现了霍克海默当年所预测的能将所有艺术都汇在一起的"融合媒介"。拉尔斯·伦斯曼指出，在互联网和"大兄弟"②统治时代，重新追忆法兰克福学派的批判理论是有意义的，因为今日无处不在的媒体已经控制了一切："今天，文化工业媒体把最为细微的感情波动和最为隐秘的切身领域都陈列出来、予以标准化处理、无限地投放市场、或者说加以消费。"③ 不仅如此，最可怕的是，波德里亚所说的"仿真世界"正逐渐成为事实，而在一个由现实、技术和媒介交织的"仿真世界"里，真实与虚拟已经难以辨别。例如杰里·夏皮罗在《数字模拟的理论基础与历史基础》中以战争为例讨论了模拟与现实的关系。他指出，在现代社会借助于计算机模拟战争已经是战前必需的功课，真正的战争就是按照事先的模拟进行，换句话说，战争与模拟之间根本没有界限。不仅是战争，在当代数字化环境中，人们其实已经很难区分模拟与现实的界限："通过经常性的使用，即通过加入模拟和虚拟的现实

---

① ［德］贡策林·施密特·内尔：《对当今技术的社会哲学批判》，［德］格·施威蓬豪依塞尔等著，鲁路、彭蓓译：《多元视角与社会批判：今日批判理论》（下卷），北京：人民出版社，2010 年，第 43 页。

② 这里的"大兄弟"是德国一档电视节目的名称。

③ ［德］拉尔斯·伦斯曼：《阿多诺在爆心投影点——在后工业全球化时代追忆批判理论》，［德］格·施威蓬豪依塞尔等著，鲁路、彭蓓译：《多元视角与社会批判：今日批判理论》（下卷），北京：人民出版社，2010 年，第 355 页。

性中，对人们而言，这种模拟和虚拟的现实性就成为'真实性'的现实性。从这种'真实的'现实性立场出发，人们会把日常的或非模拟的现实性体验为偏差、迷误、玷污、错误或令人恼火的事情。"① 这是数字媒介时代的可怕之处，人们早已生活在一个虚拟真实的环境之中。霍克海默和阿道尔诺当年认为的文化工业对人的完全操控在今天其实变成了现实。今天的媒介文化工业已经从霍克海默、阿道尔诺等人所说的雷同性、同一性和复制性，发展成为具有模拟性、虚拟性和超现实性的新媒体文化工业。不过，贡策林·施密特·内尔等当代批判理论家也指出，虽然今天的媒体文化工业体现了阿道尔诺等人所说的雷同性、同一性和复制性，乃至强大的操控性、虚拟性以及超现实性，但今天的媒介技术也给人类带来了种种新体验、新感受："正如今天，在阿多诺的时代之后，电子邮件往来侵蚀了个人写信的闲情逸致和对他人的怀念，但也使得新的国际交流成为可能。现代流行文化有助于德国和欧洲的青年去认同米歇尔·乔丹和珍妮弗·洛佩兹，而不是阿道夫·希特勒。"② 他提醒人们要警惕阿道尔诺那种"一般性归纳的倾向"，多反思偶然、差异和矛盾之处。

总之，今日批判理论与法兰克福学派的传统社会批判理论一样，致力于对现存社会问题的反思和对新兴大众传媒的批判，目的是寻找一条能更好解决当代社会问题的道路。

第二节　传播与共享：芝加哥学派的媒介文化观

美国学者汉诺·哈特在讨论媒介文化在美国发展状况时认为，在美国，"传播研究就在一种社会科学的功利主义氛围中发展，这种社会科学强调秩序，偏爱真实社会问题的语境，把复杂的理论问题搁置一边，以便研究从传播行为到

---

① ［德］杰里·夏皮罗：《数字模拟的理论基础与历史基础》，［德］格·施威蓬豪依塞尔等著，鲁路、彭蓓译：《多元视角与社会批判：今日批判理论》（下卷），北京：人民出版社，2010 年，第 63 - 64 页。

② ［德］拉尔斯·伦斯曼：《阿多诺在爆心投影点——在后工业全球化时代追忆批判理论》，［德］格·施威蓬豪依塞尔等著，鲁路、彭蓓译：《多元视角与社会批判：今日批判理论》（下卷），北京：人民出版社，2010 年，第 356 页。

媒介结构的经验主义现象。按照戈尔德纳的论断，传播研究代表'一种功利主义文化的社会科学，它总是倾向于无理论的经验主义；在这种经验主义中，问题的概念化具有次要地位，主要的经历用于计量、研究设计、实验设计、抽样或方法。'"① 芝加哥学派便是实用主义哲学和社会学的大本营，杜威、帕克等人提倡实际经验的重要性，对于新兴的报纸杂志等传播媒介的作用，他们也更多地认为是"传递信息"，这种实用主义的媒介观深刻地影响了美国传播学科的发展。

但跟后来占据绝对主导位置的经验主义媒介研究不同的是，杜威等人的媒介研究与其社会学研究目标一致，均有浓厚的民主参与和社会批判意识。他们不仅认为传播主要是"传递信息"，也认为传播是调和美国社会冲突的工具，是意义的共享。在进步主义和改良主义观念支配下，他们对报纸等大众媒介怀有热忱，希望借助它们改变美国社会的不良风气，让整个社会变得更加美好、文明。

一、过渡时代的实用哲学

丹尼尔·贝尔在其《资本主义文化矛盾》一书中用"清教精神"和"新教伦理"概括美国社会的核心价值。"清教精神"是理想主义，强调节欲和严肃的人生态度，也就是强调进步、理想，"清教徒订立了契约，它要求人人按规定的楷模生活"，其代表人物是乔纳森·爱德华兹。"新教伦理"则强调工作、勤奋，讲究实际利益，本杰明·富兰克林是其中的代表人物。贝尔说，在富兰克林的词汇里"关键的术语是'有用'……他发明了新式火炉、建起一座医院、铺设街道、组建城市警察，因为这些都是有用的项目。他相信上帝是有用的，因为上帝奖善惩恶"②，在日常生活中的体现就是追求民主理想和讲究实用主义。美国传播学科的发展便体现了美国的民主精神和进步观念，同时强调该学科的实际效果和应用价值，重视为商业和市场服务。在这样的情况之下，拉扎斯菲尔德、默顿等人的行政和功能主义研究逐渐占据了主导位置。

提到实用主义不得不提约翰·杜威，杜威是20世纪以来美国实用主义哲学的代表人物，他和米德、库利等人开创了芝加哥学派，其实用主义哲学主导着

---

① ［美］汉诺·哈特，何道宽译：《传播学批判研究——美国的传播、历史和理论》，北京：北京大学出版社，2008年，第13－14页。
② ［美］丹尼尔·贝尔著，张国清译：《意识形态的终结——五十年代政治观念衰微之考察》，南京：江苏人民出版社，2001年，第105页。

美国近代以来的思想文化和日常生活，也深深影响了美国传播学的学科发展。杜威强调哲学对社会的实际功用，注重人类经验与哲学的关联。在《哲学的改造》的开头，他在开头就强调了经验在人类生活中的重要性，他认为经验也是哲学的起源：

> 人与下等动物不同，因为人保存他的过去经验。过去的事在记忆里还可以重新经验过。我们今天做的事并不是孤立的；每一件事的周围，隐隐约约地都是一些和这件事相类似的过去经验。下等动物的经验一过去就没了；每一件新动作，无论是施是受，总是孤立的。人的经验却不然；每一事里常带有过去经验的回响与追念，每一事常使人想到他事。因此，我们可以说，禽兽住的世界只是一种物质的世界；而人住的却不仅是物质的世界，乃是一个充满着符号与象征的世界（a world of signs and symbols）。一块石头不仅仅是坚硬碍人的东西，也许是一个祖宗的墓碑。一派火光不仅是暖热燃烧的东西，也许是家庭生活的一种标识；不仅是烫手伤人的火焰，也许是我们最爱护的家庭炉火呢。这种区别，人与禽兽所以不同，人文与天然所以大异，只是因为人能记忆，能保存他的经验。①

杜威强调经验是人类与动物的根本区别所在，人类一切文化和艺术，包括人类的社会组织和制度，乃至幻想和神话都是在经验的基础上产生的。杜威批评那种不切实际的、空洞的"理想主义"，他认为任何观念都和经验相关。他以电报、电话等大众传播媒介为例，指出人类的许多发明虽然看上去是观念和妄想，但这些观念和妄想其实都会在经验世界中变为现实："观念成了一个立脚点——人根据这个立脚点去审查现在的事变，而且看看其中有无东西能暗示远距离的传达怎样实现，有无东西可以用作长距离谈话的媒介……一个幻想，一个愿有的可能，而渐渐成了实际的事实发明继续下去；最后我们有电报，电话，其初用线，以后就不用任何人造的媒介。具体的环境顺着人所欲望的方向改变；环境不但在想像上理想化，并且在事实上也理想化了。理想，因它的被用为观察，实验，选择，组合具体的自然的作用之工具或方法，而成为现实了。"②

---

① ［美］杜威著，胡适、唐擘黄译：《哲学的改造》，合肥：安徽教育出版社，1999年，第1－2页。

② ［美］杜威著，胡适、唐擘黄译：《哲学的改造》，合肥：安徽教育出版社，1999年，第76页。

在杜威看来，各种各样的观念就是这样，在实际的经验操作中一步一步成为现实，而哲学的首要功用就是将经验加以合理化。杜威希望哲学能够有用于社会，参与社会改造。现代社会在杜威看来是一个"团体社会"，个人是团体中的一部分，只有通过相互传播、交流和合作才能为每位个体增加"福利"。在这里，杜威特别强调了"传播"和"共享"在社会中的重要性："社会是许多结合，不是单一组织。社会意义是结合；大家合拢从事于共同交际与动作，以期将任何种可由共历而增广稳固的经验得更圆满的实现。所以，有多少可由互相传达，共同参与而增多的福利，即有多少的结合……一个福利被人自觉地实现的情境并不是暂现的感觉或私人的嗜好之情境，乃是共享交传的情境，即公共的，社会的情境。就是隐士也与神人冥契；就是守财奴也爱伴侣；极端利己的人也要一帮的喽啰或某个伙伴共享所得的物品。普遍化即是社会化，即是把共享福利的人之面积与范围扩大起来。"①

由上面可以看出，杜威不仅强调经验对于个体的重要性，而且更看重经验在团体中的价值。实际上，杜威批判和反对极端的经验主义、个人主义和利己主义，他认为个人与团体在社会中应该形成相互联系的"有机共同体"。在这点上，我们看到杜威与雷蒙·威廉斯的思想在某些方面的契合性，他们均重视团体和共同体对于个体的意义。丹·席勒也指出，杜威对传播科技有一种乐观主义的看法，即将传播视为"社会共识的推进器"，② 不同的社群和人们通过传播共享知识、兴趣和利益。詹姆斯·凯瑞在讨论杜威媒介观的时候也强调了这点，他认为，杜威其实很重视将传播视为一种具有"仪式功能"的活动："杜威的著作所展示的才华来自他对传播这两个对立观点的研究，传播是'最奇妙的'，因为它是人类共处的基础所在，它产生了社会联结，无论真情还是假意，它把人们连接在一起，并使相互共处的生活有了可能，由于分享信息的凝聚力在一个有机的系统内循环，社会便成为可能。接下来的这段引言反映了这种力量，也反映了他最终对传播的仪式观的强调。"③

因而，杜威的实用哲学不仅是具体的、经验的操作，而且包含了他对人类

---

① ［美］杜威著，胡适、唐擘黄译：《哲学的改造》，合肥：安徽教育出版社，1999 年，第 129 页。

② ［美］丹·席勒著，冯建三、罗世宏译：《传播理论史》，北京：北京大学出版社，2012 年，第 50 页。

③ CAREY J W. Communication as culture：essays on media and society. New York：Routledge，1982，p. 22.

社会的期望和理想，他所倡导的实用主义和经验主义理念，与后来传播学领域占绝对统治地位的经验主义和功能主义研究理念有天壤之别，他渴望看到世事与哲学、科学与情绪、实在与理想、经验与理性、逻辑与道德的互相融合，而不是相互对立。他说："我们现在之所以在理想的事情上衰弱，是因为智慧与热望分裂。环境的压力强迫我们在我们信仰与行为的日常琐屑上向前走去。但我们更深的思想与欲望全是转回头看。到了哲学与世事的途径合作，把日常琐屑的意义弄得明白而一贯，科学与情绪将要互相渗入，实行与想像将要互相抱持。诗与宗教感情将成为不待强迫而开的生活之花。去促进这个对于现有的事变趋向之意义之表白与披露，正是过渡时日的哲学的工作。"① 他对自己的哲学研究有一个清晰的认识，认为自己所从事的实用哲学不过是过渡时期的哲学而已。

二、人际交往与符号互动

乔治·赫伯特·米德（George Herbert Mead）是芝加哥社会学派另一位开创人，与杜威一样，米德强调经验对于个体的重要性，认为个体自我本来就是"产生于经验"。不过，米德也反对极端的个人主义和经验主义。他认为个人并不能直接经验他自己，个人经验来自社会经验，个人与社群之间的关系是很重要的。"自我，作为可成为它自身的对象的自我，本质上是一种社会结构，并产生于社会经验。当一个自我产生之后，从某种意义上说它为自身提供了它的社会经验，因而我们可以想像一个完全独立的自我。但是无法想像一个产生于社会经验之外的自我。"②

在《心灵、自我与社会》中，米德提出了著名的"符号互动理论"，他认为人类生活在一个休戚相关的共同体中，个体通过与他人进行互动、合作和交流了解自我，而人们的交流又是借助于"符号"来完成；反过来，个人发展也与共同体的发展密切关联，个人要了解自己，也必须"以个体本身积极参与的某种合作作为参与交流的唯一可能基础"。哈贝马斯在讨论米德的符号互动理论时也指出，米德在讨论自我或者说个性的时候特别强调了个性和自我的社会化

---

① ［美］杜威著，胡适、唐擘黄译：《哲学的改造》，合肥：安徽教育出版社，1999 年，第 134 页。

② ［美］乔治·赫伯特·米德：《心灵、自我与社会》，张国良主编：《20 世纪传播学经典文本》，上海：复旦大学出版社，2003 年，第 169 页。

过程："显然，个性也是一种社会产生的现象，这种社会产生的现象是社会化过程本身的一种结果，而不是一种脱离社会性的残存的需求本性的表达。""他的出发点是，通过语言交往媒体形成同一性；并且因为自己意图、愿望和感情的主观性绝不能脱离这种媒体，所以'主格的我'和'宾格的我'，自我和超过自我必须由社会化同一过程中形成。"① 无论是"主格的我"还是"宾格的我"，都是在社会化过程中形成的。哈贝马斯指出米德阐发了一种交往的伦理学的基本观念，强调了一个共同体对于个体成长的重要意义，"个人作为一种理想的交往共同体的成员社会化；同样地他们将具有一种同一性，这种同一性具有两种相互补充的方面，即普遍化的方面和特殊化的方面。一方面，他们学习按照理想主义条件成长的个人在一种普遍主义关系范围内确立方向，就是说，独立自主地行动；另一方面，他们学习确立他们与所有其他道德行动主体相同的独立自主权，以发展他们的主观性和独特性。米德认为，这两种东西，即独立自主权和自发的自我实现的力量，每个人都有，这些人通过普遍的讨论参与革命作用，摆脱了习惯的、具体的生活关系的束缚"。②

在讨论人们如何互动交流时，米德甚至提出了类似"意见领袖"的观点，他认为在人们交流过程中，团体领袖的意见有时发挥了极其重要的作用，是团体领袖将一盘散沙的人们聚拢到了一起：

　　偶尔会出现这样一个人，他能比其他人更多地理解过程中的一个行动，他能把自己置身于同共同体中所有群体的关系中，共同体的态度尚未进入共同体中其他人的生活。他成为一个领袖。封建秩序下的各个阶级互相之间如此隔离，虽然它们能在一定的传统环境中行动，却不能互相理解，于是便可能出现一个个体，他能理解群体其他成员的态度。那种人成为极其重要的人，因为他们使各个完全分离的群体有可能进行交流。③

米德还特别强调传播媒介在帮助人们互相交流、促进社会共同体形成方面

---

　　① ［德］哈贝马斯著，洪佩郁、蔺青译：《交往行动理论第二卷——论功能主义理性批判》，重庆：重庆出版社，1994年，第76-77页。
　　② ［德］哈贝马斯著，洪佩郁、蔺青译：《交往行动理论第二卷——论功能主义理性批判》，重庆：重庆出版社，1994年，第126页。
　　③ ［美］乔治·赫伯特·米德：《心灵、自我与社会》，张国良主编：《20世纪传播学经典文本》，上海：复旦大学出版社，2003年，第182页。

的重要作用："新闻业所运用的那些传播媒介的极端重要性一望便知，因为它们报导各种情况，使人们能够理解他人的态度与经验。"与杜威一样，站在建立理想的美国民主社会的角度，米德的"符号互动理论"其实充满了理想主义色彩。他认为整个社会是一些有许多共同的社会利益组成的共同体，任何社会发展必须以社会成员的共同利益为基础，而社会发展与个人发展息息相关，个人应该有意识地参与社会变革，促进社会朝着更美好的方向发展，最终建构一个"普遍的人类社会"：

> 人类社会的理想，人类社会进步的理想或最终目标，是达到一个普遍的人类社会，使得所有人类个体都具有完善的社会智能，以致所有社会意义都同样反映在他们各自的个体意识中，以致任何一个个体的动作或姿态的意义（凭借他采取其他个体的社会态度对待自身并对待他们共同的社会目标或意图的能力，由他实现并表达在他的自我结构中的意义），对于对它们作出反应的任何一个个体来说都一样。①

在杜威和米德的身上我们看到，芝加哥学派的学者并非简单的实用主义者和经验主义者，他们的思想具有强烈的民主观念、社会情怀和共同体意识，他们对美国社会充满理想和热情，希望通过个人和团体的实际努力，借助于大众传播媒介改变社会不良风气，让整个社会变得更加健康美好，从而建立一个重视个体参与、人人平等、富有秩序的共同体世界，这个共同体世界既包括个人生活的家庭、社区，也包括整个城市和国家。

三、舆论与社会控制

芝加哥大学的社会学系创办于1893年，是美国第一个社会学系。在20世纪20年代，该系云集了一大批著名的社会学家，除了杜威和米德之外，还有R. E. 帕克、E. W. 伯吉斯、R. D. 麦肯齐等人。20世纪20年代正值美国城市蓬勃发展之际，芝加哥学派将目光投注到城市身上，对城市里的许多问题展开了

---

① ［美］乔治·赫伯特·米德：《心灵、自我与社会》，张国良主编：《20世纪传播学经典文本》，上海：复旦大学出版社，2003年，第196页。

深入研究。在这些学者之中，R. E. 帕克是灵魂人物。帕克是杜威的学生，早年做过新闻记者，他长期关注城市社会问题，可以说是近代城市社会学研究的开创者。在帕克看来，城市不仅是由许多单个人、街道、建筑物、电灯、电话等各种事物组合起来的结合体，而且也是一种心理状态，"是各种礼俗和传统构成的整体，是这些礼俗中所包含，并随传统而流传的那些统一思想和感情所构成的整体"。① 帕克接受了德国思想家斯宾格勒的观点，将城市看成是人类文明的场所，集中了人类的文明形态。在帕克身处的时代，人们还不怎么关注城市，帕克提醒人们要更多地关注城市问题。帕克仔细考察了城市中的邻里关系、社区报纸和移民现象，探讨了城市的工业和道德状况、城市中人与人之间的关系以及城市的气质和环境问题。帕克特别注意社会变革对于城市人社会关系的影响，他发现随着美国大城市日新月异的变化，传统的社区习俗、情感和邻里关系都在悄然发生变化，"教堂、学校和家庭——在大城市中，人口很不稳定，同一个家庭中的父母与孩子可能分别在不同的地点做工，而且工作地点相距很远，许多人在大城市中互相毗邻而居，但却几年之中甚至素不相识，在这种环境中首属团体的亲密关系削弱了，基于此种关系的道德结构秩序也逐渐消逝了"。② 由于传统道德和社会秩序的解体，城市犯罪和不文明现象相应地增多了。而为了控制城市里日益增多的犯罪行为和不良习惯，帕克看到，新的社会控制手段产生了，那就是通过法律、监狱、宣传、教育和舆论来控制社会。例如，通过宣传，让政府所做的一些事情为民众所知道，政府的效力就得到了民众的认可。而"舆论"在社会控制中也是很重要的："舆论，作为社会控制的一种手段，在以次级关系为基础而建立的社会中，已经成了十分重要的手段形式。大城市就属于上述类型的社会，在城市范围内，每一个团体都需建立起自己的环境，当环境条件稳固时，道德秩序就会朝适应这些条件变化。次级团体以及常常表现为习俗和舆论的城市时尚，并不明显地表现为道德的形式，而且会成为社会

---

① ［美］R. E. 帕克：《城市：对于开展城市环境中人类行为研究的几点意见》，R. E. 帕克等著，宋俊岭、郑也夫译：《城市社会学：芝加哥学派城市研究》，北京：商务印书馆，2012 年，第 2 页。

② ［美］R. E. 帕克：《城市：对于开展城市环境中人类行为研究的几点意见》，R. E. 帕克等著，宋俊岭、郑也夫译：《城市社会学：芝加哥学派城市研究》，北京：商务印书馆，2012 年，第 25 页。

控制的支配性力量。"① 哪些机构能够控制、启发和利用社会舆论呢？帕克提到了报纸等新闻事业在这方面的巨大作用。在帕克看来，报纸是"城市范围内信息传递的重要手段。公众舆论正是以报纸所提供的信息为基础的"。

帕克的传播观接近拉斯韦尔等人的观念，认为报纸最主要的功能是"传递信息"。帕克做过多年记者，还曾与杜威策划创办一份反映社会的新兴报纸，在芝加哥学派里，他对于报纸尤其是移民报纸的研究无人能及。在《移民报刊及其控制》（*The Immigrant Press and its Control*）中，帕克对美国的移民报刊做了详细介绍，通过深入研究，帕克意识到报纸不仅具有传递信息和社会控制的功能，而且是文化传播的重要媒介。美国是一个移民国家，有来自世界各地的移民，他们到美国后创办了许多使用母语的移民报纸，这些报刊将移民们紧密地团结在一起，让移民们在这里找到了共同语言。正是通过移民报纸，移民们能够维系彼此关系和保持自己的族裔身份认同。当然，移民报纸在这里还发挥了一个更大作用，那就是提供各种有用的资讯，帮助移民融入美国这个新的、更大的文化共同体中：

> 欧洲裔农民在这里第一次看到这样的报纸：写的是他们感兴趣的事情，用的是他们说的语言。他们在这里第一次形成阅读习惯。报纸使他们与他们的共同体——主要是他们的族群——的当下思想和当下事件建立了联系；该族群的兴趣一方面融入祖国，另一方面融入更大的美国共同体。②

所以，移民报纸不仅"传递信息"，更是建构安德森所说的"想象共同体"的传播媒介。本尼迪克特·安德森在其《想象的共同体》（*Imagined Communities*）一书中谈及美洲早期移民报纸时，就特别强调报纸在建构新的民族意识方面的重要作用："加拉加斯（Caracas）的报纸以相当自然的，甚至是不带政治性的方式，在一群特定组合的读者同胞中创造了一个这些船舶、新娘、主教和价格

---

① ［美］R.E. 帕克：《城市：对于开展城市环境中人类行为研究的几点意见》，R.E. 帕克等著，宋俊岭、郑也夫译：《城市社会学：芝加哥学派城市研究》，北京：商务印书馆，2012 年，第 39 页。

② ［美］罗伯特·E. 帕克著，陈静静、展江译：《移民报刊及其控制》，北京：中国人民大学出版社，2011 年，第 69 页。

都共同归属的、想象的共同体。"① 帕克也看到了这点，并指出报纸还具有启蒙作用，培养了许多移民的阅读习惯，提高了移民群体的智识水平。另外，帕克强调移民报纸在维系移民共同的民族文化的同时，也促进了移民融入"更大的美国共同体"中，这是移民报纸更重要的作用，因为帕克发现，"仅仅是定居和受雇，移民就对美国的事件、习俗和观念产生了兴趣，为了'过日子'，移民需要熟悉这些东西。外文报刊必须刊登美国新闻来满足其读者的需要，这样一来，它们就加快了将这种个人需要转变为对美国的普遍兴趣的发展"。② 移民报刊的主编也都宣称，他们的报纸不仅是传播新闻，帮助移民融入美国环境的媒介，更是向他们翻译和传输美国方式和美国理想的途径。结果，经过移民报纸的宣传和灌输，移民们很快就接受了美国的生活方式和价值观念，转变为"美国人"了。

帕克深怀平民主义意识，他积极评价了报纸在当时对社会方方面面的批判，强调报纸媒介代表着一种"新的文学和新的文化"，在他看来，报纸不仅可以传递信息，而且启蒙了社会大众，打破了少数人的知识特权。通过报纸，普通人可以更好地思考"现实生活"，看清自己在社会中的位置，学到许多新知识和新文化：

通过通俗报刊这种媒介，原本是少数人特权的"学习"，也可为大多数普通人所拥有。与现代科学的首次接触产生了广泛的智识激荡，新思想引发了冲击，犹太人生活的整个框架被打碎了。年轻一代，尤其是其中更有热情和智识的那些人，不约而同地走向了社会主义。社会主义至少向普通人提供了一种观点，他据此可以思考现实生活。社会主义使血汗工厂成为一个智识问题。

帕克甚至高度赞扬了社会主义报刊的文化作用，认为社会主义报刊通过对生活的批判，让所有人特别是底层大众在报刊的栏目中找到了自己的位置："社会主义报刊不再单单地是教条主义的喉舌，它还成为一种文化工具。所有个人的、人类共通的、实际的问题都在它的各栏中找到了自己的位置。它在普通人

---

① ［美］本尼迪克特·安德森著，吴叡人译：《想象的共同体：民族主义的起源与散布》，上海：上海人民出版社，2003 年，第 71 页。

② ［美］罗伯特·E. 帕克著，陈静静、展江译：《移民报刊及其控制》，北京：中国人民大学出版社，2011 年，第 77 页。

生活的基础上建立了一种新的文学和新的文化。"①

在这一点上，帕克浓厚的底层情怀和社会主义倾向显示了他与英国文化研究学派早期的代表威廉斯、霍格特等人的媒介文化观是很接近的。

从杜威、米德和帕克这三位芝加哥学派代表人物的思想来看，他们虽然都强调实证，但是在进步主义和改良主义观念支配下，他们对报纸等大众媒介怀有热忱，希望借助它们改变美国社会的不良风气，让整个社会变得更加美好文明。美国学者丹·席勒在讨论杜威等人的实用主义传播观念时指出，杜威等人将传播视为调和美国社会冲突的工具，强调传播是"意义的共享"，这些想法过于理想主义，因为杜威等人并没有具体说清楚人们到底如何共享意义："有人将意义的分享神圣化，这也仅是宣布，这个理念相当鼓舞人心。但这并不是说，所有的意义'全部可以'分享；同时，即便意义可以分享，分享的社会方式可能也难以计数，一端是实用主义者的最大偏好，是彻底的、非正式的合作，另一端是具有强制与胁迫意义的教化。另外，我们还得考量，人们对于一个概念可能无知，无动于衷或敌视。人们在'传播过程'中分享的是什么、以什么方式分享，这些都是引发深刻议论的课题。这样看来，一方流于夸张，将传播概念限定为意义分享的能力，同时认定这个概念不容置疑，并且加以系统化地夸大；另一方却又认定社会的孪生现实是结构冲突与支配。既然如此，那么，我们又怎么能够将这两种概念调和于传播领域本身呢？这并不是一个容易回答的问题。实用主义者毫不提及这个问题，甚至避开这个问题。相反，他们采取另一种做法，假设有一种超越一切，以及先验存在的合作式传播；他们从这个假设出发，发展社会关系。"②

但正是出于理想主义的政治、文化和社会情怀，使得杜威等人的实证主义传播思想与后来传播学领域占绝对统治地位的经验主义和功能主义传播思想有了本质区别。

① ［美］罗伯特·E. 帕克著，陈静静、展江译：《移民报刊及其控制》，北京：中国人民大学出版社，2011 年，第 94 页。

② ［美］丹·席勒著，冯建三、罗世宏译：《传播理论史》，北京：北京大学出版社，2012 年，第 55 – 56 页。

第三节　文化、社会与传播科技的发展

20世纪50年代，斯大林去世、波匈事件、苏伊士运河危机等一系列国际形势的变化，使得英国社会也相应地发生了重要变化，一种新的文化和思想氛围在威廉斯所说的工业革命、社会革命和文化革命的浪潮中到来了。

一、雷蒙·威廉斯的传播共同体理论

雷蒙·威廉斯在英国文化研究史上占据重要地位，他站在英国社会变迁的角度，对文化进行了重新阐释，认为文化是"普通的"，是"一种生活方式"。威廉斯看到了工业革命后的技术发展对于社会文化与政治生活的重要影响，他也是英国文化研究学派中比较早认识到大众传播媒介在其中所发挥的重要作用的学者之一。在《文化与社会：1780—1950》《电视：科技与文化形式》《漫长的革命》《传播》等著作中，威廉斯大量讨论了大众传播与社会发展的关系，也思考社会变迁对于大众传媒及其文化的影响。

威廉斯的传播文化研究集中在三个方面：一是对传播与社会关系的研究；二是对传播理论的研究；三是对电视媒介的研究。威廉斯考察整个英国文化的过程中特别关注文化与社会的关系，在思考印刷品、电影、广播、电视等大众传媒时，他自然而然地将这些大众传媒放在英国社会变迁的历史语境中加以考察，探讨了报纸、出版物、电影、广播和电视等大众传媒如何随着社会发展不断发展起来。在威廉斯看来，有两股主要的力量相互作用，促进了大众媒体业的发展：大众消费和现代科技发展。这两股力量紧密联系在一起，它们同时发生。具体而言，他认为传播本身是民主化、工业化进程的一个部分。[①] 在这样的情况下，报纸、电影、广播和电视等大众传媒就根据不同需要依次发展起来，复杂多变的流动社会增加了对新兴大众媒介的需求：

---

① WILLIAMS R. Communications. New York：Peguin Books Ltd.，1962，p. 26.

报纸迎合政治与经济讯息的需要；照相为社区、家庭与个人生活所需；电影与摄影拿来满足好奇心与作娱乐之用；电报与电话主要是作为商情的传输，间或用作传递重要的个人讯息。就在这些复杂不一的传播形式之间诞生了广播。①

不过，这个过程往往不是一下子就形成的，而是缓慢地发生，需要时间，新媒介往往是在旧媒介发展过程中产生。雷蒙·威廉斯详细讨论了每一种媒介的发展历程，思考推动其发展的主要社会动因及其在发展过程中所遇到的问题。例如在谈及广播发展时，威廉斯指出，军事的用途和有声电信技术上的发展，以及"一战"之后西方国家在经济上的繁荣，是广播得以迅速发展的主因："一九二〇年代中期，尤其是一九二三年与一九二四年，主要工业国家，从美国、英国、法国、一直到德国，都突破了这个技术上的瓶颈。到了一九二〇年代行将结束之时，所有工业生产都急剧扩张，新种类的器械不断推陈出新。"②

雷蒙·威廉斯不但从社会发展的角度考察报纸、广播、电影和电视等大众传媒媒介的产生和发展，还从理论上对各种传播现象进行了总结。他在界定传播定义的基础上提出了自己的传播观念，他认为："传播（communication）不仅仅是传输（trans-mission），还是接收和回应（reception and response）。在一个转型文化中，巧妙的传输会对行动和信念的一些方面产生影响，有时甚至会产生决定性的影响。但是在混乱中，整体的经验将会再次发挥作用，并确立在世界上的地位。大众传播通过适应某种社会和经济体制的方法，曾经取得过成功；但是在遭遇一种经过深思且业已成型的经验，而非混乱不定的局面时，传播的输送遭到了失败，而且将会继续惨败。"在这里，威廉斯批评了美国"魔弹论"等经验主义的单一传播观，强调传播不仅仅是传递信息，还是一个传播者和受众间的互动过程。在此基础之上，威廉斯提出了自己的传播观——共同体理论。他认为在考察各种传播现象时，必须注意到传播是服务多数人的，是在多数人共同需要的基础上产生的，所以任何关于传播的理论都应该是共同体理论："大

---

① ［英］雷蒙·威廉斯著，冯建三译：《电视：科技与文化形式》，台北：远流出版事业股份有限公司，1994 年，第 35 页。

② ［英］雷蒙·威廉斯著，冯建三译：《电视：科技与文化形式》，台北：远流出版事业股份有限公司，1994 年，第 39 页。

众传播的践行者求助于他们称之为科学的改善方式，也就是说，求助于应用心理学和语言学的零星知识。注意到他们的这种做法是非常重要的，但同时关于传播的任何真实理论都是关于共同体的理论（theory of community）。大众传播的技术，只要我们判定他们缺乏共同体的条件，或者以不完整的共同体为条件，那么这些技术就与真正的传播理论互不相干。"① 由此可以看出，民主观念深入了威廉斯的内心世界，他之所以提出传播共同体理论，在很大程度上，是批评那种由少数人控制的大众传播形式，那些由少数人控制的大众传播在他看来其实是"少数人以某种方式对多数人进行的剥削"，共同体的传播理论正是要打破这样的传播观。当然，威廉斯是从文化的角度而不是从信息传递的角度看待传播现象，他的共同体理论来自他的共同文化观。在《文化与社会：1780—1950》《漫长的革命》等论著中，威廉斯就文化与社会变迁问题进行了深入思考，他看到了不同时代、不同人群其实都有着属于他们自己那一代的某种共同文化观念，这种观念往往难以说清楚，但是每一个在这种文化中的人都能够体会到。威廉斯使用了"感觉结构"（feeling-structure）来描述这种处于某一个时代人所能细察到但又无法言说的共同文化意识，这种"感觉结构"往往是这个时代人互相沟通的重要途径：

在某种意义上，这种感觉结构就是一个时代的文化：它是一般组织中所有因素带来的特殊的、活的结果……但我认为在所有实际存在的共同体中，感觉结构的拥有的确到了非常广泛而又深入的地步，主要是因为沟通和传播靠的就是它。令人特别感兴趣的是，它似乎不是通过（任何正规意义上的）学习来获得的。每一代人都会在社会性格或是一般文化模式方面培养自己的继承人，并获得相当的成功，但新的一代人将会有他们自己的感觉结构，这种感觉结构看起来不像是从什么地方"来"的。因为在这里，最明显不过的是，变化中的组织就好比是一个有机体：新的一代以自己的方式对它所继承的那个独一无二的世界作出反应，在很多方面保持了连续性（这种连续性可以往前追溯），同时又对组织进行多方面的改造（这可分开来描述），最终以某些不同的方式来感

---

① ［英］雷蒙·威廉斯著，高晓玲译：《文化与社会：1780—1950》，长春：吉林出版集团有限责任公司，2011年，第327页。

受整个生活，把自己的创造性反应塑造成一种新的感觉结构。①

正因为如此，威廉斯对工人阶级文化和新兴的大众传媒表示了乐观的态度，他认为今天各种新兴传播媒介的出现，也是建立在民主的、共同的文化观念上："共同文化在任何层次上都算不上是一种平等文化，但是共同文化永远都需要生命存在的平等，否则共同经验将失去价值。对于参与任何文化活动的任何人，共同文化都不能加以绝对限制；所谓的机会均等就是这个意思。"② 由此可以看出，威廉斯对工人阶级文化抱有信心，是因为他认为在工业化、民主化社会中，工人阶级文化将会发展成为所有人的共同文化。威廉斯的传播观颠覆了美国经验主义"传递信息"的单一传播观，倡导传播是不同人之间的平等交流媒介，有学者已看到威廉斯的传播共同体理论与哈贝马斯所主张的"公共领域"理论存在相同之处：

在英国的传播理论中，对作为"公共领域"的传播的指望，完全是顺着威廉斯的这条线索而来的。虽然人们现在更喜欢使用哈贝马斯的"公共领域"这一术语，但是在内涵和外延上，威廉斯的经由传播的文化共同体的理念丝毫都不逊色，哈贝马斯的"交往理性"正是修正威廉斯所批评的"支配性传播"的武器。③

威廉斯在传播与媒介文化理论上还有一个重要贡献，即他对电视媒介的深入研究。从 1968 年到 1972 年，威廉斯在 BBC 的《阅读大众》（The listener）周刊按月撰写电视评论，后来在这些文章的基础上，威廉斯完成了《电视：科技与文化形式》一书，对新兴的电视媒介进行了深入思考。在书中，威廉斯探讨了电视发展的背景，比较了欧美电视制作的差异并提出了"流程"的电视媒介理论。我们说威廉斯在探讨某一大众媒介发展时，总是将其放在社会和现代传播技术变迁的语境下加以考察，在考察电视这种新媒介时，威廉斯认识到科技

---

① ［英］雷蒙·威廉斯著，倪伟译：《漫长的革命》，上海：上海人民出版社，2013 年，第 57 页。

② ［英］雷蒙·威廉斯著，高晓玲译：《文化与社会：1780—1950》，长春：吉林出版集团有限责任公司，2011 年，第 330 页。

③ 杨击：《传播·文化·社会——英国大众传播理论透视》，上海：复旦大学出版社，2006 年，第 25 页。

发展对于电视发展的重要性。他认为电视与收音机发展情形差不多，传输与接受的技术条件都先于内容而出现："而内容中重要的部分，从一开始到现在都还只是科技进展下的副产品，而不是凭空独立形成的。为了要说服人们购买彩色电视机，'彩色'节目才相应问世。"① 这与英尼斯、麦克卢汉等人的媒介观有点类似，均强调媒介技术的决定性作用。不过，一向重视社会和文化作用的威廉斯并没有单单强调技术的作用，相反，他强调文化和社会结构本身在新媒介发展过程中更为重要。他说："我们应该谨记在心，投资在特定的社会传播形态的资金既然是如此高昂，就会相对出现复杂的机制，以各种金融组织、特定的文化期许、与特定的技术走向，箝制此一社会传播形态的发展。"他认识到文化、技术与社会的相互作用才导致新媒介的产生。在探讨电视媒介的时候，威廉斯提出了著名的"流程"概念，他认为"流程"是电视节目编排的最大特点，他强调不能将电视节目看成"时间上先后出现的随机组合"，而应该是"事先安排的流程"：

　　我们现在所看到的节目，并不是由分立不相连属的影像组成；事实上，我们看到的是整个的"计划性流程"，而不再只是预告刊行的各个节目单元。这个有形的节目表，另外也包含了无形的节目安排。在这种情况下，节目表已经整个改观了，各种自称单位的系列性节目，由彼到此，犬牙交错，真正的流程，真正的"广播"，从此就出现了。无分商业或公共电视，日复一日，新的行头加入了播出阵容。②

　　而这样的流程在威廉斯看来，不仅被"事先安排"，每个节目从构思到最后播出都是"流程的一部分"，脱离了这个"流程"，电视节目就无法存在，而且这种"流程"化的电视节目安排影响着观众的收视习惯，最终也为大众所接受，大众很难觉察出这是一种刻意安排："很多人察觉到我们竟然很难说关机就关机；一次又一次，即使我们原来只是要看某个特别的'节目'，我们还是会一个接一个地看下去。现在电视流程的组织方式，不去刻意强调换幕，反倒是

---

　　① ［英］雷蒙·威廉斯著，冯建三译：《电视：科技与文化形式》，台北：远流出版事业股份有限公司，1994 年，第 43 页。
　　② ［英］雷蒙·威廉斯著，冯建三译：《电视：科技与文化形式》，台北：远流出版事业股份有限公司，1994 年，第 114－115 页。

强化了我们这样的习惯。就这样，在还没有来得及鼓起力量跳出座椅之前，我们'进入'了某个状况，许多节目的制作对此了然于胸，也据此制作节目：在开始的几个档头抓住注意力，然后一再重复地保证，如果我们继续看下去，刺激的还在后头。"① 这种流程构成了电视与电影等其他大众媒介的差别，不过，威廉斯认为现在一些电影也在向电视学习，通过"流程"吸引观众。威廉斯的这本著作是在美国做访问学者期间完成的，他十分关注美国和欧洲电视的差别，指出在英、法等欧洲国家，现有广播制度体现了资本家和国家利益之间的平衡，而在美国，广播制度控制在商人手中，商业力量操控了一切，"从一开始，广播大众在他们眼中，也只不过是广播市场竞相角逐的对象而已"。②

在这里，雷蒙·威廉斯其实又回到了马克思和法兰克福学派的立场，以一种批判眼光看待美国和英国的电视媒介。他认为电视在讨论政治的过程中虽然看起来扮演了"重要的中介角色"，电视似乎是"显而易见"的公共论坛，但其实不是这样的，因为在电视中，公共论事的过程其实"是由中间人来'代表'我们的。哪些事件上电视，什么样的决策，甚至要看到什么样的回应，都是以一种有备而来的中介形式进行。虽然没有人选出广播业者，这些回应是被当成了'我们的'代表所商定的……更何况电视内部有一套作业，有选择性地决定了什么是平衡与多元的意见，使它不折不扣地垄断了民众的反应过程"。③ 电视遮蔽了真正的"民意"。针对这种情况，威廉斯提出观众应该另辟蹊径（如通过请愿、游说和示威等）来传达他们的观点、声音和立场。

由此，我们可以看出威廉斯传播思想的深邃，他既看到技术在大众媒介发展过程中的重要作用，又强调必须从文化和社会层面上认识不同大众媒介的产生和发展过程；他既将大众媒介看成是推动民主化进程的公共空间，同时又意识到资本主义的大众媒介遮蔽了民众真实的声音和观点，他倡导一种为多数人服务的共同体传播理论。在新媒体发展日新月异的今天，威廉斯的传播理论特别是"传播共同体"理论，对人们依然具有重要的启示意义。

---

① ［英］雷蒙·威廉斯著，冯建三译：《电视：科技与文化形式》，台北：远流出版事业股份有限公司，1994年，第119页。

② ［英］雷蒙·威廉斯著，冯建三译：《电视：科技与文化形式》，台北：远流出版事业股份有限公司，1994年，第50页。

③ ［英］雷蒙·威廉斯著，冯建三译：《电视：科技与文化形式》，台北：远流出版事业股份有限公司，1994年，第70页。

二、传播、科技与文化研究

戴维·莫利是霍尔的学生，他原来是社会学出身，因为想做"关于媒体对于产业冲突的报道和表现的博士研究"，最终与霍尔等人联系上，成了霍尔领导的当代文化研究中心媒体研究小组的一员。在媒介文化研究方面，戴维·莫利的突出成就主要有以下几个方面：一是研究受众与电视媒介的关系；二是深入讨论了文化研究与媒体研究的关系；三是反思西方中心主义的传媒研究。

与威廉斯、霍格特以及霍尔不同，社会学背景使得莫利对媒介文化文本背后的受众以及社会和物质基础更感兴趣。不过，正因为如此，莫利自感在文化研究领域中属于"边缘人"："早先受到的社会学训练使我感觉自己处在文化研究的主流范式（无论是文化主义、结构主义、心理分析、后结构主义或是后现代主义）的边缘，因此，文化研究领域的学者认为我的论述带有过多的本质论（essentialist）或简约论（reductionist）色彩。在我看来，我所研究的首要目标是将文化与传播置于它们的社会和物质背景下，进而分析它们的过程。对我而言，更令人担心的是文化研究的'文本化'（textualization）趋向，这种趋向使得对文化现象的分析完全游离于它们的社会和物质基础之外。"① 不过，也正是由于社会学出身，莫利看到了霍尔等人文本化研究的缺陷，他努力将社会学和人类学等学科知识带入文化研究中，其关于"物质性"话题的讨论已然成为今天文化研究的主流。在研究英国电视节目《全国新闻》时，莫利便将实践研究贯彻到电视节目研究中，努力考察在具体的家庭物质环境中，家体成员如何通过具体的媒介实践活动接受电视节目，建构以家庭媒介为核心的家庭与社会认同关系。莫利强调，人们在接受媒介文本的意义时，必须要考虑其周边的各种社会和物质环境："在探究文本的意义时，我们必须考虑它接触到的话语和周围特定的环境，还有这样的接触如何重构了文本和话语的意义。接触到的话语（知识、偏见、反对等等）不同，重构的文本的意义也不同。受众用自己的话语理解文本，因此文本的重构取决于受众的话语。"② 结合社会学的田野调查和

---

① ［英］戴维·莫利著，史安斌译：《电视、受众与文化研究》导论，北京：新华出版社，2005年，第6页。
② ［英］戴维·莫利著，史安斌译：《电视、受众与文化研究》导论，北京：新华出版社，2005年，第66页。

焦点访谈等研究方法，莫利对受众的解码过程进行了详细考察，他的研究弥补了威廉斯和霍尔等早期文化研究者人文主义和文本主义研究的不足。

莫利很重视媒体文化研究，在《传媒、现代性和科技》（*Media，Modernity and Technology*）一书中，他专门用一章讨论文化研究与媒体研究这两个学科发展的脉络、边界等问题，重新思考了文化研究与传媒研究的关系。莫利回顾了自己是如何出于对媒体研究的兴趣，从社会学研究转到文化研究领域中，而在那时文化研究其实还未成为一门大家所公认的学科。不过，莫利认为英国的媒介文化研究出现得比较晚，缺乏像德国那样的理论思考："传媒理论在英国是一个新近出现的东西，在英国的学界中，过去一直存在比较浓厚的实证主义传统，对理论存在相当的怀疑态度。在过去的二十年，英国的'左派'学者们开始对欧洲大陆理论有比较多的介入，特别是对来自法国和意大利的介入较多，而对德国的相对少一些。"① 莫利指出，在英国，传媒研究主要受到社会学、政治学以及文本研究的影响，之后文化研究才进入了英国传媒研究领域。

除了关注媒介受众，莫利认为了解媒介技术发展史对于认识传媒文化也具有重要作用，他强调要将媒介置于具体的科技发展环境中加以考察，而不仅仅是讨论媒介本身："就媒体研究而言，我所关心的问题在于怎样通过确立新的研究对象使这个学科积极有效地回应科技的革新和发展。具体而言，我认为关键的问题在于媒体研究者应该摆脱过去那种完全以媒介自身为中心的理论框架，进而把关注焦点调整到影响媒介存在和发展的具体问题上来。只有这样，媒体研究才不会脱离媒介所处的不断变换的社会、经济和政治脉络。"② 由此，莫利进一步提出要借助跨学科的视野去研究传媒文化，他强调其自身正是因为有了跨学科的理论基础，才获得了"丰富的思想资源"，从而确立了独特的媒体文化研究特色。

莫利在思考文化研究与传媒文化时，还有一点特别值得肯定，即他尝试建立一种"'去西方化'（de-westernized）的媒体和文化研究格局"，③ 作为一个英国人，莫利自然深受西方文化影响，但他对西方文化本身保持了高度的警惕性、

① ［英］戴维·莫利著，郭大为等译：《传媒、现代性和科技："新"的地理学》，北京：中国传媒大学出版社，2010年，第31页。
② ［英］戴维·莫利著，郭大为等译：《传媒、现代性和科技："新"的地理学》全书介绍，北京：中国传媒大学出版社，2010年，第14页。
③ ［英］戴维·莫利著，郭大为等译：《传媒、现代性和科技："新"的地理学》全书介绍，北京：中国传媒大学出版社，2010年，第14页。

批判性和反思性。他强调要有"换位意识"，从时间和空间的角度重新看待"现代性问题"，以摆脱"西方中心主义"的思维成规。他说："面对一张世界地图，我们总是习惯那种从右往左的空间阅读方式。也就是说，我们把历史发展的过程很自然地假定为从'古老的东方'到'现代的西方'。实际上，这种忽视'西方社会'的内部差异性而将其笼统地视为一体的观念本身就是需要质疑的。"①

现代化理论往往贬低其他族群，将西方看得高人一等。但莫利认为如果换位思考，人们就会发现其实"西方以外的社会也是可以创造属于自己的现代化形式的，只有认识到这种可能性，我们才能清楚地看到'现代化'这个概念并不一定与某个特定的人种、民族、国家或某些暂时的地点有必然联系"②。莫利以新加坡、日本等地为例指出，在文化和经济上，新加坡等新兴国家其实在许多方面已经超越传统的欧洲国家，放眼全球，欧洲本身不过是一个"地方"而已，要了解欧洲，许多时候还是要从"地方"入手，才能够看清楚欧洲自己的问题。莫利还通过考察东西文化的交汇之地希腊，指出有些文化是很难区分"什么属于西方文化，什么是属于东方文化的"。莫利对于"西方中心主义"文化观的自我反思和自我批判，是值得称赞的。

第四节　我国媒介文化研究现状的批判性思考

自从道格拉斯·凯尔纳、尼克·史蒂文森和戴安娜·克兰等人提出"媒介文化"（media culture）的概念之后，在我国，近年来由于媒体的迅速发展，媒体越来越影响着人们对自我和世界的认知，学术界对于媒介文化的研究也日益重视起来，甚至有人认为媒介文化研究现在"已经成为一门显学"，③ 以往在传播学研究领域并不被重视的媒介文化研究变得越来越重要。我国学术界对于媒

---

① ［英］戴维·莫利著，郭大为等译：《传媒、现代性和科技："新"的地理学》全书介绍，北京：中国传媒大学出版社，2010 年，第 15 页。

② ［英］戴维·莫利著，郭大为等译：《传媒、现代性和科技："新"的地理学》，北京：中国传媒大学出版社，2010 年，第 150 页。

③ 於红梅：《批判地审视媒介文化研究——基于 2009—2010 年媒介文化研究的述评》，《新闻大学》2011 年第 2 期。

介文化的研究主要集中于以下几个方面：

首先，一些学者、学校对媒介文化的理论研究和学科建设展开了有意识的思考。潘知常、林玮主编的《传媒批判理论》较早地对西方传媒批判理论做了仔细梳理，该书从"传媒作为文化世界""传媒作为权力世界""传媒作为文本世界""传媒作为游戏世界"等四个方面分析了西方传媒文化理论的发展，试图通过对西方传媒批判理论的介绍，推动媒介文化研究在国内传播学界的开展，以"推动批判理论的研究进入传播学学科本身，从而打破实证学派在传播学科中的一统天下，并且在积极汲取批判理论的研究成果的基础上进一步进行传播学学科建设"。① 黄旦、邵培仁、隋岩、陈卫星、吴飞、陈龙、吴予敏、曾一果、蒋晓丽、蒋原伦、刘海龙等学者更是有意识地对媒介文化理论展开了深入研究，"媒介文化"一词开始被学者广泛使用。在《传媒文化研究》中，陈龙认为大众传媒代表了一种新型文化，从"作为文本和文化的媒介"的观点看来，大众媒介是一种文化，"传媒是文化，这不仅仅因为电视、报刊、畅销书、网络等大众传媒在今天已侵占了我们的闲暇/私人空间，并且生产和复制我们每天消费的大部分文化音像符号，还因为大众传媒代表了一种新型文化，它所建构的大众文化或流行文化正悄悄地改变着我们的生存方式。大众传媒在社会生活中发挥着巨大的作用，大众传媒本身也就有值得研究的地方，它本身就是一种文化现象。"② "媒介文化"作为一门课程正式进入了大学课堂，北京师范大学、四川大学、苏州大学和暨南大学等都开设了相关课程。陈龙的《传媒文化研究》是中国人民大学出版社出版的"21 世纪新闻传播学研究生系列教材"之一，蒋原伦的《媒介文化十二讲》是"21 世纪新闻与传播学系列教材"之一，蒋晓丽的《传媒文化与媒介研究》和吴予敏的《传播与文化研究》也都是高校研究生的教材，这些都显示了媒介文化研究越来越受重视。

其次，学者们认真讨论了媒介文化的基本概念和基本特征。蒋原伦认为媒介文化是"一种文化的分类原则"："它强调的是文化的媒介呈现方式，强调的是媒介形态对社会文化所产生的决定性的影响，则不同的媒介导致文化沿着不同路径演进。"③ 这个概念强调了媒介对于当代文化的决定性作用。鲍海波则从当代文化转向的角度理解媒介文化，她认为媒介文化体现了当代文化的历史性

---

① 潘知常、林玮主编：《传媒批判理论》，北京：新华出版社，2002 年，第 385 页。

② 陈龙：《传媒文化研究》，北京：中国人民大学出版社，2009 年，第 2 - 7 页。

③ 蒋原伦：《媒介文化十二讲》，北京：北京大学出版社，2010 年，第 3 页。

转向，这种文化转向使得媒介文化拥有了自身的一些基本属性，即"具有无限复制的奇异性、不可拖制的商品性与审美现代性统摄下的审美性"。① 於红梅则从构成角度分析媒介文化的概念，认为其包含了以下三方面内容：①运用传媒技术；②在特定社会环境下所从事的文化产品的生产、流通和消费；③经此而展开的意义建构的活动和过程。② 於红梅注意到学界在讨论"媒介文化"概念时忽略了媒介文化产品所具有的生产、流通和消费的特征。

我国学者在讨论"媒介文化"概念时都强调媒介文化出现的重要意义——体现了当代文化的转向——从文化转向大众文化，再从大众文化转向媒介文化的趋势。在蒋原伦看来，对媒介文化进行研究意味着对当代社会的许多方面进行综合研究。当代媒介文化不仅包含过去的精英文化，也包含新兴的大众文化和各种新媒介文化；媒介不仅包含各种各样的现代与后现代文化，而且也包含传统文化和民间文化、私人文化和公共文化、全球文化和地方文化等。

最后，我国学者在思考和讨论媒介文化现象时，特别强调从批判的和本土的立场思考媒介文化问题。陈龙在《传媒文化研究》一书中也强调了批判视角在研究传媒文化中的重要性，他认为传媒文化形形色色，既包含不少优秀文化，也有许多低俗文化，所以研究者应该站在一种批判的立场审视"传媒文化"。我国学者在讨论媒介文化时，还特别关注媒介文化的本土化问题，这主要是因为像一些学者所看到的那样，"长期以来，中国传播学界一直受困于两条彼此对立的研究路径——本土化与国际化。这两条路径各自以中国为本位和以西方为本位展开论争，迄今也未找到双方视角的交汇点"。③ 吴飞、戴元光、陈卫星、吴予敏、邵培仁、刘海龙等人纷纷围绕着本土化和国际化问题展开了热烈讨论。欧阳宏生特别注意到媒介文化的"球土化（glocalization）"现象，他认为过去本土的媒介文化主要致力于"服务于政治和社会利益，塑造国家集体生活，成为民族文化认同的中心"。④

我国传媒学术界一些学者们关于媒介文化理论和现象的深入研究取得了不小的成绩，他们意识到了媒介文化在当代社会的重要性，也看到全球不同国家

---

① 鲍海波：《文化转向与媒介文化研究的任务》，《新闻与传播研究》2006 年第 3 期。

② 於红梅：《批判地审视媒介文化研究——基于 2009—2010 年媒介文化研究的述评》，《新闻大学》2011 年第 2 期。

③ 李智：《在"理论"与"经验"之间——对中国传播研究二元路径的再思考》，《国际新闻界》2011 年第 9 期。

④ 欧阳宏生、梁英：《混合与重构：媒介文化的"球土化"》，《现代传播》2005 年第 2 期。

和地区的媒体文化存在着巨大差异。但就整体情况而言，我国的媒介文化研究还存在一些不足，这主要表现在以下几个方面：

第一，我们不得不承认，媒介文化的一些重要理论都来自西方。近年来，我国传媒学术界译介了许多相关的重要理论典籍，但是对于各种西方媒介文化理论源流以及发展尚缺乏深入仔细地梳理、考察和甄别，许多人往往囫囵吞枣、生搬硬套地用一些西方理论解释当下中国的媒介文化现象，一些文化阐释和文化分析牵强附会，并不符合中国历史、文化和社会实际情况。这就有必要深入、系统地梳理西方媒介文化理论，弄清楚西方媒介文化理论的来龙去脉，才能有助于我们更好地理解全球和中国不断涌现的媒介文化现象。

第二，以美国为代表的经验学派长期占据着传播学科的主导位置，这是不争的事实。虽然以法兰克福学派和文化研究学派为代表的批判学派对经验主义研究进行了严厉批评，但并没有撼动经验学派的霸权地位。我国传播学科的发展情况可能正好相反，早期传媒研究倒是以批判学派为主，因为在我国早期进入传播学领域的大多是一些人文学者，他们多有哲学、美学和文学的背景，所以他们也自然地以人文视角对待传播学科。不过，这样的现状并没有持续多久，随着我国新闻传播事业的发展，经验主义研究迅速占据了主导位置，批判性的传媒研究日益被边缘化，从某种意义上来说，这是一种进步，但也导致了"唯经验至上"的媒体研究潮流，在这种研究范式的主导下，传媒研究日益沦为政府、大公司和商业财团的附庸，仅扮演为它们提供信息咨询的角色，传媒本身所蕴含的文化和意义被忽视，在此背景下，有必要重新认识批判理论的理论和现实价值。

第三，就今日中国而言，随着新媒介技术的不断革新，各种新的媒介文化现象不断涌现，如网络空间中的"喊麦"文化、"佛系"文化、短视频文化等。这些新的文化现象大量涌现不仅需要从理论上加以思考和研究，而且也提醒人们，已有的媒介文化研究理论范式已经跟不上形势，需要根据新的技术和社会发展情况发生转型，特别是中国本身是新媒介文化现象大量涌现的地方，一些新的媒介文化理论也可能应运而生。当然，一些经典的媒介文化理论依然值得关注。

最后需要指出的是，我国较早进入媒介研究领域的多是人文学者，他们多有哲学、美学和文学的背景，习惯于以精英主义的眼光对待各种新旧媒介文化现象，认为它们是"文化垃圾"。但其实无论是旧有的媒介文化现象，还是新媒体文化现象，它们本身都包含了丰富的文化内容，代表着一定的生活方式和情感结构，因此，我们需要打破传统人文主义者仅用美学眼光评判当代媒介文化价值的研究取向和狭隘的精英主义文化观念，在跨学科、跨媒介和跨文化的视阈下，建构多元包容的媒介文化研究学术共同体。

第五节　回归本土的媒介与文化研究

自20世纪八九十年代文化研究引入我国以来，文化研究的理论与实践研究日益渗透到社会学、文学、艺术学、传播学等不同学科领域并逐渐改变这些学科的研究格局，其自身也日渐成为一个广受关注的研究领域。进入20世纪之后，随着全球社会所发生的巨大变化，我国的文化研究也出现了一些新的特征：一方面，除了对西方经典文化研究理论的深入考察之外，本土性的文化研究越来越受到重视；另一方面，伴随着互联网技术的迅猛发展，各种新媒介、新文化现象正成为文化研究格外关注的新热点。

一、文化研究经典理论的"重访"

立足于当下对伯明翰学派经典文化理论和代表性人物思想的"重访""重返"和"再解读"是近年来我国文化研究学者经典回顾的重要路径。通过"重访""重返"和"再解读"，学术界希望能够对威廉斯、霍尔、阿尔都塞和葛兰西等人的文化理论和思想有一些新的发现。

徐德林的《重返伯明翰——英国文化研究的系谱学考察》是近年来深入研究英国文化研究的重要著作，该书的贡献在于从知识考古和系谱学的角度对文化研究的发展脉络展开了重新梳理。通过仔细爬梳，该书不仅重新阐释了伯明翰文化研究理论的独特价值，而且还特别对被忽视的卡迪夫学派文化理论和莱斯特学派的政治经济学研究给予了一定的关注。在徐德林看来，贝舍尔、霍克斯等人以卡迪夫大学传播与文化研究中心（The Cardiff Institute of Communnism and Cultural Studies）为大本营的大众文化研究其实跟伯明翰学派一样都强调

"现实介入路径",注重选取"通俗/大众文化作为关注对象"。只不过卡迪夫大学因为地处偏远而遭遇了文化遮蔽,这使得伯明翰学派成了英国文化研究的唯一"合法代言人"。"卡迪夫学派遭遇遮蔽,不仅关乎伯明翰学派在学理上的成就,更重要的是与它在文化地理上偏处大不列颠边缘——威尔士——不无关联。"① 这一论述无疑对人们重新认识英国的文化研究谱系有很大帮助。虽然福柯、波德里亚和巴特等人的思想一直广受重视,但在我国,对法国文化理论的整体研究却是相对薄弱的。近年来这种情况有所改变,一些学者开始对法国的文化理论和思想展开了整体性的考察。例如同济大学人文学院和复旦大学哲学系都有一批人专门致力于法国理论的系统研究。通过他们的研究,布尔迪厄、德·赛都、波德里亚、德勒兹、德布雷的文化理论思想得到了进一步阐释。

西方文化理论兴起跟西方的政治和社会环境变化是密切相关的。李艳丰在《重返葛兰西:文化政治的理论溯源与文化研究的葛兰西转向》一文中也是以"重返"之名,对葛兰西的文化政治理论进行重新评估。她指出,正是受到葛兰西等人文化理论的影响,西方马克思主义走上了改良主义道路,逐步摆脱了阶级革命和经济政治的宏大叙事,转向关注上层领域的文化革命,从而形成了文化政治的理论与实践路径。"西方马克思主义对文化与意识形态的重视,最终使社会革命与阶级斗争演变为知识界的文化批判、艺术批评、大众文化研究等学术行动,文化政治模式代替了阶级革命模式。"②

二、回到本土的"发生现场"

除了回顾和重审文化研究的经典理论,学者们也越来越关注中国本土所发生的文化现象,并试图通过对本土文化的实践和思考,建构出具有中国自身特色的文化研究理论体系,在这方面,陶东风和周宪等人做出了较大的贡献。

在《回到发生现场与中国大众文化研究的本土化——以邓丽君流行歌曲为个案的研究》等文章中,陶东风不仅详细分析了批判理论和文化研究在 20 世纪 90 年代在中国大陆出现的背景,而且也深入反思了英国文化研究理论在中国与

---

① 徐德林:《重返伯明翰——英国文化研究的系谱学考察》,北京:北京大学出版社,2014 年,第 42 页。

② 李艳丰:《重返葛兰西:文化政治的理论溯源与文化研究的葛兰西转向》,《文艺理论研究》2017 年第 9 期。

中国本身的大众文化实践之间的"错位现象"，他认为"西方大众文化批判理论诞生于西方发达资本主义国家，是回应西方大众社会的文化问题而产生的，其诞生语境、问题意识、价值取向和批判目标等等，都与中国的大众文化存在错位"。① 因而在他看来，一味机械套用西方理论十分有害。陶东风希望能够回到发生现场，通过对中国大众文化现象进行深入的本土化研究，丰富和发展文化研究理论。他自己则以邓丽君的流行歌曲作为研究个案，深入思考当代流行文化与中国 1978 年之后的改革开放以及新启蒙文化的关系。结合当代中国大众文化发生地粤港澳地区的本土化实践，陶东风强调文化研究要走出法兰克福学派和伯明翰学派的理论研究范式，建构中国本土的大众文化研究范式。周宪也从文化研究本土化的立场出发，对中国当代文化和艺术实践的系列个案进行深入考察。例如在《王广义的中国波普艺术图像学——以〈大批判：可口可乐〉系列为分析对象》一文中，周宪深入探讨王广义所开创的"政治波普"是如何将本土性的"文革"图像与西方商业文化的图像融合在一起，从而创造出独具风格的中国当代波普艺术图像。而周志强在检讨 30 年间中国大陆的文化研究时认为"文化研究已经到了必须告别上个世纪 50 年代的知识范式的时刻，继而开拓新的批判意识基础之上的急迫行动的理论和思想"。② 这种"紧迫性幻觉"其实是主张和呼吁文化研究重新"介入现实"，当然，周志强对文化研究的期待带有理想主义色彩。曾一果在《西方媒介文化理论研究》一书中也指出西方媒介文化理论研究落地生根的必要性。

　　重新审视、评价法兰克福学派和伯明翰学派的文化理论，切实拓展中国本土的文化研究成为学者们关注的焦点。不过，在讨论文化研究理论与中国文化研究的未来时，朱国华等人也指出，"思想的原创性"的缺乏体现了中国的文化研究与西方之间还存在着较大距离。

　　除了回到中国本土研究之外，近年来，我国的文化研究也开始关注西方之外的整个亚洲文化研究图景。亚洲文化研究受到了汪晖、王晓明、陈光兴、罗小茗等人的青睐。在《反戈一击：亚际文化研究读本》一书中，罗小茗认为"亚际"的概念在文化研究界虽然并未深入人心，但是在中国崛起，亚洲和世

---

① 陶东风：《回到发生现场与中国大众文化研究的本土化——以邓丽君流行歌曲为个案的研究》，《学术研究》2018 年第 5 期。

② 周志强：《紧迫性幻觉与文化研究的未来——近 30 年中国大陆之文化研究与文化批评》，《文艺理论研究》2017 年第 9 期。

界格局发生急剧变动的语境中，思考何谓"亚洲"变得越来越重要。特别是在20 世纪 90 年代，亚洲各个国家和地区之间的文化交往和流动现象十分频繁，理解中国或韩国的某些文化现象就不仅需要放在其自身的历史发展语境中加以思考，也需要放在全球和亚洲的文化交流语境中加以理解："自 20 世纪 90 年代以来，亚洲各个国家和地区之间的文化流动，无疑是一个令人瞩目的现象。无论是早先的'哈日''哈韩'、如今印度电影在中国院线的傲人战绩，还是中国游戏业对亚洲其他地区的渗透，不同社会之间的文化流动以及由此形成的资本与文化之间相互牵制、彼此支援的关系，已经越来越使得当代的文化，特别是流行文化的生产和消费，不再是一国之内的事业，而势必隶属于不同国家与地区之间基于既有的体制磨合而成的一套文化生产、流通和消费的庞大的国际机制。正是这一机制，一方面使得'丧'和'小确幸'这样的命名，通畅地流动在亚洲文化圈内，引发新一轮的商机；另一方面，这些命名也经由这一机制，在流通过程中被持续地填充、改写和进一步传递扩散，引导不同社会状况里的年轻人对于自己的状况，做出判断和思考，遥相呼应。至此，如何把握在此过程中，文化的流动性赋予年轻人的力量、视野和新的可能？对于这一点，'亚际'的'彼此看见'提供了什么样的新的解释框架？"① 罗小茗认为这些凸显了"亚际"研究的价值。

三、新媒介、新文化和新趋势

随着全球新媒介技术的发展，不断涌现的各种新媒体、新文化现象越来越受到我国学术界的关注。具体而言，我国的当代文化研究界正围绕着"视听文化研究""数字与新媒介文化研究""文化记忆的理论和实践研究"和"亚文化和后亚文化研究"等前沿议题开展丰富多样的学术思考和研究。

（一）视听文化研究

新媒体的日新月异让视听文化现象越来越受到关注。《文化研究》2018 年第 2 期就开设了"视觉影像与城市空间""视觉凝视与主体性"两个专题，集

---

① 罗小茗主编：《反戈一击：亚际文化研究读本·序言》，上海：上海书店出版社，2019年，第 7 - 8 页。

中讨论视觉文化问题。曾一果、霍胜侠、杜安等学者围绕着视觉与城市、视觉凝视的主体性问题进行深入探讨。刘涛在《新闻与传播研究》2018 年第 11 期发表的《图绘"西医的观念"：晚清西医东渐的视觉修辞实践——兼论观念史研究的视觉修辞方法》一文是视觉文化研究结合中国问题的典范，该文通过对《点石斋画报》等材料的视觉修辞分析，探讨晚清西医观念建构过程中所存在的视觉之维，该文强调，考察晚清西医的话语观念及其合法性过程，不能忽视图像的生产及其视觉实践。

值得注意的是，以往一直很少受到重视的"听觉文化研究"（Sound Studies）近年来正逐渐成为文化研究的热门议题，不少学者都开始探讨现代听觉对于人的主体性建构的意义。周志强的《声音与"听觉中心主义"——三种声音景观的文化政治》、王敦的《当人文研究遭遇"听觉"课题：开拓中的学术话语》、曾军的《转向听觉文化》、王缨子的《何以走向听觉文化》、刘欣玥的《"邓丽君热"文化研究：私人经验与现代听觉变革》等文章围绕着声音文化、听觉文化展开了大讨论。这些讨论虽然存在着很大分歧，比如周志强倡导恢复声音文化，反对"听觉中心主义"，而曾军和王缨子都强调"听觉中心主义"日渐形成。不过，他们都不约而同地认为在新媒体时代，文化研究有一种朝着听觉文化研究转向的发展趋势。

（二）数字与新媒介文化研究

新媒体时代数字文化和各种各样新媒介文化的蓬勃发展是一个值得关注的现象。杨国斌在《转向数字文化研究》（*Turning to Digital Cultural Study*）中不仅介绍了数字文化的基本概念，而且指出当代新媒体研究和文化研究也有转向数字文化研究的趋向。他还认为数字文化涉及的领域及其范围，"视觉文化、抗争文化、网络视频、博客、微博客、手机、客户端、数字劳工、数字鸿沟、隐私、网络审查、监控、自我认同、亲密关系、网络公共参与、游戏等等，从媒介和传播的生产、流通、到消费和使用的各个环节和层面，应有尽有，都在数字文化研究的范围之内"。[①] 《文化研究》2018 年第 2 期也专辟"数字人文研究"专题，发表了陈静的《数字人文知识生产转型过程中的困境与突围》、但汉松的《朝向"数字人文"的文学批评实践：进路与反思》等文章，对"数字

---

① 杨国斌：《转向数字文化研究》，《国际新闻界》2018 年第 2 期。

人文"发展的问题开展了深入思考。这几篇文章都看到"数字人文"研究有助于提升人文社科研究的精确性、客观性和科学性，但也意识到"数字人文"研究也可能出现将数字人文归约为"计算"和"工具"的现象。

另外，近年来，媒介文化研究已经逐渐从以电视电影和报纸杂志为主的传统媒介文化转向对网络小说、微信、电子游戏、网络短视频等各种新媒体文化现象的关注，关于新媒体文化研究的各种论述很多，值得关注的有邵燕君主编的《破壁书：网络文化关键词》一书，该书探讨了各种各样的流行网络文化。

（三）文化记忆的理论和实践研究

文化记忆理论和实践的研究这些年在文化研究热的推动下成为新兴的前沿领域。哈布瓦赫的"集体记忆"、阿斯曼的"文化记忆"、康纳顿的"社会记忆"等关于记忆的理论研究受到我国学者重视。我国学术界关于集体记忆、历史记忆、政治记忆、社会记忆的学术研究和文化实践也深入开展起来，一些著作因为涉及重要的历史事件而广受关注。例如，周海燕关于延安大生产运动的集体记忆研究颇受好评；赵静蓉则从理论层面对文化记忆与身份认同问题进行了深入思考，她特别探讨了日常生活的记忆、流动社会的记忆和身份、创伤记忆等各种记忆的理论问题。① 在众多关于记忆理论的学术思考中，"创伤记忆"是当代记忆理论最受关注的话题。在这方面，李红涛和黄顺铭关于南京大屠杀的集体记忆研究引起了广泛关注，他们合作的《记忆的纹理：媒介、创伤与南京大屠杀》对人们重新理解南京大屠杀记忆发挥了重要作用，该书"以历史为经，以不同的媒介场景为纬，深入探究南京大屠杀创伤建构与记忆形塑的过程，揭示国家权力、地方记忆社群、大众传媒如何合力塑造出南京大屠杀在当代中国的记忆政治与记忆文化"。②

（四）亚文化和后亚文化研究

亚文化和后亚文化研究是近年来我国文化研究的重要方面。陶东风、胡疆锋、曾一果、马中红、陈龙、陈霖、邵燕君等人在亚文化研究中取得了比较突

① 赵静蓉：《文化记忆与身份认同》，北京：生活·读书·新知三联书店，2015 年，第273 页。
② 李红涛、黄顺铭：《记忆的纹理：媒介、创伤与南京大屠杀》，北京：中国人民大学出版社，2017 年，第 4 页。

出的成绩。陶东风与胡疆锋主编的《亚文化读本》、胡疆锋与孟登迎等人翻译的《通过仪式抵抗：战后英国的青年亚文化》以及中国青年政治学院编译的《亚文化之后：对于当代青年文化的批判研究》比较全面地反映了西方亚文化和后亚文化的理论图景。

在我国当代青年亚文化的研究实践中，胡疆锋的《中国当代青年亚文化：表征与透视》、朱丽丽的《数字青年：一种文化研究的新视角》、陈敏的《青年亚文化批评话语研究》以及马中红和陈霖的《无法忽视的另一种力量：新媒介与青年亚文化研究》都代表着我国当代青年亚文化研究的最新成果。特别是朱丽丽的《数字青年：一种文化研究的新视角》一书从"数字青年"的日常生活和文化实践的视角探讨新兴的数字媒介对青年人以及文化的影响。在朱丽丽看来，"数字空间是独特的文化空间，网络作为一种媒介技术决定了其使用者，尤其是青少年的行为和文化"。① 在对各种亚文化的研究中，《探索与争鸣》所组织的关于微信文化、"佛系"文化等新媒介文化现象的圆桌讨论引起了广泛关注，该圆桌讨论认为这些新兴的文化体现了一种新的社会心态和身份政治。

在全球消费时代粉丝文化大行其道，有关粉丝文化的研究也一直长久不衰。《文化研究》2018 年第 3 期推出了"粉丝文化研究"专题，"紧扣当前中国偶像工业和粉丝文化的最新发展趋势，分析了传统追星的新变，以及由此展露出的中国青年的情感处境"。专题中，高寒凝的《虚拟化的亲密关系——网络时代的偶像工业与偶像粉丝文化》分析粉丝大众如何借助社交网络以虚拟化身与虚拟实在（偶像）之间建立某种想象性的"虚拟化亲密关系"；林品的《偶像—粉丝社群的情感劳动及其政治转化——从"鹿晗公布恋情"事件谈起》探讨粉丝如何在网络空间的互动中激活双向情感劳动，合力构建粉丝社群的情感共同体，并探讨这类粉丝社群共同体的情感劳动如何被主流宣传机构、跨国娱乐资本和文化工业及其代理人收编。

文化记忆、数字文化、新媒介文化、口述历史、赛博空间等比较新颖的文化研究议题越来越受到关注，这些研究均涉及全球化和新媒体时代身份认同和转换问题，涉及当代文化的一些新趋势，这些研究议题和领域的拓展显示了我国文化研究正在朝着纵深方向发展。

---

① 朱丽丽：《数字青年：一种文化研究的新视角·绪论》，南京：江苏人民出版社，2017年，第 10 页。

第二章

媒介与文化认同

…　…

第一节 身份认同与文化重建

最近几年，人们对于怀旧文化现象给予了充分的关注，有人将怀旧理解为"一个在精神层面上'重返家园'的过程"；[①] 有人理解为"将过往的记忆客体化，它是一个由'主观个体记忆'到'客观、集体历史意识'的反应过程。在这个过程里，对过去的'追忆'从一个绝对的个人经验逐渐转变成为可供流传、分享、共赏的集体意识"。[②] 这些提法虽各有侧重，但仍有共性横贯其中，那就是"返回家园"的冲动。怀旧是全人类的普遍情怀，每个时代都拥有自己独特的怀旧仪式，过去有经史、碑帖和庙堂，现在有回忆录、老照片，在手机和新媒体时代发达的今天，人们更是随时随地通过手机和各种新媒介回记忆"过去"。

在 21 世纪最初几年，《江南》《徽州》等几部带有文化怀旧意味的电视人文纪录片引人瞩目，这些纪录片以怀旧风格吸引观众，试图激发他们的文化怀旧情愫。在这里，我们以《江南》《徽州》为考察对象，从城市化、全球化与大众化三个层面检讨人文纪录片的怀旧在当代社会中的意义。

一、怀旧的文化地景

视觉的直观性、生动性和在场性特征，使得影像成为当代社会展现集体记忆和唤醒怀旧情绪的最有效手段之一。《江南》和《徽州》是典型的"怀旧影像"，他们力图通过对"过往"世界的视觉展示，唤醒人们对家园的"集体记忆"。

不可否认，《江南》《徽州》等怀旧纪录片在营造一种仿真、复古的氛围上是成功的。影像设法在现代与传统之间设置了"楚河汉界"的记忆装置。纪录

---

① 赵静蓉：《怀旧——永恒的文化乡愁》，北京：商务印书馆，2009 年，第 25 页。
② 姜申：《电影怀旧与消费社会》，《电影艺术》2008 年第 6 期，第 53 页。

片指向的是消逝在历史长河中的事物，比如古老的建筑、传统的生活方式和地方风景等，现代的人、物和景观只在片中偶尔"露面"。像吕新雨所说的那样，《江南》和《徽州》刻意摒除现实的维度，片子的许多镜头都是摄制组每天早起，在居民还没有开始上街活动时抓拍完成的，因此影像里常常看不到一个人。[①] 空寂的小巷和石桥、肃穆的祠堂，影像没有刻意用流行的"真人扮演"或"动画模拟"，更没有新媒体时代的"情景还原"，观者只能跟随着摄像机感受和想象古人在这片土地上行走的情景。或许《江南》《徽州》在传递这样的信息：逝者不复，与其让后来者扮演，不如去想象，还有什么比想象的空间更广阔呢？

在《江南》《徽州》中，人和现代世界是缺席的，具有历史感的物成为影像的聚焦点或者说"主角"。镜头用一种和缓的节奏抚摸江南的园林、石街、流水、小桥、牌坊和祠堂等，所选择的自然是历史保存较好的"文化物景"，以让观众产生"时间走到徽州突然不想走了，它任性地停在路边桥上看风景去了"的情感认同。通过富有情感的解说，纪录片镜头的缓慢叙述让"物"有了独立性和表演性，它们仿佛自我现身对观众叙述历史。除此之外，纪录片还运用了大量的全景和中景镜头，力图将江南的粉墙黛瓦、青山绿水尽可能呈现出来，还原一个独特的人文的地域图景，历史悠久和人文荟萃在这样的整体图景中获得了意义。

《江南》《徽州》唯美的画面令人称叹，诗意的解说词也让人耳目一新。这两部纪录片的解说词是由诗人杨晓民以诗的方式呈现，抒情的解说词配合着影像营造出一种古老诗意的氛围，同时，影像与文字也弥漫着对江南逝去风采的惋惜与无奈。换句话说，《江南》《徽州》正是通过有意识地挑选出最具象征意味的文化场景并且配以诗化的解说语言"复原"历史现场，塑造出一个唯美的、诗意的、梦幻般的"旧日江南"，以供观众在惊叹中凭吊。两部纪录片的总撰稿人杨晓民说："今日的江南风情，不过是江南文化在漫长崩塌岁月里留下的一个残骸。与其说我们在'今日'与'昨日'两个江南中选择了'昨日'，不如说是在'残骸'与'梦幻'之间选择了后者。这一出发点，决定了我们整体的创作风格与所采取的手法，都围绕着作为旧日的江南文化的符号，也就是江南曾经的美丽、风雅与感伤展开。之所以刻意保持景物的独立性，刻意漏掉

---

① 吕新雨：《今天，"人文"纪录意欲何为？》，《读书》2006 年第 10 期，第 14 页。

当代的人和物，也是出于这样的考虑——作为现代符号的'人'或'物'出现在唯美的'江南'中，我们所确定的挽歌式的创作基调就会被骤然打碎。"①

二、黑/白的象征世界

格尔茨在《文化的解释》中提到一种"深描"的民族志研究方法，《江南》《徽州》用了大量笔墨对江南的乡村和小镇进行"深描"。正是通过"深描"，影像展现了一个宁静优雅、田园牧歌的"家园景象"。这个"家园"被着上了具有象征意义的"黑白两色"。《江南》第二集《水源木本》说：

> 我们看到的徽州是一个黑白的徽州，黑白两色应该是徽州最本质的灵魂了。黑是黑得彻底，白则白得坦然。黑色瓦面，白色马头墙，它的青石板路，以及两旁黑色的木门，白色的门罩，残缺的砖雕……一个老太太走过我们身边，旧式的帽子下面藏着苍老的面孔，我们隐隐约约看到几缕白发……

在纪录片的叙述里，徽州呈现出黑白的气质。"黑是黑得彻底，白则白得坦然"，这是对"黑与白"内涵的最直接的解答。"黑与白"不仅表现为物——黑的瓦白的墙，黑的木门白的门罩，甚至还有老太太的"几缕白发"，也存在于徽州人民的生活。片子接下来介绍了黄梅戏在徽州乡村演出的情形，以进一步再现徽州黑与白的气质：

> 当翩翩起舞的仙女从天而降，美丽的神话与动人的传说，与乡村的生活也就一步之遥。所有的辛劳与苦难，就在这个瞬间心平气和，羽化成尽善尽美的幸福。这时候世俗的欢乐，自然而然地替代了庄严的敬畏，这一时刻，戏台上下，就是乡村生活的娱乐中心了。天上是一轮亮亮的月，地上是几盏明明的灯，河上的风轻轻地吹过去，台上的唱低低地传过来。就在这样悠远的旋律中，我们回过头去，眺望不远处的青山绿水，青山绿水之中的徽州。

黄梅戏在这里成为神话和乡村日常生活结合的节点，在黄梅戏演出时，神

---

① 杨晓民：《梦幻中的真实》，《读书》2006年第10期。

话世界与乡村生活有机结合到了一起。"所有的辛劳和苦难"消失了，"尽善尽美的幸福"降临了，世俗欢乐取代了"庄严的敬畏"，但世俗的欢乐也正是在这一刻具有了神圣感。影像叙事者连用几组对立关系的修辞话语，来表现黄梅戏所创造的彼此对照却又交融的场景：神话传说/乡村生活、苦难/幸福、世俗/庄严、欢乐/敬畏等，这几组二元对立的结构关系是黑/白的具体体现。叙事者借用"亮亮的月""明明的灯""轻轻的风""低低地唱"等意象，描画了一个美好的乡村生活中的娱乐化场景，看黄梅戏不仅获得戏剧知识和神话知识，更重要的是获得了劳动后的情感快乐。因为一出戏，"台上台下"其乐融融，人们忘却辛劳与苦难，享受发自心底的欢愉，而这种皖南乡村民众的情感结构正通过黑与白的色调体现出来。其实，"黑/白"何止是徽州百姓最本质的情感结构和精神面貌，更是整个江南的灵魂。黑与白被赋予了一种代表旧日江南的象征意义——一种纯粹、爱恨分明的世界观，一种原始、返璞归真的自然世界、社会秩序和文化世界。《江南》第三集《人景壶天》这样赞美苏州小镇：

她使思绪便会从纷繁琐碎的世事纠缠里一下子宕开很远，随意、舒适、恬然、怡然。于是一种亲切的美丽如水涌来，一颗苦于俗务的心便荡漾其中。

"纷繁琐碎的世事"与"亲切的美丽"形成对照，结合片子的语境可以获悉，叙事者说的"世事"指现代城市生活，而在现代都市"一颗苦于俗务的心"是不可能拥有"随意""舒适"的生活状态的，只有苏州小镇才能使"我"再次拥有这些情感。《江南》第一集《在水一方》这样描述水乡的日常景观：

也可以轻便地找个话茬，找个熟悉的朋友或者是不熟悉的过路人，或者就是你和你自己聊上几句。没有开始也没有结论，没有问题也没有答案。说就说着，听就听了，对就对着，错就错了，记就记着，忘就忘了……不用去理会别人在想些什么，也不怕人家读懂你的心事，轻轻松松，散散淡淡，平平常常，实实在在，从从容容，真真切切，甚至是退后一步三思而行也不要……

影像建构了这样的"家园世界"，即在江南水乡，不管是熟悉的朋友还是不熟悉的过路人，随便找个话茬就能聊上几句。而且想说什么就说什么，不必思前想后，谨小慎微。在这里，因为影像对传统世界作了怀旧的情感预设，"人心是单纯善良的，世界是没有隔阂的"。这个世界散发出黑与白、彻底与坦然的气质。仍旧回到第二集《水源木本》，影像叙述者继续道：

> 黑白两色如果有声音的话，那一定是静与寂这两种声音。所以我们看到的徽州是一个旧气的徽州。

"黑/白"的视觉化色彩与"静/寂"的听觉化声音被巧妙地联结起来，"静/寂"将"黑/白"的色彩引向了一个与人的内心相关联的世界。由此，影像很快在下文引出胡适对徽州老家的思念之情以强调和印证徽州的静与寂之美。乡间生活"曾让胡适津津乐道，曾让胡适深深怀念"。在纪录片里幼年的"胡适"念着这样的诗句："人心曲曲湾湾水，世事重重叠叠山。"成年后离乡背井的胡适念的又是那样的句子："古园东望路漫漫，双袖龙钟泪不干。"通过这种对比，叙述者认为身处城市的胡适早已看透现代人心的反复和都市世态的炎凉。在其内心世界，最令他心向往之的是乡村宁静而单纯的生活。

总之，《江南》《徽州》纪录片构建了一座黑与白、静与寂的世界，一个日子简单纯粹得如同颜色般的黑白世界，一个不被世俗困扰和外界诱惑的静寂世界。与此形成对照的自然是热闹喧嚣的"现代城市"：

> 在我们生长的城市，大家全是一副忙忙碌碌的样子。创造和建设，生活像一只自行车的后轮，紧紧追着踏在前轮上的我们，几乎松不出气来。大家自然也不能闲着，起早摸黑，东奔西走，迎来送往，扶老携幼。日子就这样一天天有滋有味地过去。也有一天，突然莫名其妙地觉得苦了累了，我就会不由自主地想起同里来了。这时候我觉得自己好像是一面孤帆，一面疲惫地举着但已经见着港口，一面远航的孤帆。

纪录片显然是站在乡村立场"控诉"城市，城市生活被认为是"忙忙碌碌的"，让人"松不出气来"，虽然也感到"有滋有味"，但"莫名其妙地"会"觉得苦了累了"，觉得像一面"孤帆"。相比之下，"乡村"是那样"轻轻松松、散散淡淡、平平常常、实实在在、从从容容、真真切切"，城市的"喧哗浮躁"与乡村的"宁静致远"形成了鲜明对照。在纪录片叙述者看来，在黑与白的世界里，乡村人过着诗意浪漫、无忧无虑的生活，而城市人却要为生计劳命奔波，被都市里人与人之间的疏离感和孤独感淹没。这种眷念乡土中国、批判现代城市的态度，早已是许多现代叙事文本的共同倾向。但像张英进所说的，"怀旧从来就不是一种完全被动的行为……它是一种积极的情感投资，一种透过回忆和回顾行为的情感付出，这种付出'复制'了某些特定的过去，一种幻想的、情绪化的、浪漫化为比现在更加英雄主义的、更具魅力的、并且比当下更值得记忆的过去"。① 纪录片发挥了滤纸的作用，它过滤掉一些消极因素，添加一些艺术想象，使得乡村成为一个具有整体性和亲密性的迷人世界。但是纪录片怀想乡村、赞扬乡村并不足以证明它鼓励观众逆城市化，回到原始的乡村。纪录片怀旧的对象不过是眼下城市失落的部分，包括城市所缺失的社会成员的亲密感、个体感受的完整感以及生活的闲适感，但现代城市所提供的生活的便利性、优越性和独立感，纪录片并没有提及。怀旧调动的只是记忆中的有利部分，以补偿城市化所造成的伤痛而已。

三、文化认同与跨国传播

当历史的车轮驶入 21 世纪，全球化已经渗入中国社会的每个角落。《江南》《徽州》《苏园六纪》这类具有怀旧趣味的人文纪录片在此语境中出场，作为一种文化表征，不可避免地要对"全球化"做出自己的反应：一方面，国际纪录片关注中国发展，据说美国探索频道制作的 25% 的纪录片都与中国有关。② 另一方面，中国纪录片也以各种方式走向世界。《故宫》自拍摄之初就取得了外国媒体的关注，美国国家地理频道还购买了《故宫》国际版的独家代理海外发行权；③ 跨国合作更是普遍，《敦煌》《新丝绸之路》本身都是跨国合作的文化产品。此外，中国纪录片界从西方"引进"了大量纪录片拍摄的技术、手法和制作观念等，努力与西方纪录片制作水平接轨。可见，面对全球化潮流，中国本土的纪录片正在竭力适应"国际化"。

---

① ［美］张英进著，胡静译：《影像中国——当代中国电影的批评重构及跨国想象》，上海：上海三联书店，2008 年，第 321 页。

② 蒲荔子：《让外国人看懂中国纪录片》，《南方日报》，2006 年 12 月 3 日。

③ 边薇：《纪录片〈故宫〉向世界传播中国文化》，《人民日报（海外版）》，2005 年 10 月 10 日。

除了适应全球化赢得产业自身发展外，本土文化重建本身也是全球记忆复兴的体现。杨晓民多次申言必须将民族重要的历史文化现象放在全球化的视野下去思考，他在"文化重建：影像中的历史叙事"研讨会上说："近两年在参与人文历史纪录片的创作过程中，一直思考中国传统文化在当代全球化背景下的命运。特别是在当代中国文化重建过程中的价值或意义。在全球化加速的时代，中华民族文化认同感的削弱、民族共同体文化纽带的松懈所形成的普遍的文化焦虑，愈来愈成为一个复杂而重大的问题。"① 因而，《江南》《徽州》本身便是中国在全球化背景下由民族认同感失落而引发的文化反抗，用纪录片的形式重建本土文化是当代纪录影像文化怀旧的初衷。像赵静蓉所说的那样："创伤记忆是有立场、有倾向的，它是一种意识的反应机制或应对机制，是记忆主体其自身所经历过的伤害和痛苦的一种自主防御或自我保护。"②

在叙事手法上，《江南》和《徽州》舍弃了国际流行的纪实手法，尝试走另一条路，那就是寻求"本质真实"的叙事。同时，它采用了音配画的诗化的叙述方式，这种"本质真实"的纪录观念和诗化的影像再现方式，既可以看作是对中国"专题片"传统的承续，也使它得以在纪实手法大行其道的世界纪录片中呈现鲜明的主体风格；在叙事内容上，《江南》《徽州》重塑本土文化的典型策略是通过对富有象征意义的地方文化进行表征，依托的是人们最熟悉的地理和历史文化符号，包括地方风景、文物建筑、社会事件和历史人物等。如《江南》对苏州的叙述就是围绕着苏州的水乡景观、园林艺术和士大夫文化进行的。以第二集《水源木本》为例，诗人精心选取了四种最具徽州特色的事物描画了一幅富有地方色彩的徽州旧景。比如，徽州独有的建筑，"徽州有三绝——民居、祠堂和牌坊"，这些最具民族文化象征意义的符号有效地勾画出极具地方特色的江南文化，反过来又传达出中国本土文化深厚的底蕴和强大的生命力。

纪录片重建本土文化的努力，不仅意在全球化浪潮中增强民族文化的认同感，而且也是借此机会向世界推销、传播中国的"文化形象"。2006 年 7 月，在"中国人文纪录片之路"座谈会上，《故宫》的总编导周兵指出："（中国当代纪录片）不光要面对中国的观众，我们的节目要面对全球，面对可能来自美国、欧洲的观众，确实考虑到这一传播的意义。"顾铮也指出："我们作为一个

① 任晶晶：《人文纪录片的承担与责任》，《文艺报》，2010 年 2 月 1 日。
② 赵静蓉：《文化记忆与身份认同》，北京：生活·读书·新知三联书店，2015 年，第93 页。

现代民族国家，尤其是新兴的经济大国，确实是需要像这类片子的东西，把文化作为一种消解敌意、争取了解的手段。而且，也只有将传统文化物化，或者是以历史恋物的方式，来重新整合传统的文化资源，以此来要求我们当下的合法性（文化上的连续性），来展示我们在国际上的存在感（文化上的特殊性），同时可以加强我们的凝聚力，并且重新塑造文化上的一种认同。"① 通过追慕和怀旧中国传统的地方文化景观，纪录片承担起向全球传播中国文化的责任。

四、何处是江南

在全球消费社会语境中，"怀旧"不仅表达了一种重建本土意识的民族情绪，其本身也与全球消费浪潮密不可分。《江南》《徽州》摒弃现代元素，专注于江南传统意象，使得纪录片叙事着迷于山水建筑的幽暗与凄迷、风土人情的古朴与闲适。这种追求唯美、感伤的情调容易唤起人们怀旧的情绪，也容易引起都市消费者的追慕向往，而过于诗意化的描绘有刻意回避历史事实和真相的嫌疑。作为人文纪录片，《江南》《徽州》令人遗憾的是年代感十分模糊。纪录片的叙事以"眼前物"作为逻辑线索，历史只是随手拈来，附着在怀旧的视觉符号上的故事，起着强化传统意象的作用。其实，历史上的江南早已消逝在时间的长河中，纪录片对复原历史现场的努力充其量只是对历史的模仿，而且是一种有意识的、规避现实和政治的模仿。《徽州》第六集《人间词话》介绍徽州万安老街时，与其说是要让它成为一代代人居住和拥有共同集体记忆的生活空间，还不如说万安老街成了一个"被观赏的对象"：

> 蹲在阳光下的万安老街，有一点老态龙钟。从前的岁月，默默躺在椅子上等候梳理，千头万绪如秋风落叶，岁月中的一些时间悄然而逝，时间里的一些岁月重上心头。只有在蓦然回首的一瞬，我们看到阳光下的万安老街，依旧是炯炯有神的眼睛。

历史的徽州被剔除了政治的因素和现实的维度，被区隔成一件件工艺品供游客凝视。正如国内学者程凯这么形容"电视人文"的尴尬："它们其实被隔

---

① 《记录、记忆与介入》，《读书》2006 年第 10 期，第 5 页。

绝在现实状况之外，包括正在发生的现实和与现实直接相关的历史。这使得它们无法真正面对和处理政治性的问题。"① 吕新雨也曾撰文批判《徽州》的"怀旧"缺乏实质的内容。《江南》《徽州》流连于以审美的眼光观看江南的一砖一石、一草一木，流连于老太太的白发、黑色的瓦面和白色的马头墙，却对那段传统文化所涉及的政治事件采取了"避让的姿势"，历史的江南被抽干了历史和政治而成了"非历史化"的文化江南。这里可以借用杰姆逊对怀旧影像的评价："怀旧影片并非历史影片，倒有点像时髦的戏剧，选择某一个人们所怀念的历史阶段……然后再现……（这个）年代的各种时尚风貌。怀旧影片的特点就在于他们对过去有种欣赏口味方面的选择，而这种选择是非历史的，这种影片需要的是消费过去某一阶段的形象，而不能告诉我们历史是怎样发展的。"②

因而，怀旧类纪录片的真实更接近纪录者观念的真实。正如杨晓民将这两部纪录片形容为"梦幻中的真实"，在他看来，纪录片的真实更在于"本质的真实"而非"表象的真实"，某种程度上，他的《梦幻中的真实》一文恰好为两部纪录片的"观念的真实"作了注脚。并且杨晓民在文中指出，江南士大夫阶层构成了江南的精神内核，最能反映江南独特人文风貌的便是士大夫，影像着重反映的就是士大夫阶层诗情画意的文化生活，拒绝普通百姓在历史中作用的影像阐释，但在《徽州》中，因为官方的文献资料少之又少，使得镜头不得不又转向民间的掌故和传说，而这些掌故和传说本身的真实性是值得怀疑的。总之，《江南》《徽州》的"江南"是一个诗化了的、精雕细琢的乃至具有趣闻野史性质的江南。杨晓民也意识到，"试图在短短数百分钟的影像中包罗万象，以迎合所有人期待视野中的'江南'，肯定是不可能的。既然要有所选择，那么我们就不可能对当代的江南文化及其人们的生存状态进行切实的关注，我们要寻找的只能是最能契合江南文化气质，也最适合影像表现的一面"。③

并且，《江南》《徽州》的这种叙事方式结合了电视作为一种大众媒体和商业文化的运作逻辑，换句话说，电视文化产品在大众消费语境下必须考虑传播效果和收视率，必须要考虑受众的接受程度。过度的审美趣味消解了历史固有的张力，从这个角度看，《江南》《徽州》这两部怀旧类纪录片，不管它的创作

---

① 程凯：《何种人文　何种历史?》，《读书》2006 年第 10 期，第 24 页。

② ［美］杰姆逊著，唐小兵译：《后现代主义与文化理论——杰姆逊教授讲演录》，西安：陕西师范大学出版社，1986 年，第 206 - 207 页。

③ 杨晓民：《梦幻中的真实》，《读书》2006 年第 10 期。

初衷是艺术审美还是商品销售，都有沦为现代大众消费产品的危险。大众文化的怀旧影像只能将现代的观看欲望投射到历史叙事中，却无法站在历史的高度表现过去。

《江南》《徽州》正是这样做的，解说词通过有意识地使用"我们""眼前"等具有召唤性的字眼，将观众从历史的江南中拽回到眼下的社会现实中来，从而可以公开地以现代人的观看偏好，或褒扬徽商"耕读传家"的传统，或贬斥凝结无数血和泪的贞节牌坊，或惊叹于椒盐小酥饼，或陶醉于江南的蓝印花布。无论是小酥饼、蓝印花布，还是水灵的江南女子、老太太充满岁月感的嘴角，都如"老照片"一样满足着现代人的视觉观看欲望。其结果是怀旧影像不再追求逼真地再现历史，而是有意地将现代的体验投射到所欲消费的时间内，创造出唯美化的、意象化的江南，以最大限度地迎合观众的消费期待。视觉审美趣味淹没了历史深度，这是此类怀旧纪录片值得反思的。

第二节　电视直播与国家认同

伊拉克战争使得美国的 CNN 名扬世界，因为全世界的观众都依赖 CNN 的直播了解战争状况，有人称 CNN "让战争透明"，从此，"电视直播""现场直播"这样的词语越来越被观众所熟悉。其实，电视诞生之初便有了现场直播。1937 年 5 月，英国 BBC 曾对乔治六世的加冕典礼进行过电视直播，无数英国民众正是通过电视目睹了"不易的传统"。[①] 1958 年，电视在我国开播后，我们也尝试过"电视直播"。但出于管理的需要，"直播"不久即被"录播"取代，之后，电视直播断断续续进行，但都没有常态化。直到 1993 年，随着社会转型，中央电视台进行了大刀阔斧的改革，电视直播开始被重视起来，而 1997 年借香港回归的契机，中央电视台联合深圳等地方电视台对回归进行现场直播，使得电视直播产生了广泛影响。

---

① ［日］佐藤卓己著，诸葛蔚东译：《现代传媒史》，北京：北京大学出版社，2004 年，第 209 页。

一、电视直播观念的变化

电视直播虽然在我国日益常态化，但不同时期，媒介机构与观众关于直播的观念有很大差别。总体而言，早期的电视直播强调提供"事实"；但在重大报道中，电视直播不仅要提供事实，还是一种"媒介仪式"；而近几年来，随着电视直播越来越普及化和日常化，电视直播的仪式功能有所下降，甚至成了满足大众"好奇心"和"观看癖"的"娱乐节目"。当然，在重大事件的媒介报道中，电视直播依然具有强大的仪式功能。

电视直播在中国真正得到重视是 1997 年，中央电视台原台长杨伟光称这一年为"现场直播年"。借助于许多重大事件，譬如"三峡大坝截流特别报道""九届人大会议报道"等，中央电视台展开了大规模的现场直播，向国内外报道中国所发生的事件，尤其是 72 小时连线的"香港回归"的电视直播让中央电视台收获了众多的赞赏。在此之前，中央电视台要从 BBC 等国外著名媒体机构那里转播重要新闻。据杨伟光回忆，这一次"香港回归"的传媒报道，也跟BBC 进行了谈判：

当时和 BBC 谈判，他们要求转播以他们为主，我们要求以我们为主，最后谈成对等。我说这一次一定要让 BBC 服气，要超过它。我们在现场租了 500 平方米大的演播室，请香港设计师设计，从里到外是世界一流的、全新的数字设备。20 多辆车浩浩荡荡从北京出发，运设备到香港，公安部专门开了通行证，各地都要保证车队的安全。BBC 呢，只租了 50 平方米。看了我们的演播室后，自己撤到别的地方去了。最后世界各国的信号都是我们提供，许多国家电视台的记者都去参观我们的演播室，真是大长志气！把老牌的 BBC 也比了下去。[①]

尽管据白岩松、徐文华等人的回忆，这次传媒报道过程也出现了不少失误，因为这是中央电视台第一次实行 72 小时连续现场直播，按照杨伟光的话来说："（直播）香港回归难度太大了，是全球多点、多层次传送新闻，比（直播）奥运会还复杂得多。"但总体而言，这次电视直播相当成功，反响巨大，绝大部分

---

① 《南方人物周刊》2009 年第 5 期。

国内外观众通过央视的电视直播目睹了"回归盛况"。

"自从 1997 年香港回归，我们进行了 72 小时的现场直播以后，大家发现电视直播魅力无穷，所以我们开始拓展直播领域。"① 电视直播之所以"魅力无穷"，首先应归因于电视直播的"现场感"和"真实感"。高晓红在评价"汶川地震"报道的意义时认为"现场直播"真正做到了"细节的真实、现场的真实、事实的真实、展现的真实，大大提升了新闻报道的真实性和可信性"。②"真实感"是吸引观众的首要因素。报纸新闻和非现场新闻即使再生动，也无法直接给观众提供可以直观的"现场"，而"电视直播"可以做到这点，这当然增强了新闻的说服力。此后的"澳门回归报道""奥运报道"，特别是"汶川地震"的报道中，央视的电视直播更是得到了西方媒体机构的一致好评。中央电视台和四川电视台对地震灾区进行全方位、多层次、多角度的现场直播，成了西方媒体机构最重要的信息来源。德国《时代》周报说："自地震发生以来，中国媒体的报道比以往任何时候都自由，国家运作之好给人留下了深刻印象。"③ 究其原因，是中央电视台全方位的现场直播，让西方媒体对中国媒体报道的"真实性"产生了信任。

"事实说明一切"，这已是新闻媒体机构所追求的目标，因为观众也相信事实，而在这点上，电视比报纸似乎更容易提供确切的"事实"。1972 年日本佐藤荣作在离职前举行的记者招待会上对记者说："摄像机在哪儿呢……我不想对报社的记者说什么。我想直接对国民说，因为一成文字内容就变了。"④ 电视本身就和"真实"密切联系在一起。正是基于对"真实感"的追求，"香港回归"报道的成功使得中央电视台意识到"电视直播"的意义，于是在 2000 年，中央电视台利用《东方时空》改版的机会，推出了《直播中国》节目。但跟"香港回归""澳门回归"这些重大事件的现场直播有所不同的是，《直播中国》不仅关注重大政治事件，而且把目光投射到政治议题之外的自然、人文和民生等事件，目的是促进观众深入了解和认识中国，让观众和记者一同到现场"真实"

① 佟奉燕：《CCTV 再打名主持的牌　敬一丹〈直播中国〉》，《北京晨报》，2000 年 11 月 21 日。

② 高晓红：《电视直播报道常态化的重大进步——"汶川地震"电视直播报道带来的思考》，《现代传播》2008 年第 3 期。

③ 《所有的中国人都站在了党的身边》，《参考消息》，2008 年 5 月 24 日。

④ ［日］佐藤卓己著，诸葛蔚东译：《现代传媒史》，北京：北京大学出版社，2004 年，第 222 页。

感受中国社会的方方面面。孙玉胜在接受《北京晨报》记者采访时说：

> 这个节目每周将在全国选取一个直播点，有两至三个主持人分两至三个报道点，充分利用直播的魅力，从自然、地理、人文、民生的角度报道中国、认识中国。①

直播的魅力在于"现场感"和"真实性"，但已有许多研究者指出现场直播并不等于事件/事实本身。"现场"往往是经过精心挑选、加工、组织和编排，再通过电视镜头传递给观众，即便有记者宣称自己的摄像机是完全自然随意的，"镜头"所展现的也只是事件的某一个部分。布鲁克·托马斯干脆宣称："任何再现活动中都会出现缺裂，从而提醒我们，进行完整再现的愿望来源于实现表现之梦的无望。时间、空间的隔离构成再现，因为从结构上看，再现所凭依的是歪曲的再现。从定义上看，再现永远不可能是完整的，所以一切再现活动都会产生一个边缘化的或者遭到排斥的'他者'（other）。"② 特别是重大事件的现场直播，本身就经过媒介机构的精心组织、安排。潘忠党在《历史叙事及其建构中的秩序——以我国传媒报道香港回归为例》一文中曾详细分析了"香港回归"报道背后的政治和经济因素对"事实"和"现场"的控制，以让它们符合特定的历史叙事（historical narrative）。③ 电视镜头总是有选择地对准一些场景，而那些不利于"回归"的"事件""场景"都不会出现在镜头中，如果出现在"镜头"中，当然，也会通过特别的话语将其排斥为"他者"，譬如彭定康就是被中央电视台"回归报道"所排斥的对象，他的言行被"现场报道"视为开"历史倒车"，当他的汽车绕"总督府"三圈时，中央电视台的记者立刻机智地向观众解释说"历史的车轮却不会因此而停止"。

其实，一切现场直播都是经过整理、删减、加工和选择的。2003年CNN首次对伊拉克战争进行电视直播时，有人欢呼CNN的现场直播使得"战争透明"，但美国学者Margaret Morse早在《虚拟"图框"中的波斯湾战争与洛杉矶暴动》

---

① 佟奉燕：《CCTV再打名主持的牌 敬一丹〈直播中国〉》，《北京晨报》，2000年11月21日。

② ［美］布鲁克·托马斯：《新历史主义与其他过时话题》，张京媛主编：《新历史主义与文学批评》，北京：北京大学出版社，1993年，第70页。

③ 潘忠党：《历史叙事及其建构中的秩序——以我国传媒报道香港回归为例》，《文化研究》第1辑，天津：天津社会科学出版社，2000年。

一文中指出，CNN 没有使得"战争透明"，它所提供的图像并不是真正战争本身，而是由美国政府、军方所制造的"电视战争"，"无论我们集体所分享的幻觉为何或我们敌人所见的恐怖影像是什么，它们都是经过精密设计，经由 CNN 传送给美国大众和敌人"。[①] 看似客观真实的现场报道充斥了"主观叙述"，真实世界的战争到底是何模样反而因此更加模糊不清。

我们在这里当然不是要指责电视的现场直播都不真实，比起非现场的新闻报道，现场直播毕竟提供了"现场"，我们只是说"现场"不仅总是"有疏漏的地方"，而且"现场"本身也是经过加工、选择和重新安排的，"事实"背后隐含着各种权力话语（政治的、经济的和文化的），正是种种权力话语决定了"事实"的呈现方式。倡导新历史主义的美国学者海登·怀特在讨论"历史话语"时将其分成两个"意义层"：

　　事实及对事实所作的解说或阐释可充当话语的明显文字"外表"，同时用来刻画这些事实的那个比喻性语言又指向一个深层结构意义。历史话语的这一潜在意义由故事类型构成。故事类型的外在形式是一些时间，而这些事件则排列成一个特别次序并赋予各不相同的力量。[②]

电视直播的"事实"实际上也总是包含两个部分：事实以及对事实的阐释。而这一"阐释"是通过镜头的组合、记者的采访、主持人的解说以及旁白等方式来进行的。譬如在"香港回归"的直播报道中，香港市民给驻港部队以"威武之师、雄壮之师"的评价实际上都是对事实的阐释，阐释的目的也是强化某种"事实"。尤其是一些重大的新闻事件的直播报道，追求"真实"自然是其中的目标之一，但利用媒介塑造一种共同的价值观念，应该是电视直播更重要的目标。

所以，随着人们对于直播观念的深入认识，有人提出电视直播实际上具有一种"仪式功能"，尤其是在重大事件的报道中，电视直播建构了一种观众参与的媒介仪式："媒介仪式是指广大电视观众通过电视媒介符号的传播，被邀请

---

　　① ［美］MORSE M，唐维敏译：《虚拟"图框"中的波斯湾战争与洛杉矶暴动》，《传播文化》1998 年第 6 期。
　　② ［美］海登·怀特：《历史主义、历史与修辞想象》，张京媛主编：《新历史主义与文学批评》，北京：北京大学出版社，1993 年，第 190 页。

参与到某些重要显著的共同性活动或者某些盛大事件，最终呈现的一种象征性和表演性的文化实践过程和行为。"① 作为个体的观众在"香港回归""汶川地震""奥运会"报道等"媒介仪式"中，通过观看节目，积极参与到盛大的"媒介仪式"中，散乱的个体于是被重新镶嵌到一个集体世界中，并在这些盛大的"媒介仪式"中找到了情感、道德和精神的归宿，自我身份（民族的、国家的等）也得到了确认。当然，媒介或其他机构正是通过这种"媒介仪式"召唤观众，从而培养、塑造和赋予观众一种民族的、国家的或政治的身份认同感。总之，个人与集体、个人与民族、个人与国家之间正是通过种种"媒介仪式"有机地结合起来，潘忠党在解读"香港回归"报道的文章中也认为传媒具有"仪式功能"：

> 传媒的"回归"叙事采纳了历史的庆典这一基调。在这一叙事当中，收回香港，我国人民得以"百年梦圆"，"一洗百年耻辱"。因此，这是"中华民族永载史册的盛事"，赢得了普天下"炎黄子孙"的自豪和欢庆。"香港回归"也因为传媒而成为一个文化节日。在传媒上，中华民族（在此我们暂置其丰富复杂的内涵）的所有成员参演了各种文化仪式，其中包括具有地方和民族特色的仪式。作为文化节日，欢庆香港回归成为一个仪式表演的情境，起到了更新并强化民族凝聚的纽带，展现统一民族的实体存在的作用。

其实，在 19 世纪后期，随着现代民族国家的兴起，许多国家都开始通过举办节日庆典、纪念仪式等活动，并利用各种大众传媒，把个体结合到民族国家的身份认同中。电视则被佐藤卓己视为"最后的国民化媒介"。② 尽管这一说法在今天的互联网媒介时代是否正确有待深究，但电视确实不仅为观众提供一种"事实"或简单地提供一种"娱乐"，它在联系个体和民族—国家，塑造民族和国家的共同意识方面同样具有重要作用。

而现场直播更是以生动、真实、可感的媒介仪式，建构了一种"举国欢庆"或者"举国哀悼"的特殊空间，个体只要置身和参与其中，通过媒介所提

---

① 李德团：《全国哀悼日 CCTV 电视直播对媒介仪式的呈现》，《新闻世界》2008 年第 11 期。

② ［日］佐藤卓己著，诸葛蔚东译：《现代传媒史》，北京：北京大学出版社，2004 年，第 200 页。

供的事实和历史认知，便很容易把自己镶嵌、缝合在一个连绵的"共同体"中。例如 2008 年的"汶川地震"的直播报道就是一个典型，灾难现场、三分钟默哀和领导人的视察等构成了一个"神圣仪式"，个人和集体正是通过电视媒介仪式建立了认同关系，有人在分析 2008 年"汶川地震"灾难后的"三分钟默哀直播"节目时，特别指出：

　　通过那寂静低沉的三分钟默哀直播，电视将我们联系起来，它的累积性呈现，形塑的是一个中国遭受大灾难后的哀恸现实。作为仪式的电视直播通过电视这样的声像俱全的媒介的符号表述而获得现实的意义，它为所有通过电视联结的地区的人民提供了共同的趋向点，将收视电视转播变为哀悼的具有宗教色彩的仪式。①

　　斯图亚特·霍尔强调，当代的媒体"不再是仅仅作为反射或维持舆论的机构，而是帮助生产舆论和制造共识的机构"。② 媒介不仅仅是反映舆论的机构，更重要的是它"制造共识"。而正是通过"媒介仪式"，不同性别、不同阶层、不同地区的人都被集中到一个共同体中，这就是电视传媒的巨大力量。戴维·莫利、吕新雨和潘忠党等学者也都提到，盛大的庆典往往建构了一个特别的"民族家庭（national family）"。中央电视台"国庆 60 周年庆典"的现场直播便是通过主持人的解说、记者的现场采访和画面的呈现，勾勒了一副"民族家庭"的节庆景象，通过强调"新中国生日"这一主题来培养观众的国家认同意识。每个接受采访的群众、士兵都表达对"新中国生日"的喜悦之情，当各省的献礼彩车经过天安门时，镜头上总是出现欢呼雀跃的景象，而香港和澳门特别行政区的彩车经过时，电视镜头特别展现了香港特别行政区行政长官曾荫权和澳门特别行政区行政长官何厚铧高兴的神态，寓意则是全体香港和澳门市民对于"新中国生日"的自豪之情，这种情绪迅速通过电视屏幕传递给电视机前的广大观众，培养和强化了他们的身份认同意识。

---

　　① 李德团：《全国哀悼日 CCTV 电视直播对媒介仪式的呈现》，《新闻世界》2008 年第 11 期。
　　② ［英］斯图亚特·霍尔著，杨蔚译：《"意识形态"的再发现——在媒介研究中受抑制后的重返》，蒋原伦、张柠主编：《媒介批评》第一辑，桂林：广西师范大学出版社，2005 年，第 201 页。

二、现场直播与大众娱乐

"香港回归""澳门回归""汶川地震""奥运会"……日常生活中各种各样的现场直播越来越多,已无处不在,像有学者所说的那样:"今天谈论电视直播,观众与电视台应该都不再会感到很新奇,重大活动在直播,体育竞赛在直播,娱乐选秀在直播,民生新闻在直播,就连整形美容也在直播。"①

电视直播的蓬勃发展主要应该得益于下面三个因素:一是技术的发展,使电视直播不再是一件很困难的事,不少地方电视台都能进行现场直播;二是现场直播的"现场感"和"真实感"更具有视觉冲击力;三是现场直播能够满足观众的"观看欲"和"好奇心"。1997 年的"香港回归"72 小时的连续直播报道,当时中国除了中央电视台,其他电视台还都没有能力进行电视直播,因为技术和设备上无法做到,但随着技术的飞跃发展,这些问题迎刃而解。而这一问题的解决使得观众可以随时从电视上看到"真实现场",此后,没有"现场的新闻"似乎很难再引起观众的兴趣。但问题是,当今的观众这么喜欢现场,难道仅仅是对"真实"本身的追求?

熊忠辉在讨论"电视直播"时,曾从观众心理的视角出发,认为当代电视直播在观众中制造了一种"即时围观"的场面,因为强烈的现场感和真实感,使电视直播比并非现场直播的新闻更容易激发观众的围观心理,"电视直播营造的场景,其实有点像鲁迅先生笔下《药》里的那群揸长脖子的看客所希望的。如果我们撇开电视所被附加的政治学、社会学功能(如宣传),电视直播完成的,不过是给观众及时提供了事件和活动现场。基于此,笔者认为,电视直播从最根本的意义上说,就是给那些由于忙碌或者种种原因造成的对于正在发生的事件和活动(这些事件未必是重大的,完全可能就像日常生活中发生在街头市井里的民间纠纷)具有某种程度的疏离、隔阂的观众提供了一次次的即时围观"。②

熊忠辉实际上是在强调,随着电视直播的"常态化""日常化",电视直播

① 熊忠辉:《电视直播:即时围观的重构》,中华传媒学术网,http://academic. mediachina. net。

② 熊忠辉:《电视直播:即时围观的重构》,中华传媒学术网,http://academic. mediachina. net。

越来越变成提供和满足大众"猎奇欲"和"窥视癖"的"娱乐行为"。大众在围观各种各样的"现场"中，获得一种心理上和视觉上的满足感。电视作为一种更通俗的大众媒介，自然为观众提供了观看的快感，而现场直播更容易引起观众的"观看癖"，尤其是一些地方电视台的大量市民新闻的现场直播，为了提高收视率，常常挖掘一些离奇的"现场"，以满足观众的猎奇心理和窥视欲望。

第三节　《远方的家——边疆行》的"边疆景观"

电视是当代社会记录和了解世界的重要媒介，特别是在旅行类的节目中，电视通过一种"文化旅行"展现丰富多彩的世界图景，传播全球和地方知识，让观众感受、体验和了解世界。2011 年 7 月，中央电视台推出的 100 集大型电视纪录片《远方的家——边疆行》通过记者实地行走深入边疆，呈现了丰富多样的"边疆景观"。本节拟对《远方的家——边疆行》系列节目展开研究，考察该节目如何以"家"为核心概念，构建边疆与国家的认同秩序，生产符合主流意识形态的"边疆景观"，进而探究少数族群身份认同与主流媒介形塑的内在关系。

一、《远方的家——边疆行》中的"边疆景观"

《远方的家》是中央电视台中文国际频道于 2010 年 12 月 1 日创办的一个新栏目，每天播出 45 分钟。其中，2011 年推出的 100 集大型旅游纪录节目《远方的家——边疆行》（以下简称《边疆行》）试图以新闻纪实的手法，用边行边观察的方式纪录中国的边疆。《边疆行》开播后效果显著，观众普遍给予好评，根据相关收视数据，《边疆行》播出后平均收视达到了 0.24%，较以往同时段节目上升 50%，单期最高收视率达 0.49%，创同时段栏目收视新高。同时，《远方的家》在中国网络电视台的点击率也由 2011 年 6 月的日均 19 743 次猛增至 2011 年 10 月的 370 484 次，排名由中央电视网络台的第 83 位迅速升至第 6

位。《边疆行》以新闻纪实的手法，用边行边走边观察的方式，穿越广西、云南、西藏、新疆、甘肃、内蒙古、黑龙江、吉林和辽宁9个省区，130多个县市，关注民生，关注自然，为观众展示了一个视觉化的地理中国。

著名传播学家拉斯韦尔认为大众传媒有三大功能：①守望环境；②协调社会功能；③传承社会遗产功能。①《边疆行》以实地采访拍摄的方式，深入当地社会，了解民风民俗，记录美丽的自然环境和传承当地历史文化。一望无际的北部湾、热闹的东兴边关贸易、世外桃源的坝美村、田园牧歌的普者黑、梦境之地香格里拉、山坳里的高原小城、空旷荒凉的戈壁滩、辽阔广袤的大草原、与世隔绝的独龙族、载歌载舞的朝鲜族，还有海鲜粥、酸鱼、帕露达、手抓饭等品种繁多的边疆美食……能让观众在100集里欣赏到如此丰富多彩的内容自然要归功于电视这个大众媒介。《边疆行》的主要内容体现在以下五个方面，见表2-1：

表2-1　《边疆行》中的边疆景观

边疆景观	自然美景	民族风情	生活故事	旅游景区	边疆贸易
	美丽壮观的自然美景	丰富多样的民族风情	淳朴欢乐的日常生活	著名的旅游景点	热闹非凡的边疆贸易

在每一集里，摄制组都深入实地，与当地人接触，再通过电视画面将所见所闻传递给观众。记者的亲身体验、当地人的讲述和镜头的客观呈现，能够让观众足不出户便可以切实欣赏到边疆美丽的自然风景，了解丰富多样的边疆生活习俗，认识不同民族的文化艺术，并可以跟着镜头近距离观察边疆的日常生活和社会经济贸易情况。例如第1集《边疆行：从东兴出发》首先介绍了广西东兴的地理位置、街道容貌、城市建筑和小吃特产。记者的深度参与，让观众在短时间内很快了解了这个中越边贸小城的自然环境、人们的日常生活和社会文化等情况；第9集《边疆行：向往田园生活》描绘了一种田园牧歌的世外桃源生活；第33集《边疆行：秘境独龙江》通过记者的惊险经历，解开了独龙江美丽神秘的面纱……

而且越是在发达地区，《边疆行》节目所受到的关注度越高，北京、广州、

---

①　[美]拉斯韦尔著，何道宽译：《社会传播的结构与功能》，北京：中国传媒大学出版社，2013年，第37页。

上海、深圳等中国一线城市居民对于这档节目关注度相当高。笔者认为其主要原因有两个方面：其一，大都市人口集中，媒介也集中发达，电视相对于偏远地方更为普及。身处大城市的人希望了解中国其他地方，《边疆行》为他们提供了不同于城市风光的"边疆景观"，丰富多彩的边疆风情吸引了都市人的眼光。其二，大城市里许多外来人口来自边疆地区，这些人对于家乡具有难以割舍的情感。《边疆行》的播出唤起了游子们对家乡的记忆和怀念。

二、边疆与国家关系的"缝合"

中国人对"家"有很深情感，"家"的主题很容易赢得观众认同。作为一部由国家电视台制作的大型电视系列纪录片，《边疆行》显然不属于谢尔曼所说的"旨在描述文化他者的风俗习惯和传统"的"民俗志纪录片"，[①] 而是具有明显宣教意味的纪录片。通过对边疆风情的展现，让观众了解祖国大好河山，感受祖国的伟大是节目的主要宗旨，感受祖国的伟大是通过"家"这个关键词来实现的，《边疆行》的核心主题是"家"。无论是介绍边疆自然风景、民族风情、生活故事，还是旅游景点和经贸情况，都是围绕着"家"的主题展开。当然，在《边疆行》中"家"包含了多重含义，不仅指边疆少数民族生活的家庭和区域场所，更意指主流意识形态话语中的"国家"。《边疆行》就是要通过展现边疆的自然景色、民族风情、生活故事、经济贸易和宗教文化，并借助于记者的亲身体验、采访等形式，将边疆与国家紧密联结在一起，向观众建构一个符合主流意识形态的边疆与国家的关系。

从第1集《边疆行：从东兴出发》开始，边疆的一切就与国家紧密相连，纪录片站在国家疆域的视角，强调东兴地处"中国大陆海岸线和陆地边界的交汇处"，提及东兴竹山村时更是特别指出它的地理特殊性在于"它是国界的坐标"。在电视镜头里，"国界线""界碑"和"边防哨所"等象征国家主权的符号被浓墨重彩地突显出来。当电视展示这些象征国家主权的符号时，经常要借助个人（记者、当地人、游客和外国人）之口突出其存在意义，例如当提到界碑时，电视解说词和记者说道："人们见证的不仅是风景，更是一个伟大国度的

---

① ［美］莎伦·谢尔曼著，张举文等译：《记录我们自己：电影、录像与文化》，武汉·华中师范大学出版社，2011年，第35页。

边疆风采"；当提到边防哨所时，记者一边叙述它的"威严"，一边表达自己的内心感受是"一种民族自豪感油然而生"，此类叙述贯穿在整个《边疆行》里，"国界线""界碑"和"边关"被反复呈现和描述。

通过电视解说词、记者和镜头的叙述，边疆很自然地被纳入国家地理、文化和政治的叙事框架中，边疆是"祖国的边疆"，边疆的自然景色、民族风情、生活故事、经济贸易和宗教文化，都和国家有关，是国家政治、经济和文化等方面在边疆的具体体现。在具体构建边疆与国家之间的认同关系时，纪录片主要从两个方面入手：其一，立足于国，突出国家对于地方的绝对领导地位，强调国家是地方发展的重要保证，在许多集中，纪录片都突出是在国家政治、经济和文化支持下，地方发生了翻天覆地的变化。例如在第35集《边疆行：梦境中的香格里拉》中，摄制组进入了彝族人生活的九龙村，采访当地九龙小学。在采访过程中，纪录片提到彝族学生已全部实施免费义务教育，学生的伙食和住宿费用也全部由国家支付；在第78集赞扬丝路古城奇台县防风沙固沙林成绩显著时，纪录片则指出成绩的取得离不开国家的大力支持——从1997年开始国家每年都对当地教育给予支持。其二，从地方视角出发，处处展现边疆各族人民对于祖国的忠诚和热爱。在第74集《边疆行：国界线上的哈萨克族村庄》中，跟随着电视镜头，观众可以看到村庄每家墙壁上都粉刷着"我家住在界河边，祖国母亲在心间。种田放牧护国土，世世代代守边关"之类的标语，通过标语，边疆和国家的身份关系被明确地表述和确定下来，祖国是母亲，边疆是儿女，母亲要关心儿女，儿女要忠孝于母亲。在这一集中，纪录片更是通过一位哈萨克族护边员马哈买提的"护边故事"，反映边疆少数民族对于祖国的深厚感情。纪录片描述了马哈买提二十多年来无私奉献，不畏自然条件的艰苦，长期从事护边工作，他的日常和家庭生活总是围绕着放牧巡逻、守卫边疆的主题展开。经过记者、当地居民和马哈买提本人的"多重叙述"，纪录片形象生动地将个人、家庭、边疆和整个国家有机地"缝合"在一起，将"民族大团结""热爱祖国"的理念有效地传递给观众。

汤普森在分析"意识形态"一词时，其实已经思考了"意识形态"是如何通过大众媒介在现实生活中运行的，他指出"意识形态"分析首先关心的是象征形式与权力关系的方式。在汤普森看来，现代大众传媒诸如广播、电视、电影等媒介在推销"意识形态"方面起着重要作用，他具体考察了"意识形态"维护统

治，作用于日常生活的"五种运行模式"，这五种运行模式如表2-2：①

表2-2　汤普森的意识形态运行模式

意识形态的运行模式	
合法化	合理化、普遍化、叙事化
虚饰化	转移、美化、转义
统一化	标准化、统一象征化
分散化	分化、排他
具体化	自然化、永恒化、名词化/被动化

借助大众媒介，通过合法化、虚饰化、统一化、分散化和具体化等措施，便轻而易举地将人们统一在主流意识形态的旗帜之下。在《边疆行》中，我们可以清晰地看到国旗、界碑、标语等符号如何被用来服务于"建立和支撑统治关系的方式"，以及通过这些符号的有效操作，社会习俗千差万别、地方文化形态各异的"边疆族群"便被有效地统一起来，认同和忠于国家，并形成共同的民族意识。

罗兰·巴特曾以《巴黎—竞赛》（*Paris-Match*）杂志封面上一个身穿法国军服的年轻黑人向法国国旗敬礼为例，分析了"爱国主义""伟大祖国"等意识形态话语是如何通过现代大众媒介再生产出来的："封面上，是一个穿着法国军服的年轻黑人在敬礼，双眼上扬，也许凝神注视着一面法国国旗。这些就是这张照片的意义。但不论天真与否，我清楚地看见它对我意指：法国是一个伟大的帝国，她的所有子民，没有肤色歧视，忠实地在她的旗帜下服务。"②

《边疆行》显然使用了同样的叙事策略，借助边防战士、旅游者、护林员、当地人、在边疆支教的老师等人的行动、语言和事迹，描绘出一个"中国是一个伟大的国家形象"。这是一个符合主流意识形态的"边疆"与"家国"的关系，像阿尔都塞所说的那样，纪录片其实也在"召唤"观众的主体性。一位网民观众以一种"观感形式"表达了对《边疆行》的浓厚兴趣，他称赞纪录片的

---

① ［英］约翰·B. 汤普森著，高铦等译：《意识形态与现代文化》，南京：译林出版社，2005年，第68页。

② ［法］罗兰·巴特著，许蔷蔷、许绮玲译：《神话——大众文化的诠释》，上海：上海人民出版社，1999年，第175页。

内容非常好："很多地方，很多特色。边疆人民靠着政策，用自己的勤奋建设家园创造财富。边民富了，边疆稳了，人们的笑容也不一样了。怪不得达音山的老乡问上海返乡知青一年收入多少时会发出如此惊叹的呼声：'乱说，我们一年挣二十多万呢！'"这位网民观众不仅表达了通过观看节目得到了一次爱国主义熏陶，还很敏锐地意识到，《边疆行》这样的纪录片确实是一种很好的教育形式，很适合学校的教育：

今天下午，我看了有关《边疆行》摄制组的电视报道，我很感动，同时也受到了启发，让我联想到了学校教育，这种教育形式，很适合综合教育，一定会受到学生的欢迎，教育效果也会很好。不妨试试。

《边疆行》摄制组的成员，通过他们谈体会，说感受，思想触动很大。他们的感情发生了变化，他们对祖国更加热爱，对守卫边疆的战士更加崇敬，对边疆民族更加了解，对边疆人民生活的提高和安定有了切身感受。同时，他们学到了很多知识：地理、历史、环保、植物、动物、民族风情、古代遗留下来的古迹等等。他们边走，边看，边听，边说，边写，真正地学到了知识，提高了能力，开阔了眼界，思考问题的角度发生了变化。我听了部分成员谈体会，发现他们的价值观、人生观都发生了变化，主要是他们亲自参加了实践活动，在实践中感悟，在实际接触中受教育。我看了《边疆行》系列报道后，深受教育，认为这是对学生教育的好教材。①

通过《边疆行》，其实我们已经清晰地看到"爱国主义""伟大祖国"等话语如何或隐或显地渗透在新闻纪录片中，以及主流意识形态如何经过大众媒介的传播作用于观众，从而被观众迅速接纳、认同和再生产。

三、多样化的"边疆"

官方网站在介绍《边疆行》节目时强调："《边疆行》以新闻纪实的手法，突出央视中文国际频道的国际视角，关注自然、关注民生、关注变化，节目通

---

① 一位网民在网上观看《边疆行》的评论，http：//www.chddh.com/html/guanhougan/773.html。

过外景记者真实生动的旅行体验，为观众展现出一个发展变化中的真实的中国边疆形象。"电视剧试图通过全方位地展示发展变化中的"边疆形象"，重新勾连边疆与国家的认同关系，从而将边疆中的自然风景、个人生活和经济贸易纳入统一的国家话语结构中，强化边疆人民对国家的认同感和归属感，也培养和增强观众对于国家的认同感。

在统一的国家话语框架之下，尽管每个民族自然环境、历史发展、文化和社会习俗不尽相同，却能和睦相处。在第36集《边疆行：走进高原明珠》中，摄制组走进了云南德钦的茨中村，茨中村生活着藏族、汉族等多个民族，存在着不同信仰，但是通过对中西合璧的茨中教堂神父的采访，纪录片展现了"不同信仰在茨中互相通婚，其乐融融"的和谐景象。不同信仰的人和睦相处甚至互相通婚的和谐景象，不仅是国家希望见到的，也是国家采取政治、经济和文化手段对不同民族有效整合的结果。

不过，在《边疆行》试图建构一个符合主流意识形态需求的"真实的边疆形象"背后，其实节目的"旅游视角"和"意识形态叙述"忽略了辽阔边疆世界内部各个地区的复杂性、多样性和差异性。

首先，尽管《边疆行》有100集，从广西到辽宁，总行程达22 800公里，途经130多个县市，采访人员涉及30多个少数民族，如此大规模、大容量、全方位地展示"边疆风采"实属罕见。可是，由于受到电视媒介本身的限制，纪录片其实无法将所有景观都纳入镜头中，镜头上的"边疆"只能是局部的"边疆景观"，56个民族也只有30多个民族被"展示"，还有20多个边疆民族居住区的自然风景、日常生活和文化习俗仍然"鲜为人知"。制作方在其官网上有一篇文章这样回顾《边疆行》的拍摄：

好节目一定是跑出来的。在《边疆行》已经播出的节目中，我们可以看到，摄制组走到了很多媒体不曾到过的偏远地区。例如在云南的镇康县，编导杜冠儒和外景记者王静等人组成的摄制组走访一个叫哈里村的德昂族村落，进村的时候赶上下雨，道路非常泥泞，当村委会主任见到摄制组时，一把握住记者王静的手说："中华人民共和国成立62周年了，可把你们给盼来了，党中央没有忘记我们！"一句话把摄制组成员都给说愣了，问清楚原因之后才知道，原来在这之前从未有过一家国家级媒体来过这里，从村委会主任那朴素而稍显笨拙的话里，记者能够感受到他们是多么渴望被知道、被了解，多么渴望与外面的世界交流、沟通。①

　　这篇回顾肯定了拍摄的重要意义是将不为人知的少数民族生活"让人所知"，还描述了摄制组到一个少数民族地区——德昂族所在村庄拍摄时所受到的热烈欢迎场景。"中华人民共和国成立62周年了，可把你们给盼来了，党中央没有忘记我们！"村委会主任的一句话既反映了国家对地方的"关心"，却也透露了这里长时间的"被忽视"，记者后来也了解到"从未有过一家国家级媒体来过这里"，这个少数民族村庄很幸运，因为它没被"党中央忘记"，但还有多少这样的少数民族村落呢？他们可没有这么"幸运"，依然处在国家级媒体"视线之外"。

　　其次，尽管电视镜头也试图深入少数民族的内部世界，但镜头始终是局部的，忽略了许多更能反映边疆生活多样的人、事和景物。特别要指出的是，在统一化和意识形态化的过程中，"记者"扮演了重要角色，是电视重新叙述国家和地方之间关系最重要的媒介，关于边疆的情况绝大多数是由他们（她们）来"转述"和"讲解"。例如在第98集《边疆行：最美长白山》的结尾部分，记者以总结的口吻向观众说："长白山这里不仅景色优美，山好水也好，而且我发现这儿的山山水水，带给这里的村民无限的财富，你看那边还有很多的游客来这里游玩，他们在这里体验很多的农家乐的生活，我相信吸引他们的，不仅仅是这里美丽的山色，同样还有这里热情好客淳朴的山民。"几乎每一集记者都要"越俎代庖"，用一种"主观叙述"描绘、规定边疆的形象。记者们虽也经常与边疆村民、干部展开近距离交流，但是这种交流并不对等，"我们"（记者）明显占据了主导位置，主导着整个话语内容和进程，记者可以随意打断边疆人的"话"，然后面向镜头，来一段立场表白或道德评价。例如，在第74集中，当看到马哈买提擦拭着界碑时，记者立刻转向镜头，声称"这是一种发自内心的爱国情怀"；在第36集中，当记者体验澜沧江溜索时，记者不断"叙述"其如何被当地人辛苦的生活所感动，"流泪"强调当地村民虽然每天靠溜索渡江却"没有任何抱怨"，而镜头并没有给当地村民多少说话的机会。所以，整个摄制组虽也试图让采访变得更加"客观真实"，却经常在不经意之间透露出主观叙事倾向以及被采访人被动摆拍的痕迹。

① CCTV-4官方网站关于《远方的家——边疆行》的介绍。

经过修饰、组织和重新安排之后，出现在电视中的边疆是一种统一化的、定型化的形象——景色优美、能歌善舞和异域情调。这种边疆的"刻板形象"在 100 集的纪录片中被不断重复，以至于在观众眼里，边疆少数民族一定是能歌善舞、充满异域情调的。每一集的标题也多是由"神奇""探奇""多彩""秘境""传奇""边城"等词语组成，这些修辞话语将边疆塑造和定格为一个非日常性的"奇观世界"，边疆真实的日常图景反而模糊不清。张英进在讨论"少数民族电影"时曾说："这些电影对'团结'与'民族和谐'的表现，大多是对汉族观众展示一种奇观，而且无论是从理论上还是视觉上，这些奇观都建构于一种确定无疑的汉族中心的视点之上。"①《边疆行》尽管深入边疆少数民族内部，试图展现一个"真实的边疆"，但并没有摆脱将边疆"奇观化"的影像叙事套路，在"奇观化"的叙事框架中，边疆最终变成了一个被展示的客体，而摄像机也是通过制造"边疆奇观"引起观众（汉族的、都市的观众）的兴趣。

真实的边疆其实像其他地方一样，不仅有神奇美丽的自然风景，也有普通寻常的生活场景，更有环境保护、交通闭塞、人才流失、跨国犯罪、语言不通、民族冲突等问题，而这样一个边疆稍不留神也会出现在镜头中。例如在第 9 集中，当镜头对准世外桃源的坝美时，纪录片在称赞旅游让坝美人生活变得富裕的同时，也流露出"游客越来越多，会不会破坏原有的风貌"的担忧；第 78 集在突出奇台县在国家帮助之下治理沙漠化取得成绩时，亦从侧面反映了边疆生态环境日益恶化的现实；在第 97 集中，村主任无意中告诉记者该村庄"没有五十岁以下的人"，因为大部分五十岁以下的人都外出打工了，聪明的记者迅速将话题转移。在许多集中，当记者与一些边疆人交流时，经常会因为语言问题而交流不畅，弄得记者有时只好"自说自话"；当摄制组在边疆崎岖的山间行走，观众不仅感受到神奇美丽的边疆风光，也能深刻感受到边疆恶劣封闭的自然环境；通过节目观众也可以发现摄制组在边疆受欢迎的一个重要原因是，电视能够增加该地的"知名度"——从而带来更多的"经济利益"，为此，所谓的"异域风情""民族特色"经常在记者到来之前已被"精心包装"。

---

① ［美］张英进著，胡静译：《影像中国》，上海：上海三联书店，2008 年，第 190 页。

第四节　全球想象与传统的再生产

改革开放以来，伴随着现代化和城市化，我国的城市发展迅速，有人指出，对于我国而言，"城镇（城市）是一种崭新的社会样态。未来 10 年到 15 年，我国将逐渐进入城镇社会"。① 而在新世纪之后，随着中国加入世界贸易组织（WTO），在全球化和城市化的浪潮中，中国的城市发展更加迅猛，到处都出现了"造城运动"。而在此过程里，媒介也对城市展开了丰富的叙述、建构和想象。

一、造城运动与大众传媒的"全球想象"

在 20 世纪 80 年代，中国虽已实行改革开放，政治、经济和文化方面都与西方有了接触，但西方的技术、资本和媒体并没有大规模进入中国。20 世纪 90 年代之后，情况发生了变化，随着社会主义市场经济体制的确立，中国越来越融入全球经济和文化秩序中，同时，外国资本、技术和文化开始大规模地渗透到中国，尤其是在加入 WTO 之后，中国与世界其他国家的交流更加频繁。这股全球化浪潮，刺激了电影、报纸和电视剧等大众媒介对城市的"全球想象"。

早在 20 世纪 90 年代就有一部电视剧《北京人在纽约》描绘中国人在纽约生活的情况。该剧之所以引起巨大反响，其中一个原因是其对纽约大都会的视觉展现，激发了许多中国观众对美国大都会生活的想象。两位主人公王启明和郭燕竭力要融入美国，该剧的开篇就展现了这对初到纽约的中国夫妻，妻子郭燕在机场不断抱怨王启明不认真学英语，以致无法在美国大城市自由行动。而当姨妈终于找到了他们时，王启明和妻子坐在姨妈的车子里，手舞足蹈，嘴里喊着："美国，纽约，我王启明来了。"这句话似乎在宣布中国重新走进"西方"。另一方面，王启明进入美国那种手舞足蹈的表现却又显示了身为北京人和

---

① 陈忠：《有特色城镇现代化的建构路径》，《中国社会科学报》，2009 年 9 月 3 日。

中国人的"自卑",因为随着王启明的欢喜雀跃,镜头也不失时机地对准曼哈顿的高楼大厦,而这些摩天大楼显示了西方的"优越地位"。

正是在 20 世纪 90 年代之后,国际化日益成为媒体"城市叙事"的主题,"国际化"成为寻求与世界接轨、重建民族自信的途径,蓬勃兴盛的城市发展也刺激了媒体的"世界想象",尤其对于北京、上海这两座中国著名城市,大众媒介对它们不遗余力地展开了"全球想象"。北京作为著名古都,向来以"古都景象"闻名,这种古都景象直到 20 世纪 80 年代都没有什么改变。但在 20 世纪 90 年代之后,随着全球化和城市发展,要求北京成为"国际大都会"乃至"世界性城市"的媒体呼声连续不断,1993 年经过修订的《北京城市总体规划》正式提出了建设"开放性国际城市"的目标,而 2008 年北京奥运会的举办,更是加快了北京的国际化步伐。在奥运会之前,媒体已纷纷为北京的国际化鼓吹造势,例如 2007 年的《三联生活周刊》的"封面故事"就是关于城市升级的,总标题为《四大建筑的新北京——城市升级》的文章从现代化、城市升级和中国复兴的视角,讨论申奥成功将给中国尤其是北京带来的新变化,并对未来北京和中国的发展图景进行了如下展望:

> 我们回到 2001 年 7 月 13 日那个北京的夜晚,天安门与长安街近百万走上街头的人民以及他们的快乐——"北京赢了!"迄今回想,仍让人温暖与澎湃。这是一个有象征性意味的开始,由此出发,我们杂志将广泛而深入地进入城市升级、交通变局、环境治理、食品安全保障……力图完成一系列重新发现与重新认识中国的报道。"新北京"以及新的中国,不单是一种标签,而是你可能未必完全知晓的事实。[①]

2008 年奥运会举办之后,《光明日报》更是邀请一些专家学者讨论北京未来的城市发展,这次讨论根据萨森的理论将城市划分为全球性城市(即世界性城市)、区域性国际城市和国家性国际城市,专家们在讨论过程中,指出北京和上海虽然是国际城市,但还只是"国家性国际城市",离"世界性城市"还有不小的差距。而这次讨论强调要借助北京奥运会的成功以及中国经济的高速发展,把北京建设成"世界性城市"。专家们还详细指出北京成为"世界性城市"

---

① 李鸿谷:《奥运的中国:历史的动力》,《三联生活周刊》,2007 年 12 月 3 日,第 32 页。

的"三步曲"：第一步，2020 年全面建成现代化国际城市；第二步，2030 年初步形成世界城市基本框架；第三步，2050 年建成有中国特色和首都特点的国际大都市。①

《新民晚报》《解放日报》《文汇报》等上海的主流媒体不像一些媒体对北京的国际化还抱有疑虑，因为在这些媒体看来，相比于北京和中国其他城市，上海有一种典型的"西方秩序"。② 在《南方周末》上，葛剑雄等几位学者讨论了上海的城市形象，他们一致的结论就是上海这个城市主要与西方有关，而不是跟中国本土相关。葛剑雄针对有人担心上海的本土文化正受到西方文化的冲击时说："有些人怀念其实有点自作多情，因为他所怀念的东西本身就是洋化了的东西，比如石库门就是西方文化的产物，是英国的连排式建筑结合中国的特点而产生的。上海无所谓乡土文化，我们现在讲海派文化也好，旧上海文化也好，实际上都是混合体，根本不存在真正的乡土文化。"③ 媒体与上海的学者都刻意强调上海的"西方身份"，大张旗鼓地对上海展开"全球想象"。

媒体经常用"日新月异"这样的词语描写全球化语境中上海的快速变化，例如随着浦东的崛起，《新民晚报》迅速开辟了"今日浦东"栏目，用文字和图像报道这块通向世界的"新天地"。《解放日报》的"解放画刊"专门刊登反映"上海变化"的摄影作品，奢华外滩、摩登高楼、繁华街道和中外游客成为照片主角，这些摄影图片都是为了突出上海日益现代化、国际化的主题，不少图片旁边还加上了富有鼓动性的文字，培养公众的"城市梦想"和"全球视野"。《南方周末》曾刊登了一副颇有意味的照片，一对青年男女在外滩幸福地偎依在一起，照片下面特地加了这样的文字："上海男人和他的外国太太。"④ 关于上海的图像很多，但为何选择"上海男人和他的外国太太"，这当然旨在说明上海越来越开放，但如果进一步分析会发现图片的特别用意，外国女性投入上海男人怀抱的图像改变了以往外国男性搂抱中国女性的照片，因为外国男性搂抱中国女性的照片通常暗含着一种被占有的"屈辱史"，但外国的"她"投入上海男人怀抱的图片，则改变了中国和西方国家之间的性别建构，照片似乎在宣称，随着上海的重新崛起，一切将会改变，上海和中国在全球化过程中

① 张炳升：《和谐与发展是首都建设的价值导向》，《光明日报》，2010 年 3 月 5 日。
② 朱强：《我们无法不关注上海》，《南方周末》，2001 年 10 月 18 日。
③ 《"新上海人"：没那么简单》，《南方周末》，2001 年 10 月 18 日。
④ 《上海男人和他的外国太太》，《南方周末》，2001 年 10 月 18 日。

重新获得了一种"男性自信"。2010 年上海世博会的召开更是点燃了报纸媒体对上海等城市的"全球想象"。许多媒体、影像都传达了这种融入世界的热情，从而也培养了市民对"新上海"的城市认同。上海世博会被媒体看作是上海以及中国城市与世界接轨，推动中国现代化的重要盛会，历史学家苏智良特别在媒体上撰文，详细谈论世博会对于上海城市的历史意义：

　　毫无疑问，组织并举办如此重大的盛会，将极大地提升上海的城市魅力，扩展上海的文化影响。上海亦期待以世博会作为加冕全国乃至远东经济中心、金融中心和航运中心的典礼，进一步确立作为国际化大都市的重要地位，向全球城市迈进。①

　　大众媒体不仅对北京、上海建成"世界性城市"抱有极大兴趣，而且"国际化"也是深圳、广州、武汉、西安、南京、苏州等城市媒体频繁提到的关键词，仅在 2002 年，就有数十个城市宣布自己将成为"国际化大都市"。

　　为何都如此狂热地追求成为国际化大都市呢？或许如罗丽莎在探讨为何中国对现代性项目表现出如此强烈的热情时所说的那样："中国在现代性想象历程中的断裂标志了一种渴望，它始于半殖民地的历史并不断被延迟，它渴望中国这个前西方殖民地有一天也可以作为一个国家及政权达到与西方同等的身份。事实上，现代性项目之所以在中国被表现得如此的迫切，被如此不屈不挠地追求，是源于一种担心自己可能被排斥于现代性之外的恐惧。"②

　　追求"国际化"包含了一种强烈的民族复兴心理，而且，城市的国际化和全球化往往也是国家与世界关系的表现。通过国际化、全球化，中国将获得一种新的主体身份。李鸿谷曾在《三联生活周刊》上发表文章，从历史发展角度考察了中西之间的转换关系，他认为黑格尔在《历史哲学》中曾经以波斯、印度和中国组成的东方作为对比，去"描绘欧洲国家、宗教、经济、法律、语言、哲学等各个领域的特征，从而使西欧从封建国家转变成现代民族国家的事实获得了自我确认"，在他看来，现在则是我们通过西方来获得"自我确认"，不

---

① 苏智良：《迈向全球城市——"世博"对于上海城市的意义》，《中国社会科学报》，2010 年 5 月 27 日。

② ［美］罗丽莎著，黄新译：《另类的现代性——改革开放时代中国性别化的渴望》，南京：江苏人民出版社，2006 年，第 8 页。

过，他也提出了中国进入"那个世界"后的认同问题：

> 值得注意的是，这种对自身特殊或主体性的表述，随着殖民主义的向外扩
> 张，最终被视为是具有普遍性的特质。按此论定，世界和中国关系框架，中国
> 须进入的"那个世界"，那些普适性原则，其源头实则西欧"自身特殊或主体
> 性"。那么，当中国完成了它的世界进入，建构了自我的主体性之后呢？①

北京奥运会被认为是北京和中国进入世界的必然途径，通过此途径，城市
和国家才获得了主体性，而在拉动城市快速升级为国际大都市的口号下，"鸟
巢""水立方"等建筑不再单纯是比赛场地，更是成为改变城市和国家形象的
标志性建筑，借助"入世"和 2008 年北京奥运会，北京初步完成了进入"世
界"，获得了一个与过去不同的"新主体"地位。而且，无论是北京，还是上
海，它们都不仅要进入"那个世界"，被"那个世界"所接受，而且还要成为
世界中心。2010 年上海世博会时，许多人对上海寄予了厚望，时任台湾大学校
长的李嗣涔在谈及上海世博会时，就这样说："上海能以这样进步的主轴，主办
这样有深远意义的活动，也意味着上海不但勇于面对城市未来的挑战，也勇于
承担城市的全球性责任。相信，在上海世博会的带领下，中国也能从一个物质
生产的沃土，逐渐成为进步观念的乐园。"②

二、全球化的反思与传统的"发现"

李金铨说，冷战结束之后，"中国媒体一直纠缠于民族主义和全球化之
间"。③ 这点对于城市也一样。媒体一方面大肆宣扬中国城市的国际化和全球
化，但另一方面，许多媒体却又担心全球化、国际化不仅不能让中国城市得到
世界认可，相反，中国城市自身的历史和文化传统却在此过程中丧失殆尽。特
别是对于北京、苏州这样的传统型城市，在许多媒体和学者看来，是传统建立
了这些城市独特的、集体性的文化记忆，而全球化、国际化却是要破除这些城

---

① 李鸿谷：《奥运的中国：历史动力》，《三联生活周刊》，2007 年 12 月 3 日。
② 李嗣涔：《以城市再造重回自然怀抱》，《解放日报》，2010 年 3 月 22 日。
③ 李金铨：《超越西方霸权——传媒与"文化中国"的现代性》，香港：牛津大学出版
社，2004 年，第 291 页。

市的文化记忆。建筑学家阮仪三对江南古建筑在现代化、全球化过程中被破坏感到痛心疾首，他指出在20世纪80年代初期，江南一带大约还有50多个像周庄那样的古镇，但在城市开发过程中，为了追求现代化、国际化，这些古镇先后被破坏，① 国际化、全球化成了许多中国城市自身文化毁灭的"罪魁祸首"。所以，正是在城市大张旗鼓宣扬国际化、全球化的同时，《南方周末》发表了鄢烈山的文章《城市的主体是谁》，批评全球化让中国城市失去了"主体意识"。张在元也在《南方周末》上发表了《城市的气质来自何处》，批评全球化浪潮对中国城市致命性的"伤害"：

> 任何一座城市都有自己的来龙去脉。城市告诉我们昨天，城市见证我们的今天，城市也预示我们的明天。但是现在太多的城市，我们无法了解她的昨天，也难以准确把握她的今天——因为，一只只贪婪的"手"，无知并无情地割断了"城市的昨天"。②

倪邦文更是这样批判国际化的城市发展路线："传统不再、经典难求。难怪平遥古城、丽江古城已成为摩肩接踵的劝业场，难怪乔家大院、周庄水乡已成为人们追寻历史记忆的稀有场所。中国人都已经难以在自己的国土上找到具有独特气质的城市记忆和家园之梦了，况外国乎？难道要让来自纽约、东京的朋友看我们的钢筋水泥玻璃房吗？"③

他认为外国人到中国，不是来看现代化的高楼大厦，而是要看具有东方特色的中国城市。许多学者和媒体更是认为国际化、全球化，不仅未能提升中国城市的世界地位，相反，是对民族自尊心和文化心理的无形打击。因为这种盲目国际化的背后，是对西方文化的顶礼膜拜和全盘接受。冯骥才说："现在全国都在旧城改造，把一片片街道、胡同、弄堂都铲掉了，变成一个个所谓的'罗马花园'、'香港国际村'、'美国小镇'。这是对民族自尊心和文化心理的无形打击。"④ 在《南方周末》《新京报》等媒体上，不少市民和知识精英就国家大剧院和央视的新大楼展开了激烈论争，100多名专家上书有关部门，批评国家

---

① 《南方周末》"城建专题"，2000年7月27日。
② 张在元：《城市的气质来自何处》，《南方周末》，2002年9月26日。
③ 倪邦文：《城市化与受伤的城市文化》，《读书》2009年第5期。
④ 张者：《文学作家的城市保卫战》，《南方周末》，2002年9月26日。

大剧院的建设计划，广泛的争论还迫使国家大剧院暂时停工。① 而争论的背后主要是中国传统建筑理念和西方现代建筑理念之间的矛盾，关于央视新大楼的外观造型，甚至引发了媒体和公众的"民族情绪"。

其实，传统本身就是与现代性相伴而生，正是在快速现代化和全球化的进程中，"传统"才成为一种标识身份认同的集体记忆，被重新唤醒。诸葛蔚东在考察"二战"之后日本媒体与社会变迁的关系时发现，20 世纪 60 年代，伴随着日本经济高速发展，人们对曾经所疏忽的"传统的礼节和日常习俗"，以及整个"日本文化的传统"表现出极大兴趣。

中国的情形也是如此，20 世纪 80 年代之后，在迈向现代化、全球化的一路高歌中，传统曾作为一种沉重的包袱纷纷被抛弃。但随着 20 世纪 90 年代中国经济的快速发展，尤其是进入全球化时代以来，人们不仅要考虑中国如何进入世界，而且开始重新审视自己的历史和文化传统。早在 1998 年，张旭东回顾中国当代社会思想的变化时就指出，20 世纪 80 年代中国社会存在着一种害怕被现代社会和西方社会抛弃的忧患意识和开放心态，但 90 年代之后，当中国被卷入全球化浪潮时，反而带来了种种本土化的想象。②

"发现传统"正是在这样的语境中产生的，经济越是发展，社会越是进步，反而越易引起人们的精神和心理恐慌，于是人们开始重新怀念"失落的传统"。在这股思潮之下，人们不仅重新发现乡村文明的价值，也开始挖掘本土的"城市传统"，特别致力于塑造前工业时期城市的"家园形象"。江苏美术出版社就较早地意识到"老城市"的历史价值，于 1997 年陆续推出了"老照片系列"，出版了《老北京》《老杭州》《老昆明》《老苏州》《老南京》《老西安》等，并邀请陆文夫、冯骥才等人给老照片配上文字，通过视觉与文字的结合再现过去的城市——老的街道、城墙、河流、商店和风物。

在这样一股城市怀旧的潮流中，《新京报》《南方周末》《文汇报》《解放日报》等报纸纷纷参与到"发现传统"的活动中。这些新闻报道大量挖掘、发现和再造城市的传统，就连上海这样一座代表性的现代之城，也都开始寻找"失落的传统"，例如《申江服务导报》的"发现上海"栏目，《解放日报》的"探寻申城'新'与'旧'"的系列报道等，在这些报道中，老城墙、老马路、

---

① 钟晓勇：《国家大剧院遭遇黄灯》，《南方周末》，2000 年 7 月 20 日。
② 张旭东：《重访八十年代》，《读书》1998 年第 2 期。

老场坊、老码头的陈年旧事被纷纷"发现",仿佛是老上海的转世,代表老上海形象。北京的媒体则致力于对胡同、四合院等传统北京建筑和文化的重新发现。苏州的《苏州日报》和《苏州杂志》则刊登了大量文章,发现和推介传统,比较全面地宣传传统的价值,例如创办于1988年的《苏州杂志》是一本专门介绍苏州文化的杂志,它大量介绍了苏州的桥梁、河道、建筑、园林等传统,保护和介绍苏州的城市文化传统,成为该杂志的核心议题。

在全球化浪潮中,许多媒体都致力于"传统的发现",从物质世界到非物质世界,从日常生活到文化生活,从私人住所到公共场所,大众媒体努力向读者勾勒出一个个传统的"城市形象"。这种传统城市形象,如张英进所指出的,大致有以下几个方面的特征:①传统是自然的、诗意的。传统城市被认为是与自然和谐相处的"诗意世界"。一篇回忆20世纪40年代苏州的文章这样写道:"四十年代的苏州是那样的静谧。我家在南园边上,更加洋溢着乡野情趣。沧浪亭的浓荫里栖满各种鸣禽,一座名叫南栅寺的荒庙里,偶尔传来暮鼓晨钟,使空旷的田园充满神秘。趁夏日如火的骄阳,我们到小河里嬉戏。我不会游泳,只能站在水边看小牛鱼儿一样在碧波里旋游、下潜,小狗似地打着响鼻。阳光照着他玫瑰色的肌体,细细的汗毛历历可见。我们在菜畦里奔跑,快乐地尖叫着。那一片行人稀少的田野,是无福远游的孩子们天然的乐园。"① 在叙述者笔下,老苏州完全是一幅充满牧歌情调和田园趣味的生活画卷。②传统是温馨的、悠闲的。张英进分析北京时说,"对北京人的日常活动来说,时间就变得几乎无关紧要——不是缺少时间,而是时间太多"。②《新京报》就提供了一幅记者的纪实摄影,展现老北京悠闲的日常生活。在照片中,两个老人坐在胡同墙根的椅子上闭目养神,让理发师剃头,旁边坐在门口椅子上的两三个老人正在逗小孩玩,他们身后是破旧的四合院。从这些纪实照片,不难看出记者对"北京胡同"的特殊感情,也不难辨认出老北京的形象,那就是闲适、安稳和充满乡土气息。虽然照片中破落的墙体上悬挂着时钟,但整幅照片告诉读者,时间在这里并不重要,它似乎已经停滞,人们有的是聊天、逗小孩和闭目养神的闲暇时间,这个空间和谐、宁静而富有秩序感。③ 徐城北在《苏州杂志》上曾发表

---

① 陆德建:《走出深巷》,《苏州杂志》1990年第1期。

② 张英进:《空间、时间与性别构形——中国现代文学与电影中的城市》,南京:江苏人民出版社,2007年,第96页。

③ 《众说北京符号》,《新京报》,2008年9月13日。

《寻觅苏州》，介绍老苏州的缓慢节奏："苏州人真会休息。晚上过了八点，街道上几乎就没人了。从打开的楼窗中，有时飘出唱评弹的声音。猜想中如果有人问及，唱者或许会答'现在是八小时以外啦！'"① 还有一篇《成都时间》的文章，专门谈在成都这样传统型城市中时间的不重要。"成都时间是成都的自办节目。成都时间隐藏在北京时间的后面，3 点，是北京时间的 3 点，但后面的成都时间，这个确切的点是模糊的，是延伸的，是弹性的。"② ③传统是道德化的、礼仪化的。在传统型城市中，传统的道德和价值观念占据着主导地位。例如一篇报道苏州老茶馆的文章特别指出，老茶馆的经营是通过道德和信用来维持的，对于老茶客，有时甚至不用付现金，只要记账就可以了，这些都是传统式的经营手段，营利自然必要，但如果"斤斤计较几个钱——即便换个文雅而又时髦的名词——便贻笑大方了"。③ ④最重要的一点，传统代表着一种精神，是与自我认同相关的精神家园。传统总是以"家园"形象出现，虽然没有丰裕的物质世界，旧的街道、风俗和遗迹这些传统被媒体叙述成与我们的来世密切相关，是人的精神家园，同时也是城市的精神本源。⑤与此相关的，传统是一个符合东方审美趣味的美学世界。许多媒体在报道传统城市的街道、建筑时，总是强调它所代表的独特的东方美学，相反，现代城市被一些人认为不符合东方的审美观念。"我们今天的城市只是看上去像是'西方现代'而已。这不仅不合乎美学，更加不合乎伦理，因为它承载不了我们自己的生存想象。"④

总之，在媒体的重新挖掘、发现和叙述中，传统的世界并不是死去的"过去"，它被大众媒体描述为一个具有温馨感、连续感和稳定感的世界，而这个世界被媒体塑造为当代人的梦想家园，与当代城市人的自我认同、历史记忆紧密联系。失落的传统重新变得有价值起来，成为社会加速发展时代的一面镜子，成为疗治现代社会疾病的良药，也成为人们寻根的精神归宿，传统的世界成了流落四方的现代人自我、家族和民族认同的根源，而媒体的宣传无疑吸引了更多人到传统世界寻根，在现代城市中分裂、失散的人们似乎被重新聚集在一个共同世界中。

---

① 徐城北：《寻觅苏州》，《苏州杂志》1996 年第 4 期。
② 洁尘：《成都时间》，《姑苏晚报》，2010 年 6 月 3 日。
③ 吴凤珍：《茶馆闲话》，《苏州杂志》1989 年第 1 期。
④ 金秋野：《我们的城市，和他们的》，《苏州日报·城市笔记》，2009 年 10 月 23 日。

三、地方主义与被消费的"传统"

经由媒体的策划报道，传统不仅被源源不断地发掘，而且确实开始得到全社会的重视和保护，发现和保护传统成了一种历史潮流。当然，传统本身就是多样的，每个城市都有自己的传统，并没有一个统一的传统。伴随着城市传统的再发现，城市的"区域意识"和"地方意识"也得到了加强。在共同发现传统的大背景下，每个城市都开始寻找、发现和建构属于自己城市的地方传统。2008年6月5日《苏州日报》的"大众论坛"，发表了苏简亚的《文明对话视野中的苏州文化》，这篇文章在全球文明对话的语境下思考苏州的传统文化：

> 苏州文化是指苏州这个地区的区域文化。苏州地区不仅经济发达，文化先进，同时还具有比较浓厚的区域性特色，形成了独具一格的太湖文化。此外，还由于苏州地区临江面海，对外交通非常便利，具有与外界对话的有利条件。这就决定了，苏州文化必然会在区域文化的交流中，在不同文明之间的对话中发挥出自己的独特的作用。

这篇文章强调苏州独特的本土特色，更有不少学者在媒体上发表文章，提出苏州的建筑、文化和艺术都要显示一定的"苏州味"。阮仪三接受媒体采访时，特别解释了什么是"苏州风格"："什么是苏州风格，咱们大家一道来说，苏州风格各人各理，没有关系，好的就是好的，不好的通过大浪淘沙，会留下金子。首先，高度规定了，不好超过24米，高度是古城保护的一个重要灵魂，高度控制住了，基本上体型控制住了，所以我们苏州还保留着小桥流水人家的风貌，也就是一种婉约的、精巧的，和人的尺度相宜的风貌；然后，再尽量地运用苏州各种各样的元素，这个元素就是艺术性，或者说建筑化的……"[1] 媒体还开辟了专门的"苏州话"栏目，绘声绘色地讲述地方故事，属于苏州特有的风俗、人物和文化被不断地发掘出来，并被赋予了一种较高的价值。上海《社会科学报》也开辟了"文化上海"栏目，邀请吴福辉、熊月之等专家，专门谈上海文化的特征，并讨论上海文化和苏州文化、杭州文化之间的地域差别。

---

[1]　高琪：《阮仪三：平江路留下了城市的记忆》，《苏州日报·文化访谈》，2010年1月8日。

在《解放日报》和《文汇报》等媒体上，阮仪三谈到上海里弄时，特别强调了它的上海味道："里弄浓缩了上海市井生活的点点滴滴，儿童们在弄堂里玩耍，张家妈妈、李家阿姨帮着照看孩子，主妇们在后门口做家务，老头老太在前门口孵太阳，小贩们串弄堂叫卖，这些都形成了里弄情结，演绎了里弄风情。里弄是活着的历史，最典型的是新天地，虽然只取了里弄的形，没有了原有的内涵，但新天地却成为了重要的经典，它体现了'里弄风情'，有一种'上海味道'。"①

　　每个地方的媒体都在努力挖掘属于自己城市的本土传统，但这种城市的本土意识无形中使得地方保护主义抬头。地方传统不仅成了抵抗现代化、全球化的有效工具，而且成了排斥其他文化的有效手段，在快速的现代化、全球化进程中，上海的媒体出于担心，强调要保护上海话，但有一些人就指出"强调纯正的上海话，作为一种识别标记，很可能有上海原居民要保持对新移民的心理优势的潜在动机在。这种潜在心理对上海实现成为国际化大都市的宏大目标是有负面影响的"。② 更有不少地方城市借助于大众媒体争夺传统资源，相互之间产生了恶性竞争。

　　传统与现代的冲突并没有得到根本解决。在许多媒体看来，传统的自然、亲情和温馨的家园形象固然令人向往，但传统生活毕竟与现代生活相去遥远，即使还存在老传统，有不少也已与现代世界格格不入。媒体记载了许多城市老传统的尴尬境地。例如一篇《驻颜有术看古城——记苏州的街坊改造》的文章称赞了老苏州的美丽，随后却对老城区有了抱怨："韶光流逝，沧海桑田。时隔一千多年，如果白居易再次光临苏州，看着那拥堵的车龙人流，狭仄的百姓居室，恐怕不会有'平铺井邑宽'的赞叹了。在14.2平方公里的古城区中，拥挤、破旧、污染、堵塞已经成为令人头痛，拖社会发展后腿的严重问题。时代把一个大题目摆到了当代人面前：苏州古城向哪里去？古城的保护和发展如何寻找最佳结合点？"③

　　更重要的是，传统的胡同、四合院和弄堂生活，或许并没有大众媒体所宣扬的那么充满诗意、温馨和田园情调。中国社会科学院曾对"大栅栏"这样的老城区进行了实地调查。结果发现，位于北京市中心宣武区东北部的大栅栏已

① 缪克构、李雪林：《阮仪三：留住"上海味"》，《文汇报》，2008年10月27日。
② 沈善增：《上海话的文化性格》，《社会科学报》，2005年8月4日。
③ 海涌：《驻颜有术看古城——记苏州的街坊改造》，《苏州杂志》1997年第1期。

经成为"典型的贫民窟"：

> 大量居民日均生活费不足8元。调查披露，截至2005年6月，大栅栏57 551人常住居民中，60岁以上的达9 914人，占17%，残疾963人，失业登记4 427人，社会低保929户，共1 946人。外地女嫁北京人的277人（大部分北京男人是残疾、无职业、无收入、吃低保）。人群结构呈现社会困难人群的特征。大栅栏人口密度大，居民居住拥挤，某住户3口住房仅为4.8平方米，女儿出生后父亲只能睡在躺椅上过夜；街巷狭窄，火灾隐患多，最窄的钱市胡同只有82厘米宽；社会治安混乱，珠宝市、月亮湾的110报警占全地区的70%以上，黑三轮、黑导游屡禁不绝。①

　　这个老北京已完全不是媒体和公众所想象的充满闲适、温馨和乡土诗意的北京，相反是一个嘈杂、混乱和毫无诗意的世界。陈平原在接受媒体采访时说："由于历史的原因，大部分四合院已经沦落为大杂院，在那里生活的北京人，对专家们所论证的四合院建筑的美感没有真实的体会，只知道其脏乱差。反倒是文化人，出于某种理念，一直呼吁保护四合院。你让老百姓投票，看他们要那些未经改造、没有现代设施的四合院，还是宽敞明亮的高楼大厦，恐怕很多人会选择后者。"② 媒体对老北京的想象，与胡同的现实状况显然存在差距。

　　所以，传统必须要面对现代世界。在现代面前，传统要么消失，要么适应现代社会而加以改造。媒体不仅要发现和挖掘传统，还要参与传统的改造。许多传统经过改造得以重新彰显，获得了新生命。北京的南锣鼓巷、苏州的平江历史古街、平遥南大街、哈尔滨中央大街、黄山屯溪老街、拉萨八廓街等老城街区都被媒体誉为"旧城改造"的典范。

　　不过，尽管媒体和社会都越来越重视保护和改造传统，大量的传统得以"复活"，但这些传统和真正的过去还是有本质的差别。比如苏州的平江历史古街，尽管被媒体看作是传统改造的典范，但也有人批评，这个历史古街区实际上有点变味，因为它的改造主要是出于旅游和商业目的，许多原住人口都被迁

---

① 转引自陈卫星：《城市的欲望与底层的想象》，赵汀阳主编：《年度学术2006——农村与城市》，北京：中国人民大学出版社，2006年。
② 陈平原：《想象北京城的前世与今生——答新华社记者刘江问》，《北京记忆与记忆北京》，北京：生活·读书·新知三联书店，2008年，第44页。

走（有 475 户居民被迁离），这个古街区已经失去了原来的风貌。① 不少媒体也把改造后的南锣鼓巷看成是老北京复活的典范，因为在这里还保留着完整的老北京风情，这些老北京风情不仅吸引中国人，而且还吸引了无数外国游客："在南锣鼓巷两边的胡同里，到处都能看到长长的胡同游三轮车队伍，外国人饶有兴趣地游览保存如此完好的老北京风情街景。"② 虽然经过旧城改造以及媒体宣传，老北京风情得以复活和再现，但这个传统并不是过去的延续，相反，被保留和改造的只是一部分而已，传统不再是一个整体，而是零散的、琐碎的。许多被保存和改造的胡同、四合院，同样零星地散落在新的城市建筑群中或者湮没在新的城市空间里，所以有人指出：

> 北京的四合院和胡同的涵义已不仅仅是建筑物本身，而是与北京人的生活方式、人际交往方式密不可分的。很难想象，没有了四合院和胡同，还能有京韵大鼓的神韵和卖豆汁的吆喝声，也很难想象在一个现代化的广场上能够让天桥的杂耍和叫卖声真正重现、长盛不衰。③

最后要指出的是，被改造的胡同和四合院，虽然给现代都市人提供了一个可以寄托怀旧梦想的场所，提供了一种大都市所没有的浪漫诗意，人们在这里可以短暂地重温和体验往日的胡同生活，却无法真正走进过去。《青年时讯》曾刊登一组《私藏北京：小街巷里的甜蜜小日子》文章，介绍了几个值得去的老北京小街巷，这些老北京胡同都是经过重新改造的，文章配上了这样的文字："在北京生活的达人们，都有自己私藏的心水小店，幽静的小咖啡馆、文艺腔的酒吧、风景绝美的餐厅、拥有独家商品的小店……善于发现的人们在北京数不胜数的胡同小巷里找到了大都市里的另一种美好时光。"④ 胡同、四合院在过去是普通北京市民的生活空间，现在却变成人们展示大都市里的另一种美好时光的场所，摇身一变成了各种各样的小酒吧、咖啡馆和商品小店，是厌恶大都市生活的达人们闲暇好去处。就连南锣鼓巷也不例外，摆脱了过去的"平民身份"，变成了现代化的"中产阶级胡同"，它们被改造成适应现代和后现代都市

---

① 《葑门横街：最苏州的市井》，《苏州日报》，2009 年 1 月 23 日。
② 王小峰：《南锣鼓巷：传统与传统文化街》，《三联生活周刊》2007 年第 45 期。
③ 倪邦文：《城市化与受伤的城市文化》，《读书》2009 年第 5 期。
④ 颖子：《私藏北京：小街巷里的甜蜜小日子》，《青年时讯》，2009 年 11 月 6 日。

空间的新场所，日益成为现代消费社会的象征。有些四合院甚至成为明星向外界炫耀的上流豪宅，离普通北京市民越来越遥远。

　　总之，发现、改造和创造传统，在某种意义上并不是为了简单地保存传统，也不完全是抵抗全球化和现代都市文明，相反，传统并不是传统本身，大部分的传统都无法原汁原味传承，许多传统的再造正是为了适应全球化和现代化，大量的传统被改造、挪移和美化，以适应现代消费社会的需求。在此过程中，甚至出现了大量的"伪传统"。例如《苏州日报》就曾对苏州市"山塘历史文化保护区修复性工程"的一些做法进行了一场讨论，因为这次修复要根据曹雪芹的《红楼梦》在山塘街重新修复一座葫芦庙，有人就尖锐地批判说："再逼真的新葫芦庙，也是假古董，真的'葫芦庙'是无法复活的。因为一种千年历史沉淀的文化，不是朝夕间能用金钱堆砌起来的，即使建成，也是经营企业商业开发的盈利性产品，而非用心合理地保护古代文化遗产。"①

　　于治中指出，在全球化的时代，我们实际上无法离开世界历史的语境讨论中国："我们无法跳出世界历史的语境讨论中国，更无法在西方之外建构出一个自给自足的中国。我们对自身的认识，对传统的发现或再发现，事实上并不完全受制于过去，更重要的是取决于我们如何看待我们的现在与设想我们的未来。过去并非与现在对立，而是作为未来的一个部分而存在。"② 中国城市本土文化传统的复兴，本身就是全球化的产物。德里克说："东亚进入全球资本主义所伴随的不是对东方主义的否定，'东方人'自己东方化，从而使东方主义变得神圣。"③ 并没有亘古不变的传统。因而，大众媒体在重建传统时，应该强调传统与现代社会、传统与全球化之间的对话关系，而不是对立关系。

　　①　《文化复活还是文化造假》，《苏州日报·声音》，2008 年 4 月 15 日。
　　②　于治中：《全球化之下的中国研究》，《读书》2007 年第 3 期。
　　③　[美] 阿里夫·德里克著，王宁等译：《后革命氛围》，北京：中国社会科学出版社，1999 年，第 262 页。

第三章

媒介与政治传播

······

第一节　意识形态的再发现

在当代社会理论和文化研究的关键词中，"意识形态"是一个重要词汇，但对于什么是意识形态一直没有统一的概念，譬如说它是一种观念，尤其是一种错误的观念、价值和信仰；有人说它是一种宗教，一种习惯和仪式；说它是一种在权力结构中占统治地位的价值观；说它是一种文化围绕其主题生产意义和角色的方法等。笔者则认为，从意识形态概念的理论史看，可以从三个层面去理解意识形态概念的范式转变：从作为观念的意识形态转入作为结构的意识形态，最终发展为一种作为表征的意识形态理论。

一、历史与阶级意识

"意识形态"（Ideology）这一词语最初是作为一种"观念的科学"被提出来的。据雷蒙·威廉斯《关键词：文化与社会的词汇》，"意识形态"一词最早是由法国哲学家德斯蒂·德·特拉西在 1796 年提出来的，用来描述自己计划创立的一门新学科，这门学科是对观念和感知的系统分析，以及对它们产生、结合和后果的分析。① 18 世纪正是欧洲的科学观念至上的时代，特拉西于是想建立一门新兴的"观念学"，并且希望观念学成为"第一科学"，成为一切科学知识的基础。1803 年到 1815 年，特拉西出版了四卷本《观念学的要素》以阐释他的观念学。不过，特拉西的观念学遭到了拿破仑的嘲笑，拿破仑认为特拉西的观念学是脱离政治和社会实际的、虚幻的、形而上学的东西，拿破仑还指责特拉西的观念学破坏了法国团结，所以在其执政期间，严厉控制"观念学"的发展。但随着拿破仑的离开，"观念学"又回到了哲学空间，不过，这时人们将"Ideology"等同于"观念学"，不再看成是"第一科学"，而是观念本身。

---

① ［英］雷蒙·威廉斯著，刘建基译：《关键词：文化与社会的词汇》，高雄：巨流图书公司，2003 年，第 155 页。

使"意识形态"这个词语产生巨大影响的是马克思，他在《德意志意识形态》中首次阐述了对意识形态的看法。马克思批判了围绕在费尔巴哈和施蒂纳身边的青年黑格尔派，他把青年黑格尔派的观念称为"德意志意识形态"。青年黑格尔派提出要在德国打一场真正的战役，这场战役不是战争，而是观念的战役，他们认为对所接受的观念采取批判的态度就可以改变现实。马克思严厉批评了这一观念，他认为必须揭穿这些形而上学的、虚幻的、错误的观念。他认为青年黑格尔派高估了观念在历史和社会生活中的价值，而这些错误的观念实际上麻痹了工人阶级大众，客观上帮助了统治阶级。关于意识形态，马克思有一段著名的话：

> 统治阶级的思想在每一个时代都是占统治地位的思想。这就是说，一个阶级是社会上占统治地位的物质力量，同时也是社会上占统治地位的精神力量。支配着物质生产资料的阶级，同时也支配着精神生产的资料，因此，那些没有精神生产资料的人的思想，一般地是受统治阶级支配的。①

显然，在这里马克思继承了拿破仑的观点，将意识形态看作是错误的东西，而且是占主导地位的统治阶级的思想形式。这就是说，在资本主义社会中，资本家的思想始终占据统治地位，他们不仅在物质上占有支配地位，而且在精神上具有支配地位，统治着被统治阶级的思想，被统治阶级尽管可能有自己的思想，但这些思想却被统治阶级控制和支配。

马克思对于意识形态的讨论产生了很大影响，尽管马克思本人更强调经济基础的作用，但后来的一些西方马克思主义者，更看重马克思有关意识形态的论述，他们重新修正了马克思上层建筑/经济基础、表现/本质的思想，把意识形态看作是一个相对独立的领域。

较早阐释意识形态的是卢卡奇，他认为马克思所说的意识形态具有重要作用，但他没有把意识形态看作是一个错误观念，而是一个中性化概念，代表着参与冲突双方的各自利益。他认为不仅统治阶级有自己的意识形态，被统治阶级也有自己的意识形态，意识形态可以分为资产阶级意识形态和社会主义意识

---

① ［德］马克思：《德意志意识形态》，《马克思恩格斯全集》第三卷，北京：人民出版社，1960 年，第 52 页。

形态。在卢卡奇看来，资产阶级有自己的意识形态，而无产阶级也拥有自己的意识形态。无产阶级意识形态和资产阶级意识形态之间水火不容，根本对立，虽然资产阶级人数较少，但是他们却驾驭整个社会，统治整个社会，并且通过现代化机器生产，"资产阶级越来越把有意识组织起来的思想纳入到自己的意识之中。起初是用股份公司，用卡特尔、用托拉斯等等实现了越来越高度的集中"。① 在第一次世界大战前后的欧洲和世界，资产阶级意识形态占据着绝对主导位置。但卢卡奇认为随着无产阶级阶级意识的觉醒，资产阶级的阶级意识最终要向无产阶级的阶级意识投降，无产阶级革命的胜利不仅表现在经济领域的胜利，更重要的是意识领域的胜利，"革命的命运（以及与此相关联的是人类的命运）要取决于无产阶级在意识形态上的成熟程度，即取决于它的阶级意识"。② 而且在卢卡奇看来，无产阶级的阶级意识与其他任何阶级的阶级意识都不同，它是人类历史上最后的阶级意识。③

卢卡奇认为，无产阶级革命以及与此相关联的人类的命运能否取得胜利，不是取决于经济基础的改善，而是取决于意识，也就是无产阶级应该意识到自己的历史地位，否则，就算经济基础改变了，无产阶级革命仍然不会成功，无产阶级将永远受资产阶级剥削。实际上，通过对阶级意识的论述，卢卡奇深入思考了无产阶级革命为何在欧洲遭遇失败。按照马克思的革命理论，无产阶级革命首先应该在经济基础发达的欧洲爆发，但革命现实却不是这样，在发达的帝国主义国家，无产阶级革命普遍遭遇了失败。卢卡奇认为这不是经济基础问题，而是意识的问题，工人阶级没有意识到自己的历史地位，安于富裕的现状，不愿再革命。所以，卢卡奇认为只有让无产阶级意识到自己的历史地位，即使生活已经富裕，但无产阶级的本质属性没有改变，这样才有革命动力。无产阶级在意识形态上战胜资产阶级，实际上需要与资产阶级重新开展一场争夺意识形态的"观念的战役"，这场战役胜利了，革命才能取得最后成功。

卢卡奇不仅重新思考了马克思所忽视的阶级意识，而且，他由此出发，对整个现代社会制度展开了批判。因为在卢卡奇看来，工人阶级所受到的不仅仅

① ［匈］卢卡奇著，杜章智、任立、燕宏远译：《历史与阶级意识——关于马克思主义辩证法的研究》，北京：商务印书馆，1996 年，第 125 页。

② ［匈］卢卡奇著，杜章智、任立、燕宏远译：《历史与阶级意识——关于马克思主义辩证法的研究》，北京：商务印书馆，1996 年，第 129 页。

③ ［匈］卢卡奇著，杜章智、任立、燕宏远译：《历史与阶级意识——关于马克思主义辩证法的研究》，北京：商务印书馆，1996 年，第 129 页。

是资本家的剥削和奴役，而是整个现代社会制度的奴役，这造成了工人阶级的"物化"。

"物化"是卢卡奇讨论的另一个重要的概念。卢卡奇认为资本主义正是借助商品拜物教的生产、消费逻辑和合理化名义，将工人作为机械化的一部分结合到某一机械系统里，使得工人阶级丧失了主体意识，成为某种"物"或者"商品"：

工人必须作为他的劳动力的"所有者"把自己想象为商品。他的特殊地位在于，这种劳动力是他唯一的所有物。就他的命运而言，对于整个社会结构有典型意义的是，这种自我客体化，即人的功能变为商品这一事实，最确切地揭示了商品关系已经非人化和正在非人化的性质。[①]

生产的客体被分成许多部分这种情况，必然意味着它的主体也被分成许多部分。由于劳动过程的合理化，工人的人的性质和特点与这些抽象的局部规律按照预先合理的估计起作用相对立，越来越表现为知识错误的源泉。人无论在客观上还是在他对劳动过程的态度上都不表现为是这个过程的真正的主人，而是作为机械化的一部分被结合到某一机械系统里去。他发现这一机械系统是现成的、完全不依赖于他而运行的，他不管愿意与否必须服从于它的规律。[②]

二、意识形态的结构

阿尔都塞也试图填补马克思关于意识形态方面论述的欠缺，不过，他抛弃了卢卡奇二元对立的思维模式，运用结构主义理论重新解释了马克思的意识形态，他强调多元决定（polysemy），而不是单一的经济决定论。和卢卡奇一样，阿尔都塞认为，马克思所提出的上层建筑/经济基础、表象/本质这种经济决定论的理论模式有很大缺陷。阿尔都塞指出历史发展往往是由多种因素造成的，并不取决于单一因素，经济基础和上层建筑之间形成了一种彼此关联的结构，所以必须根据各种结构之间的关系，而不是本质及其表现来思考各种社会问题。[③]

[①]　［匈］卢卡奇著，杜章智、任立、燕宏远译：《历史与阶级意识——关于马克思主义辩证法的研究》，北京：商务印书馆，1996年，第154页。

[②]　［匈］卢卡奇著，杜章智、任立、燕宏远译：《历史与阶级意识——关于马克思主义辩证法的研究》，北京：商务印书馆，1996年，第151页。

[③]　［英］多米尼克·斯特里纳蒂著，阎嘉译：《通俗文化理论导论》，北京：商务印书馆，2001年，第149页。

阿尔都塞考察了马克思的早期学说，提出"意识形态结构"说。人们通常认为马克思哲学和之前的哲学都不同。但在阿尔都塞看来，马克思生下来并不是立刻成为后来的那个"马克思"，马克思哲学有一个认识断裂期，1845年断裂前是"意识形态"阶段，1845年断裂后是"科学"阶段。1845年之前的马克思的思想还停留在黑格尔思想意识里，被黑格尔的思想所笼罩，1845年之后马克思才和黑格尔思想决裂。"马克思既没有生下来就要当思想家，也没有选择要在由德国历史集中于大学教育中的意识形态世界中进行思考。他在这个世界中成长起来，在这个世界中学会行动和生活，同这个世界'打交道'，又从这个世界中解放出来。"①

阿尔都塞指出，马克思实际上生活在一个意识形态结构中，要了解马克思的思想，"必须在思想上同时了解这一思想产生和发展时所处的意识形态环境，必须揭示出这一思想的内在整体，即思想的总问题。要把所考察的思想的总问题同属于意识形态环境的各思想的总问题联系起来，从而断定所考察的思想有什么特殊的差异性，也就是说，是否有新意义产生"。② 要理解马克思的思想，必须重新退回到马克思所处的意识形态环境中。阿尔都塞认为，不重新退回，马克思同德意志意识形态的关系，特别是同黑格尔的关系就不能被理解；不向真实历史退回（这在某种程度上也是一种倒退），青年马克思同工人运动的关系就依然是个谜。马克思正是突破了沉重的意识形态褴褛，才成为马克思，这就是阿尔都塞所强调的"意识形态结构"：

> 每个独特的思想整体的意义并不取决于该思想同某个外界真理的关系，而取决于它同现有意识形态环境、以及同作为意识形态环境的基地并在这一环境中得到反映的社会问题和社会结构的关系，每个独特思想整体的发展，其意义不取决于这一发展同被当作其真理的起点或终点的关系，而取决于在这一发展过程中该思想的变化同整个意识形态环境的变化、以及同构成意识形态环境基地的社会问题和社会关系的变化的关系。③

---

① ［法］阿尔都塞著，顾良译：《保卫马克思》，北京：商务印书馆，1984年，第44页。
② ［法］阿尔都塞著，顾良译：《保卫马克思》，北京：商务印书馆，1984年，第46页。
③ ［法］阿尔都塞著，顾良译：《保卫马克思》，北京：商务印书馆，1984年，第42 - 43页。

阿尔都塞认为，这种意识形态结构虽受制于经济基础，但常对经济基础产生某种影响，这种结构在当代社会中甚至无处不在，以一种"神话"体现在现实世界中，"一个社会或一个时代的意识形态无非是该社会或该时代的自我意识"。意识形态甚至具有一种再生产的功能，这种再生产的功能主要通过向人们头脑中灌输发生作用。譬如，占主导地位的统治阶层通过学校向学生灌输意识形态，让他们认同现实的统治秩序，或者通过大众传媒向公众宣传某种统治理念。阿尔都塞在《意识形态与意识形态国家机器》（Ideology and the ideological state apparatuses）一文中指出，资产阶级生产关系通常是由所谓的"意识形态国家机器"来维系的。在这里阿尔都塞把意识形态分为强制性国家机器（repressive state apparatuses，RSA）和意识形态国家机器（ideological state apparatuses，ISA）。强制性国家机器通过暴力起作用，由军队、监狱和法庭等组成；意识形态国家机器则由传媒、教会和学校等组成，进入现代社会之后，最能代表意识形态国家机器的是学校。Philip Smith 认为，阿尔都塞的著作和葛兰西的著作一样为马克思式的想法增添了明确性，因为主流意识形态这个概念在马克思式的想法中往往飘忽不定，不知道定位何处。意识形态国家机器的概念，能让我们将这些意识形态与具体的机构和过程联系起来。[①]

意识形态国家机器对于个体的影响是通过一种"召唤"方式实现的。对正统马克思主义来说，"主体性"是一个不受欢迎的词语，但阿尔都塞重新强调了"主体性"一词。他指出，意识形态国家机器通过学校、大众传媒，甚至动用暴力机器召唤主体，"询唤的结构是让个人把自己看成了独立的、自主的个体，这样一来，个体认为自己就是意识形态的'主体'，然而与此同时，用阿尔都塞的话来说，他们就误认了自身"。[②] 个体正是在此召唤中认同某种社会秩序。但阿尔都塞指出，个体和意识形态采用的主体立场之间是想象关系，召唤出来的主体并非真正主体，而只是一个假想的主体。个体在某种召唤下，不仅没有显现主体，相反，真正主体却在这一召唤过程中丧失了。广告召唤观众为消费做出决定时，在某种程度上是误导观众，让他们做出不符合现实情况的选择。阿尔都塞以教育为例指出，在现实生活中，大多数老师从来不去怀疑是资

---

① Philip Smith 著，林宗德译：《文化理论面貌导论》，台北：韦伯文化国际出版有限公司，2008 年，第 76 页。

② ［英］利萨·泰勒、安德鲁·威利斯著，吴靖、黄佩译：《媒介研究：文本、机构与受众》，北京：北京大学出版社，2005 年，第 31 页。

本主义制度逼迫他们工作，他们全心全意地履行职责，但往往对制度怀疑得那样少，结果，他们的全力投入竟助长了学校制度这个意识形态的滋长。

三、从"文化霸权"到"舆论共识"

阿尔都塞已指出，意识形态通过一系列强制性或非强制性的国家机器作用于个体和社会生活，汤普森则具体考察了意识形态在现实生活中的运行模式。汤普森认为研究意识形态，实际就是研究意义服务于建立和支撑统治关系的方式，他强调用意识形态取代马克思的阶级斗争理论，因为马克思过分强调阶级斗争，实际上忽视了不同民族集团之间、两性之间、代际之间的复杂关系，过分夸大阶级斗争容易导致无辜的社会冲突。汤普森指出，阶级斗争并不是普遍现象，但意识形态现象却很普遍。他认为，意识形态确实和维护统治秩序有关，意识形态分析首先关心的是象征形式与权力关系的方式，研究意识形态就是研究意义如何服务于建立和支撑统治关系的方式。而现代大众传媒如广播、电视、电影等媒介在推销意识形态方面起重要作用：

> 今天难以想象生活在一个没有书刊报纸、没有收音机和电视、没有无数象征形式常规地和不断地传给我们的其他传媒的世界里会是怎么样的。一日复一日，一周复一周，报纸、收音机和电视持续不断地传给我们发生在我们所处社会环境以外的事件的有关形象、信息和思想。电影与电视节目中放映的人物成为千百万人的共同关心点，他们之间可能从无交往，但由于他们参与传媒文化而具有了一种共同经历和集体记忆。①

汤普森具体考察了意识形态维护统治，作用于日常生活的五种运行模式，这五种运行模式依靠教育和大众传媒的作用而实现。①合法化。根据马克斯·韦伯的合法化理论，统治阶级可以被大众传媒、宣传机构和立法机构描述、宣传为合法而加以建立和获得支持，也就是说统治阶级可以被媒介描述为正义的和值得支持的，马克斯·韦伯将古代的合法化统治分为三种类型：理性根据

---

① ［英］汤普森著，高铦等译：《意识形态与现代文化》，南京：译林出版社，2005 年，第180 页。

（靠颁行规章的合法性）、传统性根据（靠自古以来传统的神圣性），以及感召力根据（依靠权威人物的卓越性）。① 在现代社会中，统治阶级的合法性主要是通过颁发规章制度和大众传媒的宣传而得到确立。②虚饰化。这是指"统治关系可以通过掩饰，否认或含糊其辞，或者对现有关系或进程转移注意力或加以掩盖的方式建立和支撑"。譬如说暴力镇压反抗，被描述为"恢复秩序"，监狱生活被描述为"新生活"。新闻机构和大众传媒在虚饰化的过程中发挥着主要作用。③统一化。这是指"把人们都包罗在集体认同性之内而不问其差异和分歧，从而建立和支撑统治关系"。国旗、国徽、国歌往往就是运用统一化策略的体现。在现代社会中，电影、电视甚至流行音乐这类大众媒体和流行文化都经常被用来服务于民族统一或国家认同。④分散化。维系和支撑统治关系并不是要把各个个体完全统一起来，有时需要分散个体，"统治关系可以不必通过把人们统一在集体中而建立起来，而是通过分散那些可能对统治集团造成有效挑战的人和集团，或者通过使潜在反对势力方面向邪恶，有害或可怕的目标"。譬如媒体报道中经常会用一些诸如"动乱分子""反革命暴徒"这样的词汇，把一部分人排除在统治秩序之外。⑤具体化。"可以通过叙述一项过渡性的历史事态为永久的、自然的、不受时间限制的方式来建立和支撑统治关系"，汤普森举了一个例子，他说媒体经常在报道中用"禁止进口"，而不是"总理已经决定禁止进口"，实际是要把统治阶层的部分意愿扩大为全体民众的共同愿望。汤普森认为统治阶级就是利用上述的五种运行模式，通过现代大众传媒，将意识形态渗透到日常生活实践中，从而维系和支撑统治秩序。

结构主义的意识形态理论强调意识形态是通过各种各样的符号得以再现的，人们可以通过思考符号的深层结构发现意义，如巴特用结构主义的方式，解读了广告、时装和画报等都市通俗媒介文化中的意识形态。但葛兰西则认为阿尔都塞的意识形态结构理论把社会从属群体看作是被动接受者并不恰当。② 意识形态是动态的，而不是静止的，从属群体和统治阶层之间既有对抗，也有妥协，始终处于一种运动状态，葛兰西将这种动态的权力关系称为"霸权"。

---

① ［英］汤普森著，高铦等译：《意识形态与现代文化》，南京：译林出版社，2005 年，第 67 - 69 页。

② ［英］托尼·贝内特：《通俗文化与"葛兰西转向"》，［英］奥利弗·博伊德 - 巴雷特、克里斯·纽博尔德编，汪凯、刘晓红译：《媒介研究的进路：经典文献读本》，北京：新华出版社，2004 年。

与卢卡奇、阿尔都塞一样，葛兰西并不赞同马克思的经济决定论，他从总结无产阶级革命失败的经验教训中提出了"霸权理论"。葛兰西在长期的革命实践中发现，不能低估文化观念在革命中的作用，无产阶级之所以不能立刻成功，除了和经济基础有一定关系，更和上层建筑有很大关系。因为资产阶级利用了大众媒体工具，让被统治阶层相信了他们统治的合法性，正是这种观念起了作用，阻止了革命进一步发展。

葛兰西霸权理论的基本主张是：一个政治阶级的霸权是指这个阶级成功地说服了社会其他阶层接受它自己的道德、政治和文化价值标准。如果该阶级统治成功，那么就将涉及最低限度地使用武力。也就是说，如果把整个社会分为统治阶级和被统治阶级，统治阶级也不可能完全通过暴力来实现统治，它要维持统治，必须得到被统治阶级的允许和同意，通过被统治阶级的自愿认同而完成。当然，被统治阶级认同并不意味着统治阶级和被统治阶级之间没有矛盾，统治阶级要想被统治阶级接纳自己的统治，统治阶级和被统治阶级之间就要不断进行谈判和协商。这样，文化霸权就不是一方灌输给另一方，而是双方谈判和协商的结果，统治阶级在实行统治的过程中甚至要吸收一部分被统治阶级进入统治阶层，建立一个联合政府。根据葛兰西的观点：一个能够维持统治的政府必须是一个容纳不同意见的政府。[①] 所以，统治阶级文化霸权的建立，同时也意味着统治阶级经常要在经济上或者政治上做一点让步，譬如说采取减税、提高福利等措施，让被统治阶级得到一些实惠，当然这种让步不能触动其根本利益，更不能影响统治基础，同时通过大众媒体的意识形态宣传，让被统治阶层相信和接受统治理念。

葛兰西对资本主义的上层建筑进行了重新划分，将之分为两个部分：市民社会、政治社会和国家，政治社会和国家主要是由法庭、监狱和军队构成，代表暴力统治；市民社会（民间组织）则由复杂的网络组成，包括教会、现代传媒、大众文化、教育机构和其他一些市民组织，代表舆论。统治阶级除了依靠暴力维持统治秩序之外，更主要的是借助霸权，也就是通过谈判、协商和大众舆论来领导市民阶层，因为暴力统治毕竟不能长久，市民社会的日常秩序必须依靠舆论渗透而实现，让市民阶层接受和认同现有的统治秩序。葛兰西认为意

---

① ［意］葛兰西著，曹雷雨、姜丽、张跣译：《狱中札记》，北京：中国社会科学出版社，2000 年，第 172 页。

识形态经常是"默默地表现在艺术、在法律、在经济活动和个人与集体生活的一切表现之中"。①

　　葛兰西的文化霸权理论同时也意味着，被统治阶级也有可能获得领导权。既然文化霸权是一个动态结构，统治阶级为了维护自己利益，实行文化的领导权，那么被统治阶级也时常想获得领导权，这也需要在文化上首先取得领导权，也要经常利用新闻报道和其他大众传媒宣传自己的统治理念。所以，葛兰西指出，一个阶级要想上台，必须在上台之前就经常练习文化领导权。马克思实际上也强调过这点：

　　每一个力图取得统治地位的阶级，如果它的统治就像无产阶级的统治那样，预定要消灭整个旧的社会形态和一切统治，都必须首先夺取政权，以便把自己的利益说成是普遍的利益。②

　　这样，当它获得胜利，真正取得政权的时候，它也就顺理成章地成了统治者，但要维持统治，则必须继续保持练习。而夺取政权之前，发动一场"文化革命"是很重要的，也就是在舆论宣传上占据优势十分重要。学校和大众传媒在葛兰西的霸权理论中相当重要，因为统治阶级要让市民相信其统治，必须借助于学校和大众传媒，所以学校和大众传媒往往就成为文化霸权的主要斗争场所：

　　有趣的是，具体地研究一下使意识形态世界保持在一个特定国家的运动中的文化组织的形式，并考查一下它们在实践中怎样发挥作用。研究那个国家专门从事积极的文化工作的那部分人同整个人口的数字比例关系，以及估算一下待业力量，也是有用的。各级学校和教会，在每个国家中都要雇佣人员，都是最大的文化组织。然后是报纸、杂志、书籍出版、私人教育机构，它们或者是国家体系的补充，或者是像群众大学那样的文化机构。③

　　葛兰西的霸权理论为理解意识形态提供了新视角，因为这个概念考虑到了

_____

　　①　［意］葛兰西著，徐崇温译：《实践哲学》，重庆：重庆出版社，1990年，第9页。
　　②　［德］马克思：《德意志意识形态》，《马克思恩格斯全集》第三卷，北京：人民出版社，1960年，第38页。
　　③　［意］葛兰西著，徐崇温译：《实践哲学》，重庆：重庆出版社，1990年，第24页。

"不同文化之间的斗争、对立以及冲突的维度，在那里，争夺霸权不得不通过协商才能取胜"。① 利萨·泰勒和安德鲁·威利斯指出，"运用霸权概念提供的分析方式，可以认为实际上所有的主流媒介文本都是不断变化的历史过程的一部分。这个过程通过再造价值观及信仰，维系了统治阶级的利益。这些价值观和信仰并不是固定的，而是可变的，由此能够通过将统治阶级展示为关注、照顾从属团体达到维持统治阶级利益的目的"。② 托尼·贝内特则认为葛兰西的霸权理论摒弃了马克思主义的阶级决定论和本质/反映论，认识到精英文化和大众文化之间共处的可能性，提供了一个整合不同文化的框架。③

从阿尔都塞、汤普森到葛兰西，他们都认识到，意识形态不仅是观念，而且要借助于宣传舆论和大众传媒作用于社会生活。文化研究学派的另外一位代表人物斯图亚特·霍尔则结合阿尔都塞的结构主义理论和葛兰西的霸权理论，把意识形态看成是一种"表征的实践"。"表征"是霍尔在《表征——文化表象与意指实践》一书中提出的，他指出，过去人们认识世界的方法主要是反映论的、意向论的，反映论认为语言单纯反映存在在那里的关于物、人和事的世界的一个意义；意向论是语言仅仅表达出作者和画家想说出来的意义。④ 霍尔指出，意义是被建构出来的，意义的建构过程甚至比发现意义本身还重要，因为意义是流动的，在不同现实情境中，意义总是会变化，为此他指出，意义是一个"表征的实践"，"意义产生于几个不同的场所，并通过几个不同的过程或实践（文化循环）被传播"。⑤ 即我们通过对事物的使用，通过表征的方式，给予事物以意义。霍尔举例说，一块石头，可以是石头，也可以是雕塑、界碑，这取决于它所处的某个特定使用背景。事物本身没有意义，意义是被表征的系统建

---

① ［英］克里斯·纽博尔德：《文化研究中的文化霸权研究方法》，［英］奥利弗·博伊德－巴雷特、克里斯·纽博尔德编，汪凯、刘晓红译：《媒介研究的进路：经典文献读本》，北京：新华出版社，2004 年，第 403－407 页。

② ［英］利萨·泰勒、安德鲁·威利斯著，吴靖、黄佩译：《媒介研究：文本、机构与受众》，北京：北京大学出版社，2005 年，第 31 页。

③ ［英］托尼·贝内特：《通俗文化与"葛兰西转向"》，［英］奥利弗·博伊德－巴雷特、克里斯·纽博尔德编，汪凯、刘晓红译：《媒介研究的进路：经典文献读本》，北京：新华出版社，2004 年，第 432 页。

④ ［英］斯图亚特·霍尔编，徐亮、陆兴华译：《表征——文化表象与意指实践》，北京：商务印书馆，2005 年，第 16 页。

⑤ ［英］斯图亚特·霍尔编，徐亮、陆兴华译：《表征——文化表象与意指实践》导言，北京：商务印书馆，2005 年，第 3 页。

构出来的，这个建构过程就是"表征的实践"：

> 我们所说的"表征的实践"，是指把各种概念、观念和情感在一个可被转达和阐释的符号形式中具体化。意义必须进入这些实践的领域，如果它想在某一文化中有效地循环。在它于这链圈的另一点上被译解和可理解地接受之前，我们不能认为它已经建成了它的环绕文化循环圈的"通道"。所以，语言既不是各种意义的传送者的也不是它们的接受者的财产。它是被共享的文化"空间"。在这一空间里，意义的生产（也就是表征）通过语言而进行。意义和信息的接受者不是一个被动的屏幕，可以在上面准确和清楚地投射出原来的意义。"获得意义"既是意指实践，也是"置入意义"。说者和听者或作者和读者由于经常转换角色，是一个始终是双边的、始终是相互影响的过程的积极参与者。①

霍尔强调，意义不是固定的，而是生产和表征出来的，所以在不同现实情境中，意义永远处于变动状态，在这里可以看出，霍尔吸收了阿尔都塞和葛兰西的思想，同时吸收福柯理论，强调意义和话语的实践性、开放性。

在谈及意识形态时，霍尔指出，意识形态本身也是不存在的，而是被传媒机构生产和制造的，他在《"意识形态"的再发现》一文中，对大众传媒如何制造出一致的舆论共识进行了深入分析。他还指出文化斗争具有很多形式，包括吸收、歪曲、抵抗、协商、复原。② 整个文化领域便是一个战场，不同的文化形式在这里互相争夺霸权，占主导地位的意识形态在各种话语争斗的实践中被制造出来。当然，在意识形态的再造过程中，现代大众传媒发挥了重要作用，舆论共识由大众传媒再造出来。当然，舆论共识再造的过程相当复杂，其本身就要经历对抗、谈判和协商的过程，现代大众传媒也不单是为统治阶层服务，它也必须考虑其他阶层的利益。大众传媒往往就是不同利益阶层的调节器，而不同的利益阶层通过舆论而达成意见的一致：

> 一个能让权力持续统治舆论和法律的方法便是，特定阶级或权力集团的利

---

① ［英］斯图亚特·霍尔编，徐亮、陆兴华译：《表征——文化表象与意指实践》导言，北京：商务印书馆，2005 年，第 11 页。

② ［英］斯图亚特·霍尔：《解构"大众"笔记》，陆扬、王毅编：《大众文化研究》，上海：上海三联书店，2001 年，第 52 页。

益能够结盟或者等值于大多数人的普遍利益。这个等价系统一旦实现，少数人的利益和多数人的意志就能够"达成一致"，因为它们可以同时符合于各方面都同意的舆论。舆论就成为一个媒介、一个调节器，这个在权力和共识之间的必然联盟（或等值）就通过舆论而得以实现。但是，如果可以把这个大多数人的舆论塑造成与权力意志一致，那么特定（阶级）的利益就能与人民的舆论意愿表达一致了。但是，这需要塑造，共识的教育和指导：同样还涉及那些我们之前列出的再现程序。

……要把它们自己以舆论为导向，同时又要尝试塑造舆论，还要在已有模式中运行，媒体变成了"制造共识"的辩证程序的一个部分或者同类——在反映舆论的同时塑造舆论——使之朝向在国家内部表达的统治阶级社会利益的权力领域。①

意识形态并不总是对大众构成压迫，它的某些部分被大众认同，意识形态通过大众媒介的宣传与大众达成了共识，如果没有这样的共识，社会结构就无法稳定。大众传媒可以说既是统治阶层的宣扬工具，同时往往又是从属阶层表达意愿的机构。霍尔对于意识形态的阐释在某种程度上，也为齐泽克等人的后意识形态理论开辟了道路。

总之，从马克思、卢卡奇、阿尔都塞、汤普森，到葛兰西和霍尔，意识形态本身就是一个内涵丰富、不断变动的词语，主要经历了由观念到结构，再由结构到表征的实践的范式转变。笔者在这里比较认同斯图亚特·霍尔的理论，倾向于将意识形态看作是一个表征的实践。这个表征的实践按照霍尔的解释，包含两个层面：一个是意义的概念层面，另外一个是意义的生产层面，离开了生产的历史语境，我们就无法理解意义。而在大众传媒时代，意识形态的生产则是由书籍、广播、电视、电影和广告等媒介实践来完成，当然，不同的社会和现实语境中，不同的作者、观众（读者、听众）和媒介机构会生产、制造和解读出不同的意义。像杨击所指出的那样，"每一次意识形态的斗争，都会对社会结构的重塑发生影响"。②

---

① ［英］斯图亚特·霍尔著，杨蔚译：《"意识形态"的再发现——在媒介研究中受抑制后的重返》，蒋原伦、张柠主编：《媒介批评》第一辑，桂林：广西师范大学出版社，2005年，第202-203页。

② 杨击：《传播·文化·社会——英国大众传播理论透视》，上海：复旦大学出版社，2006年，第57页。

第二节　"符号民主"与中产阶级趣味的媒介建构

2010 年 1 月 15 日，江苏卫视打造的一档大型电视相亲节目《非诚勿扰》创造了中国娱乐节目收视率的奇迹。随着《非诚勿扰》的热播，多省电视台也纷纷推出相亲栏目，如湖南卫视的《我们约会吧》、山东卫视的《爱情来敲门》、浙江卫视的《爱情连连看》等。其中收视率较高的还有东方卫视的《谁能百里挑一》。

《谁能百里挑一》是东方卫视打造的一档具有海派色彩的相亲节目。该节目以"谁能百里挑一，相爱才是唯一"为口号，添加"男选女"情景剧、"神秘面具"和"扑克翻牌"等元素，让男女嘉宾得以在有限时间和空间里深入交流，找到真正适合自己的伴侣，让观众看到了在其他相亲节目中看不到的亮点。本节即借助文化符号学的相关理论，从舞台布景、嘉宾和主持人位置变化，批判性地分析《谁能百里挑一》和以往电视相亲节目之间的差异，以及符号变化背后的深层社会意义。

一、符号学与电视节目

瑞士语言学家索绪尔在《普通语言学教程》中首度为"符号学"立名，提出建构符号学学科的设想。他指出语言符号包括"能指"和"所指"两部分，"能指"是一个有形有体的存在物，它可以是字、声音、形象（符号形式）；"所指"则是一个抽象观念，是隐藏在符号背后的深层意义（符号内容）。索绪尔的符号学分析聚焦于研究文本中的意义，巴特和菲斯克将符号学的研究扩展到日常生活领域，符号也是概念和声音、形象的综合，其能指与所指的内涵得以丰富扩充，一个事件被赋予另外的所指意义后，这个事件也成为一个符号。①

---

① ［瑞士］费尔迪南·德·索绪尔著，高名凯译：《普通语言学教程》，北京：商务印书馆，1985 年，第 101 页。

比如玫瑰花作为一种符号，能指部分是一种开红色花朵的植物，但在所指方面，玫瑰花却传递着浪漫美丽的爱情；又如在特定的场景中，"红衣少女"这一符号不再具有特定的所指，而是着重强调所指层次的表意符号，它可能象征古老的东方文明。一般而言，符号的意义来自能指和所指两个系统的任意关系结合，意义源自符号的差异性。罗兰·巴特更是强调了符号的意指作用，他在《符号学原理》一书中这样理解符号学："符号学将以所有符号系统为研究对象，无论它有着怎样的质料和界限。图像、动作、音乐、物品以及我们在礼仪、仪式或书中所见到的这些由不同质料所组成的复合体，如果它们不构成'语言'，至少构成着意指系统。"①

今天，电视媒介以其便捷性、节目内容和形式的多样性等优点日益成为人们日常生活中不可或缺的传播媒介之一。世界万物无一不存在于符号世界中，同为视听艺术的电视媒介也不例外，作为传播文化的重要媒介，电视正是一个借助一系列视听符号进行传播的综合符号体系，换言之，电视媒介本身就需要借助一系列不同的符号来完成，包括影像、音响、文字、灯光、色彩符号等。作为一个借助视听符号进行传播的综合符号体系，电视艺术也是由能指和所指两部分构成的。其中的各种人物形象、场景、音响、字幕、灯光、色彩等本身就是符号（即"能指"），但同时由于节目的某些需要，这些符号被赋予了不同的意义，并产生了奇妙的效果（即"所指"）。近年来，符号学被广泛地运用在电视节目研究之中。

深入研究电视符号学在电视节目中如何抒情达意，发挥其符号功能，需要了解两组重要的符号学术语：其一是能指和所指，其二是符码和编码。一般而言，能指和所指相对单一、独立；符码和编码则相对系统和整合。电视节目表现中的每个因素都体现了符号关系，也正是电视符号系统的丰富性、表意手法的多样性与所指过程的隐蔽性，使得电视节目丰富多彩。人们是通过符号来认识、理解符号内容的，人们喜欢看某一个电视节目，就本质而言，说明这个节目中的符号内容是大家所接受的。可见，无论是符号本身的形式还是符号背后深层次的内容，要想让观众记住，节目就必须要有新意、有特点，不断地求变、求发展。

---

① ［法］罗兰·巴特著，王东亮等译：《符号学原理》，北京：生活·读书·新知三联书店，1999 年，第 1 页。

二、《谁能百里挑一》的"符号重组"

电视节目实际是一个庞大的符号系统，节目中的每一个因素，包括画面、人物、解说、音响、字幕、灯光甚至色彩的运用等都体现了某种符号关系，这个系统也由能指和所指构成，画面、人物、解说、音响、字幕、灯光、色彩等是能指，而它们共同作用所表达的则是所指。《谁能百里挑一》成功的原因有很多方面，但笔者认为最主要的原因还是这个节目与众不同。与以往电视娱乐节目相比，《谁能百里挑一》对舞台布景、主持人和嘉宾等符号进行了重构，改变了他们在符号系统中的"传统位置"，从而产生了新的舞台空间和节目意义。

1. "新玟"组合的符号意义

要想让观众了解电视节目这个复杂庞大的符号系统，就必须借助另一个更具体的、能传递信息的符号来表达，主持人就是诸多电视节目符号中最重要的能指符号。许多时候观众是通过主持人的解说来理解节目内容，电视节目的听觉、视觉符号的设定和能指都需要通过电视节目主持人的重新解读。主持人的一举一动，甚至是穿着、语音、语速和语调等都在一定程度上体现出当天节目的意指，无论是听觉还是视觉符号系统，都传达了某个电视节目一定的所指含义。电视节目主持人在某种程度上往往是一种他所主持的节目风格的代言符号。① 比如，提到孟非，马上就让人联想到《非诚勿扰》；提到华少，马上就让人想到《中国好声音》。这都说明主持人在表达节目符号内容的过程中起了相当关键的作用，相反，这个符号一旦不存在，整个节目内容将无法得到很好的传递和理解。

《谁能百里挑一》由原主播骆新和相亲达人伏玟晓主持，两位主持人各自独特的主持风格和符号特征将《谁能百里挑一》的收视率推向了最高点，也成为相亲节目中的最佳主持搭档，相当一段时间内，"新玟"组合成了《谁能百里挑一》的一个符号代言。自然，节目策划人在主持人选择上并不是随意的。"新玟"组合具有鲜明的符号意义。作为东方卫视《东方直播室》评论员的主

---

① 黄雨水：《对电视节目主持人和电视品牌节目的符号学解析》，《中国广播电视学刊》2009 年第 5 期。

持人骆新，以其"冷静、独到、犀利"的评论而被广大观众所熟知，"犀利而不失亲和，关照而不失独特"是他主持风格的真实写照。在《谁能百里挑一》节目中，骆新发型独特，西服色调鲜明，他总是带着睿智的微笑，或点拨，或总结，或发挥，游刃有余地协调着场面，独特的"骆氏分析"也成为热点话题。其主持风格不仅带给观众全新的感受，还让相亲节目蕴含了话题性、故事性和变化感。因参加早期《百里挑一》节目在网络上走红的"话题女王"伏玟晓拥有丰富的舞台和相亲经验，善于捕捉男女嘉宾的细节和心理。理性的骆新与感性的伏玟晓组合在一起，使得《谁能百里挑一》在内在结构上将理性和感性融合在一起，整个节目既有理性和深度，又不至于像一般相亲节目走低俗化路线赢取观众，既满足相亲的节目需求，又让大众从中得到娱乐。

2. 舞台空间的重设

传统的舞台是节目的展示平台，因此一般都设计成闭合的圆形，而主持人则在这个舞台的中心，这也就象征着主持人绝对的话语权与掌控权。《谁能百里挑一》这档节目一改传统，将舞台设置成类似于一颗钻石的形状。这样的改动不仅有特殊的寓意——钻石象征美丽而恒久的爱情，而且与《非诚勿扰》等相亲节目不同的是，《非诚勿扰》中的孟非是绝对的中心，但在《谁能百里挑一》的舞台上，主持人"几乎无立足之地"，他们被设置在一个边缘位置，只有在和嘉宾互动时才重新回到镜头里。那舞台到底留给谁呢？显然，《谁能百里挑一》节目一改《非诚勿扰》中主持人和嘉宾的搭配方式，旨在显示节目本身要走的独特的发展路线——舞台留给了现场嘉宾，这种调整让嘉宾有了更多发言权和话语权，电视节目的话语权被重新建构起来，至少嘉宾与主持人拥有了平等对话的权力，嘉宾可以畅所欲言，主持人只是在必要时才参与进来。因此，尽管主持人存在，但他们不再是舞台的中心、摄像的中心，此时的舞台是话语权对等的领域，甚至是嘉宾占了主导的舞台，而这恰恰是舞台独特的设置意义。作为一档真人秀节目，这也正是其价值所在。

主持人和嘉宾关系的颠覆也让观众从主持人掌控的意识形态的传统控制中解放出来。菲斯克认为，"今天的观众越来越精明，他们要求了解电视的表现模式。他们从电视中得到快乐，并不是因为他们能使自己轻松地适应由意识形态产生的意义和主体位置"。① 观众不再将眼光时刻盯住主持人或者评判人，希望从他们那里得到答案，而是紧张地观看嘉宾挑选，甚至渴望参与嘉宾的选择。

三、相亲节目的性别符号意指

男女嘉宾显然是相亲节目最重要的节目元素。在我国社会经济迅速发展的今天，许多年轻人的交友和婚恋观念都发生了很大变化，不少大龄未婚青年也主动走上电视台，通过电视节目相亲，这显然是电视相亲节目红火的重要原因。与《非诚勿扰》有所不同的是，《谁能百里挑一》中不是一位男嘉宾挑选一群女嘉宾，女嘉宾通过灭灯方式拒绝或淘汰男嘉宾，而是一位女嘉宾与十六位男嘉宾的组合关系，在这种新的组合关系中，女性嘉宾自然而然地成为舞台中心，占据着主要位置。

1. 主动的女性——女嘉宾的符号意指

男性在《非诚勿扰》中显然占据着主导地位，起初连主持也都是男性，孟非和乐嘉两位男主持丝毫不顾女性感受，节目充斥着大量男性趣味的"荤话"。后来受到广电总局批评，节目才增加了一位女主持，协调整个节目的话语和内容。《谁能百里挑一》却更多是女性展示自身魅力的相亲节目。它一改《非诚勿扰》等节目"女选男"的节目模式，相反，这一次是"男选女"，每次上场的女性只有 1 个，虽然要受到 16 位男嘉宾的挑选，但其实女嘉宾占据着主导地位，她不仅是舞台和镜头的中心，而且拥有着充分的话语权，可以对 16 位男嘉宾展开评价。特别是在新改版的节目中，女嘉宾拥有一项权力，可以指定场上某一位男嘉宾坐到前面，按照女嘉宾要求只能说好话或者说真话，甚至是整场都不能说话，这些要求对于男嘉宾而言是很难的，但他必须无条件执行，女性的权力在此得到极大张扬。并且，每位上场的女嘉宾都戴上了面具。面具不仅成为女性的装饰，而且使女嘉宾神秘化，男嘉宾只能看到女嘉宾华丽的表演和展示，却不能很快看到舞台中心女嘉宾的面部表情，了解她的内心世界和真实想法。相反，戴着面具的女嘉宾，神秘莫测，她们躲在面具后面，可以观察、审视男嘉宾，直到她心仪的白马王子出现。

---

① ［美］约翰·菲斯克著，祁阿红、张鲲译：《电视文化》，北京：商务印书馆，2005年，第 345 页。

走上这个舞台的女嘉宾都身怀才艺，在舞台上可以尽情展示才华，"郎才女貌"的传统择偶观被抛弃，她们力求在最短时间内让男嘉宾了解自己，力争牵手成功。女嘉宾还可以在现场向自己心仪的男嘉宾表白，一切主动权都在女嘉宾手中。从某种意义上来讲，《谁能百里挑一》的女嘉宾无疑是敢于追求爱情、表达爱情的新时代女性。

2. 别样的精彩——男嘉宾的符号意指

除了神秘女嘉宾之外，《谁能百里挑一》还有一个亮点是由 16 位男性组成的男嘉宾群。每次节目一开场，镜头都会扫过每位男嘉宾，他们要在舞台上一一亮相，展现不同身份、兴趣和个性。不过，这些男嘉宾面临着被女嘉宾挑选的考验，他们必须各尽所能展示自己的魅力。当然，男嘉宾在这里也有自己的话语权。《谁能百里挑一》一反以往相亲节目一对一和女选男的常规模式，采用 16 位男嘉宾对 1 位女嘉宾的新颖形式，每一期节目中 16 位男嘉宾对场上的女嘉宾进行审视，并根据对场上女嘉宾的初步印象，以留牌和翻牌的方式来决定女嘉宾的去留。

在《谁能百里挑一》中，男性和女性传统的关系结构被颠覆了，无论是男性还是女性，都不能说占据了绝对主导位置。节目过程中的互动形式完全突破了过去传统的交友方式，为广大单身男女提供了新颖的婚恋交友平台。而且，虽然表面上看是女嘉宾被看、被提问和被考察，但事实上在男女嘉宾交流的过程中，女嘉宾也会提要求，不符合要求的就翻牌，甚至有时女嘉宾的要求即使不合理，场上的男嘉宾也要尽力配合，女性的权力得到最大限度的张扬，这都体现了男女权力的对等，也就是说，在《谁能百里挑一》的舞台上，男性符号和女性符号平等相处，共同完成了"符号民主"的建构。

此外，女嘉宾和男嘉宾以协商、对话的形式商讨现代婚姻问题。例如询问对方关于理想爱情的看法、了解双方对日常生活的态度以及考察对方生活的种种习惯等，这些看似以牵手为目的的问题实质上正是男性与女性以民主对等、协商对话的形式讨论现实中的婚姻生活。比如在其中一期，某女嘉宾在考虑是否选择某位男嘉宾的过程中，选用了快速问答的方式："你是男人吗？你喜欢看电影吗？你记得父母生日吗？你记得前任生日吗？你每天刷牙两次吗？你染过头发吗？你喜欢去 KTV 吗？你唱歌走音吗？你敢掀你的刘海吗？QQ 里面异性朋友比同性朋友多吗？你会偷瞄别的女生吗？你离不开手机吗？你会每天给女朋友打电话吗？你有没有用交友软件搭讪过女生？你对女生撒过谎吗？你为女生哭过吗？你惹女生哭过吗？你觉得感情可以培养吗？你相信一见钟情吗？你喜欢我吗？你觉得我喜欢你吗？"这些提问涉及了现实生活中的很多方面。通过这些问题，女嘉宾可以了解男嘉宾对爱情、生活和家庭的态度。男女嘉宾以一种对话、商量的方式解决婚恋问题，并试图促成最后的成功牵手。以协商、对话的民主形式商讨婚姻生活，是这档节目的特色，该形式虽然不能完全等同于潘忠党等人所说的"商议民主"①，但对人们重新认识现实生活中的婚恋关系具有重要参考价值。

四、消费社会下的相亲节目

在《谁能百里挑一》中，男女嘉宾都拥有各自的主动权，共同搭建了节目上的"符号民主"，以协商和对话的形式探讨当今社会环境下的婚姻问题。观众在这档节目里看到了不同人对于婚姻、生活等问题的不同看法，促使自己对婚恋生活进行反思。该节目也正是通过电视这个大众媒介和相亲这种中国传统婚姻建立的形式，将当代人在生活中所遇到的各种问题搬上电视进行讨论。对于参加节目的男嘉宾而言，《谁能百里挑一》是一部不知道结局的电视连续剧，这一期没能找到心仪的对象，下一期可继续上台寻觅；对上场的女嘉宾来说，《谁能百里挑一》则是一部每一集都会有一个完整独立的故事的系列剧；但对于广大观众来说，该节目就是一部由一系列相互独立的小故事组成的情景悲喜剧，或牵手成功或牵手失败。②

随着每位女嘉宾的进场、离场，每个情感故事既各有特点又具有统一的游戏规则。由此可见，《谁能百里挑一》除了本身的相亲性质以外，还被赋予了新的社会价值——观众可以在观看过程中代入自己的观感体验，自主地选择阅读视角，确立自己的情感认同，随着男女嘉宾的情感体验开始自己的情感认知。本该属于私人领域的人际关系被搬上荧屏，主持人的现场仲裁、调解推动着故事的发展，又将事件冲突引向日常生活的领域，场外观众积极参与节目讨论使

---

① 笔者 2009 年在中国人民大学新闻暑期班听课，潘忠党教授着重讨论了"商议民主"的概念，在那里，通过谈判、协商和讨论解决问题的协商式民主被认为是社会进步的一种重要表现。

② 陈莉、宋仁彪：《电视交友节目——〈非诚勿扰〉的传播学分析》，《新闻世界》2010年第 6 期。

得节目发展成为"媒介事件"。在某种程度上,《谁能百里挑一》已经超越了单纯的相亲范畴,而变成了一个社会公众情感诉求的电视节目,观众想看到的不单是相亲,更多的是相亲故事背后的社会情感。

不过,仔细考察会发现,《谁能百里挑一》表现出的男嘉宾与女嘉宾对等的电视"符号民主",也仅仅是符号的民主,该节目也不是反映普通大众婚姻、生活和社会价值观的节目。相反,与之前东方卫视推出的《加油好男儿》一样,《谁能百里挑一》表现的是一种远离普通大众的中产阶级婚姻观和生活观,男女嘉宾的一言一行,处处流露出洋洋自得的中产阶级情调。像《非诚勿扰》一样,《谁能百里挑一》的男女嘉宾都是"俊男靓女"的符号组合。显然,舞台上的所有嘉宾本就是经过精心挑选的。他们衣着摩登时尚,本身就是消费社会的代言人。他们的职业不是外语教师,就是模特,或者是市场经理、海外留学生,基本都是社会的白领阶层。普通大众显然上不了这样的舞台,社会底层的人更是没有登台亮相的机会,即便是有一两个看上去平凡普通的男嘉宾,一旦放回现实生活中,基本上也属于"英俊小生"。甚至在"高富帅"和"白富美"光环背后,男女嘉宾的地域差异都流露出来,一些男嘉宾在节目中刻意强调自己的上海人身份;而"作"和"嗲"成为许多女嘉宾的典型特征,有些男嘉宾甚至要求女嘉宾会"作"……此外,他们能言善辩,而且个个都身怀才艺,都能来一段"嘉宾秀",不是会京剧就是会流行歌曲。

有些观众对节目表示质疑。众所周知的是,今日的娱乐节目乃至整个电视节目背后都有商业因素。商业与娱乐的结合绝不是偶然,而是出于彼此利益的需求。对商家而言,娱乐节目是推销和展示商品的媒介;娱乐节目则依靠商家的赞助降低成本、维持运营,商业和娱乐在利益面前达成了共谋。在这个方面,《谁能百里挑一》自然也不例外,开场白中长长的赞助商名单无疑是最好的证明。

在播出过程中,节目画面一直会有赞助商的影子,主持人也会不厌其烦地直接将赞助商念出。总之,纵观整个节目,我们不难看出,它俨然成为商品和商家的代言人,节目的深层符号意义也就不言而喻——一切都是消费社会的产物,包括相亲本身。在这样的商业语境中,相亲是其次的,通过节目赢得广泛的收视率,赚取更多的商业利润才是他们最关心的。当然,对于此,绝大部分观众早已心知肚明。

作为电视相亲选秀节目后起之秀,《谁能百里挑一》深受广大观众喜爱,伴随着每一位女嘉宾的上场、揭面具与男嘉宾交流到最后的结局，整档节目设置精巧。该节目通过重构主持人和舞台、男嘉宾和女嘉宾的传统关系，展现了新时代的婚恋观念和情感生活。不过，该节目看似搭建了男女平等的相亲世界，但是符号民主的背后却是中产阶级婚姻观和价值观的展现。有人说电影是白日梦，电视节目其实也是白日梦，今天的大众如果想在这样的电视节目上，期望找到真正的理想伴侣，显然是一个白日梦。

第三节　意识形态的"缝合"

在全球化和互联网时代，中国社会的流动性大大加强，日益形成了鲍曼所说的流动性、液态性和复杂性社会。这样的社会一方面给人们的生活带来了新的机遇，另一方面也给人们的生活带来不稳定和不安全的因素，许多新的社会纷争和社会矛盾便由此引发。例如 2018 年 8 月 27 日发生的"昆山反杀案"就体现了当代中国流动性、液态性的特征。该事件发生后，社会舆论话语同样纷繁复杂，透视了当前中国社会情绪和社会心态正在变得越来越复杂。对于一个流动性、差异性和多元化的社会而言，不同的社会话语如何才能达成共识，意识形态在其中发挥何种作用，则是本节探讨的问题。

一、一次本可避免的"媒介事件"

2018 年 8 月 27 日晚，昆山的顺帆路和震川路交界处发生了一起突发性新闻事件——开着宝马车的"花臂男"刘海龙与骑着电动车的"老实人"于海明因为变道碰擦引起了冲突，冲突不断升级，最终"老实人"于海明反杀了不断挑衅的"花臂男"刘海龙。这起本来可以避免的、在社交媒介上被称为"昆山反杀案"（又称"震川杀人案"）的突发性事件在网络和社交媒体平台上引发广泛热议。网络舆论话语主要围绕着"老实人"于海明的行为是"正当防卫还是防卫过当"展开。"百度贴吧"里还有人专门发起"昆山花臂男被砍事件你们怎么看？"的大讨论。网民议论纷纷，但总的来说，绝大部分参与讨论的网民认为

"老实人"于海明属于正当防卫。9月1日，经过四天时间的仔细调查，昆山警方公布了事件处理结果："本案中，死者刘海龙持刀行凶，于海明为使本人人身权利免受正在进行的暴力侵害，对侵害人刘海龙采取制止暴力侵害的行为，属于正当防卫，其防卫行为造成刘海龙死亡，不负刑事责任，公安机关对此案作撤案处理符合法律规定。"至此，"昆山反杀案"宣告结案。

杨国斌认为，网络事件发生的关键因素在于事件本身的震撼性，以及描述事件的方式能够调动网民的情绪，激发网民参与事件的讨论。① 在这点上，"昆山反杀案"显然具备了事件的震撼性和描述事件的话语的复杂性等特征，正是因为如此，这起突发性的、震撼性的事件在网络和社交媒介上迅速发酵，引发广大网民踊跃参与"老实人"于海明是否属于正当防卫，是否会被判刑的议题讨论中，不少网民将警方处理是否得当联系到"自身命运"。在宣判之前，网络舆论还在担心"老实人"于海明会被判刑，但事件的处理结果公布后，网络和社交媒体一片欢呼，网络舆论由质疑、担忧，转而纷纷点赞昆山警方。网民"历史君"在总结事件时认为："毕竟这次反杀事件，何止是反杀掉一个人渣，那可是正义携法律之师反杀了一直以来窝在心里的窝囊气和'邪气攻心'的社会毒气"。他将事件的完美结局归功于以下"三位英雄"：

第一位英雄：反杀大侠——于海明

……壮士之气喷薄而出，以凌厉的攻势，反杀人渣，最终恶人被杀得人仰马翻，暴尸街头，死在了该死的地方。

第二位英雄：人民卫士——昆山警方

……昆山警方尊重民意，依据法律，做出了及时、准确、恰当、合法的结论。

第三位英雄：铿锵正义——人民之声

这次事件是全民的法治公开讨论课，是一次民与民、官与民相通的法治教育。没有人民的呼唤，就不会有反杀事件圆满的落幕。因此，人民才是真正的英雄，每个吃瓜群众都为正义的结果贡献了看似微弱却极其巨大的力量。

"正义携法律之师反杀了一直以来窝在心里的窝囊气和'邪气攻心'的社

---

① 杨国斌：《悲情与戏谑：网络事件中的情感动员》，《传播与社会学刊》2009 年第 9 期。

会毒气"的看法，透视出当前底层群体中所弥漫的对社会的某种悲观情绪和复杂心态，反映了人们对政府解决此类问题的能力缺乏信心。但"历史君"帖子里的"三位英雄"合力解决事端似乎代表了广大网民对未来又重燃了希望。为何这起在网民群体中产生巨大震撼力的媒体事件最终解决靠的是上述"三位英雄"？网民"历史君"的总结颇值得思考。其实，围绕着这样一起极具震撼力的网络事件，网民们议论纷纷，舆论的话语形态是斑驳多样的，可是不同的话语最终在舆论互动中达成妥协并形成共识。如果像阿尔都塞所说的那样，意识形态曾经发挥着一个普遍社会的"黏合剂"作用，能够将社会的不同话语统一起来，建构出大多数人所需要的意义来，那么在一个流动性、差异性和多元化日益凸显的社会中，意识形态是否还能够发挥"黏合剂"的作用？

齐泽克借用拉康的"缝合"理论，提出在全球化社会里，意识形态可以"缝合"不同的社会话语，形成意见的共识，从而避免了可能发生的更严重的社会危机。

二、后意识形态社会的形成

值得注意的是，在这起轰动一时的"反杀事件"中，无论是"老实人"于海明还是"花臂男"刘海龙，他们都不是昆山本地人（刘海龙是甘肃人，于海明是陕西人）。像刘海龙和于海明一样，随着昆山和东南沿海一带成为全球制造业的集聚之地，各地的人蜂拥而至，寻求发财机会。在昆山常住的160多万人口中，超过一半是外来人口。成千上万的流动人口聚集昆山，让这座原本很安静的江南小城迅速变成了德里克所说的"全球地方"城市，他们给这座城市带来繁华的同时也引发了诸多社会问题，"花臂男"和"老实人"之间的冲突将一些隐性社会矛盾凸显了出来。

"花臂男"刘海龙和"老实人"于海明正是在一个"全球地方"的城市昆山相遇，发生冲突并以一方毙命而告终。设想如果他们各自在老家生活，两人可能终生不会相逢。但全球流动性、复杂性和日益多样性、分层化社会的形成，既为他俩出外谋生提供了机遇，也让他们的命运多了份不安全因素。尽管同样是外地人，"花臂男"刘海龙在经历兰州、北京等地的江湖闯荡后来到昆山，其所从事的职业可能并不光鲜，却能在短时间内跻身"暴发户"的阶层行列。"老实人"于海明辗转多地也来到昆山打工，但仍旧处于社会边缘群体行列，因此，他遭到了"花臂男"的无故欺凌。网民之所以对这件事如此关切，是因为他们担心自己会遭到同样的事，"昆山反杀案"已表明即便自己不想惹事，事情仍会找上门来。所以有网民这样说道："国家怎么定性直接关系到每一个普通人，遇到这样的事情如何做?"

"国家怎么定性"直接关涉主流意识形态对此类事件的态度。在阿尔都塞那里，意识形态发挥着一个普遍社会的"黏合剂"作用。不过，在流动性、差异性越来越明显的当代社会，按照丹尼尔·贝尔当年对美国社会所描述的，意识形态的概念本身已发生了深刻的变化。贝尔用"意识形态的终结"描述美国20世纪50年代之后社会所发生的一系列变化，如"舆论"代替"道德话语"，对现状的辩护，由"专家制定的技术治国方略"代替"社会上的政治争论"，"没有一个社会是整齐划一的，任何一个单一的术语，诸如'资本主义'，都无法包容其不同的维度：由势均力敌的集团所组成的信奉着不同的价值观念和推崇着不同的权利主张的民主政体，复合经济，福利国家，社会团体的多元差异，不同因素融合而成的文化、法律规则等等"。① 流动性、差异性和多元化正冲击着彼时美国社会的主流意识形态，贝尔认为这是意识形态终结的表征。贝尔所说的多元主义思潮和意识形态终结论很快由美国蔓延至其他西方国家，在霍尔看来，多元主义意味着"一个深刻的理论和政治终结的来临"。

到了20世纪八九十年代之后，随着全球化的快速发展，全球多元主义时代来临，亨廷顿等人将贝尔的意识形态终结论发扬光大，视其为全球化社会的主要特征。与贝尔、亨廷顿等人有所不同的是，齐泽克用"后意识形态社会"描述流动性、差异性、复杂性越来越明显的当代社会。齐泽克认为后意识形态社会的主要特征便是社会思想和价值观念的多元化，人们很难相信能有统领一切的意识形态，彼此也难以形成共同的价值观，但是齐泽克也强调，后意识形态社会其实也再次将人们带回到马克思，带回到"社会对抗的中心"。因为社会的流动性、差异性和多变性引发了许多新的社会矛盾和社会冲突，这些社会矛盾和社会冲突是多方面的，如移民群体和当地人的矛盾冲突、个体和跨国公司规章制度之间的矛盾冲突，以及不同移民群体之间的矛盾冲突，等等。"昆山反杀案"便是后意识形态社会中一起谁也未能预料到的冲突性事件。

---

① ［美］丹尼尔·贝尔著，张国清译：《意识形态的终结》，南京：江苏人民出版社，2001年，第487页。

在一个快速流动、社会多样化的后意识形态社会中，偶尔也会发生类似的舆论事件，但经过相关部门的合理处置，这类舆论事件通常很快就平息了。事件平息的主要原因有以下三个方面：其一，新闻舆论的时效性特征。任何新闻舆论事件都是有时效性的，一旦事件合理处置，人们也就不再关心事件本身了。其二，新的舆论事件发生。新闻事件的特点是总会有新的事件不断发生，最新的舆论事件会很快转移人们的视线，将人们的注意力带到下一个舆论事件上。其三，相关部门对事件本身的处理是否得当直接影响着舆论能否平息。这次网民们对于"昆山反杀案"比较满意的一点便是相关部门的处理得当。正是经过相关部门的妥善处理，网络舆论中繁杂多样的不同话语才能在相互的碰撞交流中达成解决问题的基本共识。

而这便是本节要讨论的核心问题——在一个流动性、差异性和分歧性越来越明显的后意识形态社会里，当一个网络事件爆发，舆论迅速发酵之时，如何才能让不同的舆论话语达成共识呢？齐泽克关于意识形态的"缝合"理论为我们理解"昆山反杀案"提供了一个新视角。在《意识形态的崇高客体》中，齐泽克这样分析意识形态与日益分化的社会之间的内在关系，他说："社会总是被对抗性所穿越，而对抗性的分裂是无法整合成符号秩序的。社会意识形态的幻象的赌注是要建构一个有关真正存在的社会的景观，一个没有被对抗性的分工所割裂的社会，构建一个其各部分体系呈现有机性、互补性的社会。"①

当代中国的社会思想纷繁复杂，价值观念也日趋多元，每个人、每个群体和每个阶层的利益诉求各不相同，不同的利益诉求导致了不同个体或群体之间的冲突对抗在所难免，但是主流意识形态仍然希望建构一个不存在对抗的和谐社会。既然当代社会已经是齐泽克所说的后意识形态社会，那如何才能在后意识形态社会中构建"一个没有被对抗性的分工所割裂的社会"呢？齐泽克认为可以用意识形态来"缝合"那些差异化、多元化、冲突性乃至对立性的社会话语，从而建立起一个没有分割的、有机和谐的社会。

三、意识形态与意识形态的"缝合"

意识形态一直是一个难以界定的概念。齐泽克对马克思等人的意识形态理

---

① ［斯洛文尼亚］斯拉沃热·齐泽克著，季广茂译：《意识形态的崇高客体》，北京：中央编译出版社，2002年，第176页。

论进行了梳理并总结出三种意识形态类型：第一种是"自在的意识形态"。这是马克思意义上的意识形态概念，意识形态是观念的复合体，是一种概念、一个教条或思想，而且是错误的思想观念。第二种是"自为的意识形态"。这是阿尔都塞和福柯意义上的意识形态，在这里，意识形态表现为一种宏观或微观的权力（power），存在于日常的实践、仪式和机构中，齐泽克称之为"客观形式的意识形态"。第三种是"自发的意识形态"。它产生于全球性、流动性和差异化的社会环境中。在这里，意识形态的观念日趋瓦解和自我消散，结果意识形态不再被认为是保障社会再生产的一种同质化的机制。

　　"自发的意识形态"便是齐泽克所说的后意识形态社会的意识形态。在后意识形态社会中，人们信奉的是犬儒主义（cynicism）的意识形态，即"不再信奉任何意识形态真实；他们不再严肃地对待任何意识命题"。显然，这样的犬儒主义思想在当代中国也十分盛行，人们经常质疑主流意识形态的作用。齐泽克强调，在后意识形态社会中，意识形态并非不存在，而是以一种"隐含的、准自发的假定和看法难以捉摸的网络形成的'非意识形态'（经济的、法律的、政治的、性的……）实践的一种不能复归的瞬间再生产"。也就是说，在后意识形态社会中，意识形态看似不存在，人们似乎也不怎么关心意识形态，但是它却始终隐含在日常生活的结构中，并以令人难以捉摸的方式"瞬间再生产"。意识形态的这种瞬间再生产是很重要的，因为正是通过瞬间再生产，在一个流动性、差异化越来越明显的当代社会里，各种纷繁复杂的话语、思想和情绪又可以被"缝合"在一起，形成"统一的领域"，这就是齐泽克所说的，"众多'漂浮的能指'，众多原型意识形态因素，被解构成一个统一的领域，就是通过组结点（nodal point）——拉康所谓的'缝合点'——的干预完成的，它将它们'缝合'在一起，阻止它们滑动，把它们的意义固定下来"。①

　　众多"漂浮的能指"表明了社会话语的流动性、差异性和多元化。但这种快速流动和四下分散的多元话语是可以被"瞬间再生产"的意识形态有效地缝合在一起的。例如，在反对环境污染这个问题上，环境主义可以将反对派和掌权派这两个对立方的话语缝合到一起。同样，女权主义话语、生态主义话语是可以缝合到一起的。经过意识形态的缝合，本来是坏的事件也可以转化为一种

---

　　① ［斯洛文尼亚］斯拉沃热·齐泽克著，季广茂译：《意识形态的崇高客体》，北京：中央编译出版社，2002年，第121–122页。

"好事"，齐泽克列举的案例是"二战"中法国战败一事：战后，法国对战败创伤进行了符号化处理，经过这一处理，战争反而变得具有镇静效果，人们可以在废墟上建立"美丽新世界"。"二战"的创伤性记忆在法国那里竟然变成了"一件好事"，这便是意识形态的缝合发挥了作用。也就是说，意识形态通过缝合弥合了社会矛盾，成功阻止了本来可能引发更大冲突和走向更加分裂的世界。

那如何才能确定上述所说的情况是意识形态发挥了作用呢？费尔克拉夫在《话语与社会变迁》里认为，意识形态的出场往往是与具体的话语事件或者媒介事件紧密联系的。"结构选择的一个可供替代的东西是在话语事件中确定意识形态，强调作为一个过程的、转化的和流动的意识形态。"① 也就是说，意识形态的瞬间再生产就是通过所发生的话语事件体现出来的。例如，当"昆山反杀案"之类的新闻事件爆发，人们围绕着这个新闻事件议论纷纷之际，意识形态便瞬间再生产了，介入事件进而缝合那些可能产生意见分歧的不同话语，最终将差异化、多元化的不同话语缝合到一起。

不过，齐泽克看到意识形态缝合的问题关键之处在于，是在哪一个"纽结点"上将后意识形态社会那些"漂浮的能指"聚集到一起，譬如如何才能将自由主义话语和保守主义话语缝合在一起？或如何将男权主义话语和女权主义话语缝合到一起？这就需要找到"纽结点"或"缝合点"，即在两种或多种相互冲突乃至对立的社会话语中找到彼此的结合点。男权主义话语和女权主义话语虽然经常处于对立冲突的位置，但在遭遇共同的民族主义问题时，这两个相互冲突的话语便可以缝合在一起，一致对外。在齐泽克看来，为了达到缝合的效果，伤口的存在有时也是有必要的，这就是说，有时候，某个社会事件的爆发不一定是坏事，相反，某个新闻事件的爆发恰恰为意识形态的缝合提供了契机。

四、意识形态缝合中的"昆山反杀案"

"昆山反杀案"是一个后意识形态社会中意识形态缝合的典型个案。在这起网络舆论事件中，意识形态被"瞬间再生产"之后开始发挥缝合的功能，将流动性社会中日益分歧化、差异化和多元化的不同社会话语，以某种方式有效

---

① ［美］诺曼·费尔克拉夫著，殷晓蓉译：《话语与社会变迁》，北京：华夏出版社，2003年，第82页。

地缝合到了一起。

差异性、流动性和分歧性越来越明显的后意识形态社会并非不需要共识，相反，社会的稳定总是需要某种力量（即意识形态）将不同的意见、声音和话语整合到一起，恰如特尔波恩所说的那样，制度整合的非规范性方面为一个社会的一致性提供了基础，而不管其是否具有共同价值。前面提到，"昆山反杀案"的妥善解决归功于"三位英雄"，这其实代表着不同的社会话语或者舆论力量，如果我们再仔细考察"昆山反杀案"前后的舆论，可以发现围绕着这起新闻事件，网络和社交媒体平台上涌现了各种各样的声音，错综复杂。我们可以列举几种出来：①因果报应的传统主义话语。如"善有善报，恶有恶报"。②江湖主义话语。如"出来混总是要还的"，"替天行道、为民除害"。③法律主义话语。如"法律是公正的"。④表扬官方的主旋律话语。如"人民警察为人民"，"昆山政府好样的"。⑤民粹主义话语，"铿锵正义的人民之声"，等等。

上述划分当然并不严谨，本身也体现了后意识形态社会舆论话语（漂浮的能指）的复杂性、多样性、流动性和模糊性，其中有些话语之间还相互排斥，例如"替天行道、为民除害"与"法律是公正的"显然是两种对立冲突的话语，这两种话语解决突发性事件的思路也完全相反——一个诉之于暴力，一个诉之于法律。但是在"昆山反杀案"中，诉之于暴力的"替天行道、为民除害"话语和诉诸法律的"法律是公正的"话语以及其他的舆论话语都被有效地缝合到了一起，汇合成"正义战胜邪恶"的共同社会话语，这便是齐泽克所说的意识形态缝合的力量和效果。经过这一缝合，群情激昂的社会情绪得到抚慰，社会舆论迅速平息，社会秩序也再次恢复。通过意识形态的缝合，就如一篇网络文章《莫要欺负"老实人"》所提到的那样，人们相信了这样的道理——社会中的老实人是不好欺负的。如果谁欺负他，不仅他自己会反抗，而且上天也会眷顾他，法律也会站在他的一边，江湖伦理也会倾向于他，最终他一定是"胜利的一方"。在这里，我们还是以网民"历史君"帖子里所说的合力解决昆山反杀事件的"三位英雄"为例，用图示的方式展现三种不同的舆论话语是如何被有效地缝合在一起的：

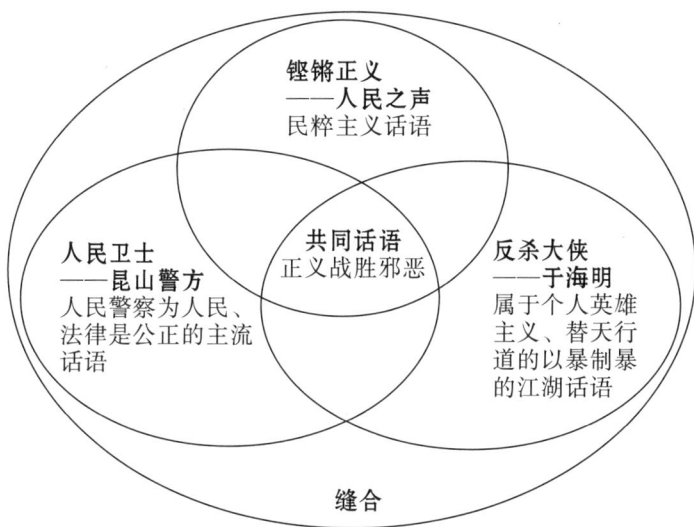

图 3 - 1 昆山反杀案中意识形态的"缝合"

在上图中，"以暴制暴"的江湖话语、"人民警察为人民"的主流话语、"铿锵正义"的民粹主义话语被有效地缝合在了"正义战胜邪恶"的共同话语中，这就是意识形态缝合的效果。经过这一缝合，影响不好的社会事件可以向好的方向发展，分歧的、差异化的不同话语再次统一起来，"社会的一致性"也再次建构起来。

我们看到在"昆山反杀案"中，"意义"（事情的妥善解决）正是在交流（不同舆论话语）和规范性的制裁（法律）以及权力的执行（宣判）的互动中再生产出来的。霍尔在《"意识形态"的再发现》中则由"异见"与"共识"的辩证关系谈到了如何通过谴责和惩罚犯罪来让社会达成更大的一致性，他借用涂尔干的说法强调，有时意识形态需要通过"对社会'规则'背离行为的惩罚和诋毁，来取得更大的一致性"。① 所以，"更大的一致性"（共识）是社会秩序稳定的保障。"昆山反杀案"处理结果公布后，有网民激动地发帖宣称："这次事件出来之后，没有群情激愤的骂打喊杀，也没有针对政府干预的无端质疑，更没有小道消息的谣言泛起。有的是针对正当防卫，还是防卫过当的法理辩论，无论是涉黑涉恶，还是背后有保护伞的疑问，都是在理性中逻辑推理，在法律框架中的法理评判，是在社会正义和人性良知的同理心审视。""法治进

---

① ［英］斯图亚特·霍尔著，杨蔚译：《"意识形态"的再发现》，蒋原伦、张柠主编：《媒介批评》第一辑，桂林：广西师范大学出版社，2005 年，第 177 页。

步依赖人民理性，法治进步更依赖人民呼声。忽视民意的法律很难说是良法，违逆民意的治理很难说是善治。民心永远是丈量司法工作得失成败的尺子!""这次吃瓜群众不再仅仅吃瓜而已，而是发出呼唤正义的呐喊，对良法善治的呼唤，对黑恶势力的怒斥，对社会公正、正义、善良的呼吁。"正是依靠意识形态的缝合，那些漂浮的、分散的不同社会话语和观念又被重新捆绑在一起，社会共识再次达成。

不过，齐泽克虽然提出可以通过意识形态的缝合将差异性、多元化和分歧化的舆论话语缝合起来，但他对缝合的最终效果还是持悲观态度。因为他意识到，在全球流动性越来越强的社会环境下，意识形态的缝合并不是社会稳定的基石，它"不是一个保证"，而只是暂时解决了突发性社会事件所引起的纷争、差异和冲突。在齐泽克看来，意识形态的缝合只是将深层的社会危机变成了一种"偶然事件"，真正的社会症结并没有得到根本解决。

第四节 网络恶搞的"文化政治"

随着互联网和社交媒体的发展，消费主义和娱乐至上思想的盛行，各种各样恶搞性的文字、图片、声音或视频开始流行起来，成为当代新媒介文化的一个重要奇观。对于五花八门的恶搞文化现象，社会上存在着两种声音：称赞者认为恶搞文化的盛行代表着草根群体抗争意识的觉醒，他们以恶搞戏讽的方式介入社会，反叛和颠覆权力阶层，为自己争取权益；批评的声音认为低劣的恶搞文化降低了文化的品格，破坏了正常的社会秩序、道德观念和伦理精神。在这里，我们聚焦从属群体的社会表达与恶搞文化的关系：一方面探讨底层群体如何借助恶搞这种方式介入社会、表达对社会事件的看法；另一方面思考主流权力阶层如何对各种恶搞文化展开文化和社会治理。

以下是对上述问题的初步考察。首先，我们思考各种恶搞性的符号表达是在一个什么样的技术与社会语境中产生的。其次，我们考察拼贴、置换和盗用等手段在恶搞文化符号生产过程中的作用。再次，我们思考各种各样被生产出的恶搞符号，如何介入到社会现实语境中，成为人们理解当代社会和新媒介事件的一个重要手段。最后，针对形形色色的恶搞文化现象，我们分析相关管理机构如何开展文化治理，从而将恶搞文化的社会表达控制在特定的范围之内。

一、新媒介技术与恶搞的社会语境

从恶搞文化的社会生产层面来看，形形色色的恶搞文化本质上是在新媒介技术与消费主义社会语境的互动过程中发展起来的新型文化形态，它是人们特别是青年人个性表达、文化创造及社会参与的一种另类方式。陈卫星便认为：

技术性能本身被带入社会语境后，就有可能参与社会建构，这样，技术应用的可能就不仅仅限于国家权力的政治需求和商业公司的市场扩张，不同形式的社会力量组合亦可能把新信息传播技术作为探讨社会问题的一种方式，一种呈现主流所不接受的信息的方式，西方国家不断兴起的新社会运动和另类媒介的结合，就是社会与技术博弈的征兆。[①]

技术对新文化形态的形成起着关键作用，恶搞文化的滥觞首先得益于媒介技术的发展。恶搞文化以一种呈现主流所不接受的信息的方式介入社会，这样的方式是在新媒介技术的支持下完成的。数字化技术使得文化符号的生产变得容易了，通过复制、拼贴、置换、盗用等技术手段，一个新的文化符号瞬间就可以生产出来。按照英国学者尼古拉斯·盖恩、戴维·比尔的看法："新媒介是通过'数字化表征'运作的……对于他们而言，新媒介中的'新'在于它们的运行通过数字（主要是二进制）符号的生产和处理得以实现。就这一技术本身而言也许没有什么特殊之处，但这一发展具有深远影响，特别是当数字符码使得文化形态（包括艺术、音乐和文本）的表征可以被复制、修改并以前所未有的编辑程度传播开去之时。"[②] 这段话表明了两点：第一，新媒介技术的发达使得文化形态的表征发生了变化，随意地复制、修改某种文化内容（文字、图像、声音和视频）成为容易之事；第二，新媒介技术的发达也使得各种文化形态能

---

① 陈卫星：《数字迷思的传播想象（代译序）》，［英］文森特·莫斯可著，黄典林译：《数字化崇拜：迷思、权力和赛博空间》，北京：北京大学出版社，2010年。

② ［英］尼古拉斯·盖恩、戴维·比尔著，刘君、周赛男译：《新媒介：关键概念》，上海：复旦大学出版社，2015年，第7页。

以前所未有的速度传播开来。如"姚明暴漫表情""葛优躺""达康书记的表情包"之类恶搞图片瞬间就可以传遍互联网空间。卡斯特在《网络社会的崛起》中也考察了媒介技术的变革对人类社会发展和文化演进的重大影响，他认为当代社会的所有过程都直接受到新技术媒介的塑造。甚至早在 20 世纪 90 年代，他便已预测了社交媒介将改变人类的文化形态和交往模式："通过'超文本'（hypertext）和'后设语言'（meta-language）的形构，历史上首度将人类沟通的书写、口语和视听模态整合到一个系统里。通过人脑两端，也就是机械与社会脉络之间的崭新互动，人类心灵的不同向度重新结合起来。"① 各种恶搞文化是在新媒介技术的直接推动下产生和发展的。新媒介技术让人们能够轻松地在社交媒体平台上制作、推送和传播文字、图片和视频，以各种恶搞方式表达自我和参与社会。例如"暴走漫画"网页，专门为广大网民提供了漫画制作器，借助漫画制作器，网民无须会画画，只要有创意、够搞笑，便能创作出属于自己的暴漫作品。近年来网络上流行的抖音、快手短视频以及各种小程序，也为大众提供了便捷的媒介技术手段。因而，尽管恶搞文化早已有之，但在新媒体时代，在技术的直接推动下，其内容生产和传播方式都发生了深刻变化。画家杜尚亦曾对经典名作《蒙娜丽莎》进行颠覆性的恶搞，但恶搞在当时并不普遍，传统经典的艺术价值并未受损。可在互联网时代，新媒介技术让恶搞变得普遍而容易，恶搞的创作者由少数艺术家转变为普罗大众，恶搞的对象也无所不包——从流行小说到经典名著，从电影明星到政治人物等。

新媒介技术的使用方便，使得人们表达自我和参与社会的欲望都大大增强了。一个明星的绯闻、一条突发性的社会新闻，都会引起大众在社交媒体平台上留言、发表情包或恶搞图像、参与讨论的冲动和热情。莫利就指出，以互联网为基础的各种新媒介被部分人视为是"解放的媒介"（liberated media），大众热衷于在新兴的社交媒介平台上表达意见。不过，莫利也提醒大众不要过分夸大新媒体技术的作用："经常会有人声称，由于新媒介提供了技术工具，提供了消费者的选择范围，因此具有解放的性质。但是我们要对自由市场的意识形态所宣传的传播技术的'授权'范围持谨慎态度。我们不能把'敲击电脑'选择

---

① ［美］曼纽尔·卡斯特著，夏铸九、王志弘等译：《网络社会的崛起》，北京：社会科学文献出版社，2001 年，第 406－407 页。

菜单这样的相对较微小的行为等同于权力的运作。"① 莫利之意是只有借助技术工具真正地参与社会,新媒介对于大众而言才是一种"解放的媒介"。

此外,恶搞文化是在后现代消费社会语境中生成的。凯尔纳强调了今天的人们生活在"一个由娱乐、信息和消费组成的新的符号世界。媒体和消费已经深刻地影响着我们的思想和行为"。在一个媒介文化占主导地位的世界里,媒介自然是人们了解社会和世界的主要手段。英国学者尼克·库尔德利认为:"媒介文化是理解世界的方式,而世界的运行主要是通过或依靠媒介的。"② 不过,在后现代消费主义的社会语境中,也正是由于媒介的中介和连接作用,严肃性的社会话语和通俗性、娱乐性的消费主义话语之间的界限在有些学者看来已变得不那么清楚了。彼得·达尔格伦就认为:"媒介内容的类型越来越混合,在这种情况下,什么样的媒介内容与公民文化相关,这个问题显现相当大的重要性。在无处不在的媒介文化中,以'大众文化'与消费为一端,'公共知识'与政治为另一端,两者之间的区别并不总是清晰的。此外,媒介中的许多虚构与娱乐内容的政治重要性现在更难以低估。"③ 针对消费主义和新的媒介技术,达尔格伦进一步指出:

> 消费主义提出了一组不同的问题。在媒介中,政治的、经济的与消费主义的话语越来越具有互文的性质。[斯莱特(Slater),1997;迈尔斯(Miles),1998]。随着新闻与居间化的大众文化之间的逐渐相互渗透,随着在公民的身份建构过程中,人们经常忽视具有社会意义的严肃与有趣这两者之间的传统界限,我们不可避免地面临公民文化与消费文化之间的关系问题。④

后现代理论家詹姆逊也强调,在后现代社会语境中,高雅与通俗、严肃与

---

① [英]大卫·莫利:《媒介理论:文化消费与技术变化》,《文艺研究》2011年第4期,第104页。

② [英]尼克·库尔德利著,何道宽译:《媒介、社会与世界:社会理论与数字媒介实践》,上海:复旦大学出版社,2015年,第167页。

③ [英]彼得·达尔格伦著,杨击译:《媒介、公民身份与公民文化》,[英]詹姆斯·库兰、[美]米切尔·古尔维奇编:《大众媒介与社会》,北京:华夏出版社,2006年,第311–312页。

④ [英]彼得·达尔格伦著,杨击译:《媒介、公民身份与公民文化》,[英]詹姆斯·库兰、[美]米切尔·古尔维奇编:《大众媒介与社会》,北京:华夏出版社,2006年,第313–314页。

娱乐之间的距离趋于消弭。不过，娱乐至上的后现代消费社会也提供了一种可以从娱乐、恶搞等角度切入社会事件和社会现实的可能：一方面严肃的政治和社会问题可能被大众用恶搞性的符号（文字、图片或者视频）消解；另一方面，公众也可以借助新媒介的技术赋权，用另类的恶搞方式重新参与到社会事件的讨论中，甚至借助另类的恶搞表达自身的社会诉求。刘涛就讨论了现实社会中弱势群体如何运用"符号抗争"① 为自己争取权益，而弱势群体所使用的符号基本都是恶搞性的、戏谑性的符号。如彼得·达尔格伦所说："媒介也与新型的生活形态政治的崛起交织在一起。""我们还没有处于一切事物都是政治性的这种事态；更确切地说，事实是越来越多社会与文化现实的特征潜在地成为政治性的。"②

形形色色的恶搞文化就是在新媒介技术推动和后现代消费主义社会语境中发展起来的新型文化形态：一方面，新媒介技术快速发展赋予了大众更多文化创造和社会参与的便捷路径；另一方面，消费社会模糊了严肃性的主题与恶搞性及娱乐性主题的差别，让大众能够以更加多样化的方式表达自我和参与社会。

二、符号的游戏：拼贴、置换和盗用

社会的符号化和符号的社会化是当代信息社会的一个重要特征。在新媒介时代，人们不仅经常使用在新媒介技术支持下生产出来的各种符号表达情感、互相交流，也运用符号开展行动和发表对社会的意见，或借助于符号来理解和认识现实世界。在探讨"符号"这个概念时，波斯特指出：

> 通常情形下，一个符号由一个词和头脑中的一个图像组成，它联系着一个指涉物，即"真实"世界中的一个"物（thing）"。当个体之间进行符号交换时，符号就变成象征性的了；它们的意义在个体间含混地流动，这种意义必然与彼此的关系相联系。这个词不仅仅具有某个"意义"，它还被说话人彼此分

① 刘涛：《符号抗争：表演式抗争的意指实践与隐喻机制》，《中国地质大学学报》2017年第7期。

② ［英］彼得·达尔格伦著，杨击译：《媒介、公民身份与公民文化》，［英］詹姆斯·库兰、［美］米切尔·古尔维奇编：《大众媒介与社会》，北京：华夏出版社，2006年，第314页。

享，像礼物的互换一样，丰富或缩减着社会关系。①

　　波斯特认为，符号的意义产生并不是孤立的，而是在个体之间含混流动的过程中，不同的个体根据自己的理解交换、分享符号的意义，经过这样的流动和分享，一个符号便在不同的社会语境中具有了新的意义。另一位后现代理论家波德里亚在讨论符号时则认为，在消费社会语境中，符号不仅在社会流动中获得意义，而且建构着社会现实。在某种程度上，符号就是社会现实本身，人们正是通过使用符号来"牟取现实符号中的现实"：

　　使用符号的做法总是存在着心绪矛盾的，其作用总是牟取。牟取这个词具有双重含义：一是先让符号（力量、现实的东西、幸福等等）出现，然后再攫取；二是先提出某事，然后再加以否定与击退。人们知道，神话的神奇思想就在于牟取变化和历史。从某种意义上来说，图片、新闻和信息的普遍消费也在于牟取现实符号中的现实，在于牟取变化符号中的历史等等。②

　　生活中出现的种种符号是人们创造出来的，它们也与现实生活紧密关联，影响着人们对社会现实的理解和认知，"我们带着距离提前或过后消费着现实。这里的距离是符号距离"。③ 也就是说，人们必须经由符号去理解和认识事实，因此，如何生产、理解和使用符号对于人们理解今天高度符号化的现实社会是很重要的。符号本身又是人们借助各种媒介技术创造出来的，特别是在新媒体环境里，正是借助新媒介技术，各种各样的符号被源源不断地生产出来，被不同的使用者结合到不同的社会语境中去，以表达不同的意义。

　　因而，今天的恶搞文化是借助于新媒介技术在文本和社会层面展开的"符号游戏"。说恶搞文化是一种"符号游戏"，是指恶搞文化的生产、消费和再生产都带有一种戏谑、消遣和调侃的态度。新媒介技术为符号的生产、使用和消费提供了方便，在新媒介技术支持下，创建一套具有"恶搞性质的符号系统"

---

　　① ［美］马克·波斯特著，范静哗译：《信息方式：后结构与社会语境》，北京：商务印书馆，2000 年，第 81 页。

　　② ［法］让·波德里亚著，刘成富、全志刚译：《消费社会》，南京：南京大学出版社，2000 年，第 11 页。

　　③ ［法］让·波德里亚著，刘成富、全志刚译：《消费社会》，南京：南京大学出版社，2000 年，第 11 页。

是很容易的：通过修图技术便可将两张互不相干的图片组合到一起；通过制图神器或者微信小程序还可以将不同的事物以动态化形式组合在一起，形成一个搞笑的视频故事。网络上有个"随便吧个性图库"，图库编辑这样做广告："如今很多社交软件都需要用到头像，当然头像涵盖很多风格，为了让广大网友可以快速找到自己喜欢的恶搞头像，随便吧小编为喜欢这类头像的朋友们收集了恶搞头像大全等相关头像，如果你也需要使用恶搞头像就选择我们随便吧个性图库吧！"① 在日常生活中，许多年轻人乐此不疲地投入这类恶搞符号的生产游戏活动中，而且使用者有时会利用修图技术对图片进行再度加工，生产符合自身需要的头像。

拼贴、置换和盗用等是恶搞符号生产和再生产的几种主要手段，目的是制造出反讽的、戏谑的和恶搞的效果。以拼贴为例，这是最常见的一种恶搞文化生产手段。詹姆逊、费斯克、赫伯迪格都曾讨论过后现代社会的拼贴文化现象。詹姆逊将拼贴视为"一种空洞反讽的现代实践"。在他看来，"拼贴，像戏仿一样，是对一种特殊或者独特风格的模仿，带着文体的面具，说着已死的语言；但是它是一种中性的模拟方式，没有戏仿的隐秘动机，没有讽刺的冲动，没有笑声，甚至没有那种潜在的可与很滑稽的模仿对象相对照的某些'标准'东西存在的感觉。"② 但费斯克更注重考察社会从属阶层或边缘群体如何借助拼贴、戏仿手段对抗权力阶层的"符号霸权"，改变符号原来的意义，从中创造出属于自己群体的文化和意义，他说："在资本主义社会中，'拼装'是被统治者从'他者'的资源中创造出自己的文化的一种手段。麦当娜的'外表'就是一种'拼装'，它使得她可以从他们的资源中创造出她自己的意义，使她的歌迷可以参与其中。"③

相比于拼贴，盗用更强调从对方手里获取资源，特别是从权力阶层那里直接获得资源。比如盗用英国女王的头像，将其与美国国旗拼贴在一起，制造出一种反讽的、戏谑的恶搞效果。置换则是将原来的内容移开，填充进去新的内容。刘涛曾经讨论了在表演式的抗争实践中，一些弱势群体如何借助符号的内

① https：//touxiang. 388g. com/special/spoof. html。

② ［美］弗雷德里克•詹姆逊著，胡亚敏等译：《文化转向》，北京：中国社会科学出版社，2000 年，第 5 页。

③ ［美］约翰•费斯克著，王晓珏、宋伟杰译：《理解大众文化》，北京：中央编译出版社，2001 年，第 178 页。

容置换构建具有讽喻性和戏谑性的"抗争图景"："新闻发布会中的'外交官'被置换为'农民工'，婚礼中的'新人'被置换为'装载机和豆腐'，祭奠仪式中的'亡者'被置换为'手机'，民众赠送给官员的'礼物'被置换为'带刺的皮球'，维权老农跪拜的'佛像'被置换为'县长像'……"①

拼贴、置换和盗用都是将原本无关的符号元素组合、拼装到一起，改变符号原有的话语系统和意义结构，生产出社会从属群体所需要的新意义。

就符号游戏的生产、使用和消费而言，这样的符号游戏生产，本身的目的是多种多样的。归纳起来主要有三种类型：纯粹的自我娱乐、寻找群体的情感共鸣和反抗霸权阶层。多数日常恶搞符号的生产和使用主要是为了自娱自乐。工作太累，生活太忙，恶搞可以让自己得到片刻轻松。这些恶搞既不是为了颠覆权威，也不是为了创造一种新文化，更多的是为了费斯克所说的"在日常生活中找乐"。调侃归调侃，生活归生活。对于那些身处社会底层的弱势群体和亚文化群体而言，他们主要通过恶搞性的符号游戏介入社会，发表对已经或正在发生的社会事件的看法，而这是我们接下来要进一步讨论的话题。

三、恶搞文化的社会表达与抗争政治

各种恶搞文化在新媒介信息技术的支持下，在技术与社会博弈的过程中被源源不断地生产出来。社会的多元化环境也容许不同的观念、声音和想法的存在。反过来，各种恶搞文化也作为一种介入社会的"抗争武器"被不同的群体使用，特别是很容易被社会弱势群体所借用。

已有一些学者深入讨论了弱势群体如何借助于恶搞文化介入社会事件，表达底层社会的诉求。例如，杨国斌从情感抗争的角度仔细探究了网民如何借助恶搞的、戏谑的方式表达抗争性的意见。在他看来，网络上所发生的新媒介事件在情感表达方面主要有两种模式：一种是悲情模式，如孙志刚事件；一种是戏谑模式，如胡戈的《一个馒头引发的血案》等。"很多网络事件带有戏谑的特点，其格调是调侃和幽默，总体效果近于网络狂欢，涉及文化的网络事件多属此类。"② 杨国斌认为，《一个馒头引发的血案》是网络视频恶搞文化的源头。

① 刘涛：《仪式抗争：表演式抗争的视觉意象与修辞原理》，《中外文化与文论》2017 年第 1 期。

② 杨国斌：《悲情与戏谑：网络事件中的情感动员》，《传播与社会学刊》2009 年第 9 期。

这部网络短视频恶搞了陈凯歌的电影《无极》，引发了精英文化与草根文化之间的大论战。不仅如此，"《馒头》的风行，主要原因是它搞笑，但它的搞笑并不是无稽之谈，而是联系到带普遍性的社会问题"。[①] 电影中的人物、情节被置入中国当代社会现实情境中。而且《一个馒头引发的血案》在技术手段上给大众的反叛提供了范本——通过将虚构的影视经典镜头与社会现实情景嫁接在一起，从而达到讽喻现实的效果。

微博、微信等社交媒介被广泛使用后，恶搞文化在大众层面特别是青年人的群体里迅速扩张，借助于恶搞性的文字、图片和视频等手段，自下而上的抗争力量不断增强，诸多新闻事件的妥善处理经常依赖于这样的"另类的抵抗"。以微博为例，2010年河北大学发生校园车祸事件，事件发生后，微博空间里瞬间充斥着各种针对事件本身的恶搞性文字、图片和视频，借助于恶搞性的抗争实践，普通大众和弱势阶层将对滥用权力的官员及其亲属的不满情绪表达了出来。微博网民还制作了一段"另类的MV"介入事件：

横行路中央，轿车轻飞扬。黄土地里养育着咱们那霸道的爹娘。平凡的模样，可咱爸是局长，只手遮天的大树，还有神秘的力量。

我爸叫李刚，大名鼎鼎的李刚，李是李世民的李啊，刚是金刚的刚。

我爸叫李刚，撞死人我不用慌。这是为什么呢？因为我爸是局长。

撞人后的那个鲜血吆，红个艳艳个艳。如果飙车能够带走我女朋友，就让她随风飘远。

老子副局长，儿子更嚣张。可怜那个草民女，从此花魂散校场。肇事还跑一趟，众怒围不慌，只是可惜车撞坏，哪管民女死与伤。

……

MV的文字具有强烈的调侃意味，用夸张、恶搞的手段，嬉笑怒骂地表达了对官僚主义者依仗权势无视草根生命的愤怒。微博、微信等新媒介社交平台不仅为自下而上的大众提供了发声渠道，也为抗争话语的社会传播提供了快捷途径，进而推动了问题解决。《南方周末》的评论员笑蜀认为如果没有微博之类的新媒介平台，便"很难想象，河北大学车祸案会是什么结果"："事实在印

---

① 杨国斌：《悲情与戏谑：网络事件中的情感动员》，《传播与社会学刊》2009年第9期。

证，中国已跨入微博时代。140 字就够，甚至不着一字，仅仅转帖就足以表达自己的观点。这就把发表门槛降到了最低，把最大多数普通人带入了舆论场。最大多数普通人的力量就这样通过微博聚合起来，成为公共生活中最重要的平衡力量。"①

以微博、微信为主的新型社交媒介具有赋权能力，让普通大众能够借助恶搞自下而上地介入事件，表达对事件的意见。在新媒介时代，各种各样的恶搞文化所代表的主要是一些边缘的、底层的群体利益。在恶搞文化的抗争实践中，身体和性别往往也是一个颇受关注的领域。在费斯克看来，身体虽然属于私人领域，却始终和社会、政治交织在一起，是各种权力激烈争夺的重要领域：

虽然身体看起来是我们最个人化的部分，但它也是身体政治（阶级性的身体、种族性的身体以及性别化的身体）的物质形式。围绕着身体的意义与快感之控制权所展开的争斗，是非常重要的，因为身体既是"社会"层面被表述为"个人"层面最可靠的场所，也是政治将自身伪装为人性的最佳所在地。②

正因为如此，古今中外，各个国家实施社会控制的一个重要手段是对身体的控制。通过建立各种规训体系，将身体特别是女性身体限制在可控的社会规范之内。当然，从属阶层的反抗有时也是通过身体的反抗来体现的。特别是处于弱势地位的女性，她们对于父权制社会的反抗首先表现为"身体的反抗"。在微信时代，有更多的女权主义者借助于微信公众号表达女性的反抗之声，某微信公众号声称"要用女人最舒服的姿势调戏世界"。在这里，恶搞文化不仅仅是女性自我娱乐的方式，也是她们参与社会的武器。借助于恶搞，人们将私人的、女性的感受与社会大事件有效结合在一起，而这正是费斯克所倡导的"微观政治"。③

从社会参与层面来说，绝大部分的恶搞文化是一种带有表演色彩的微观政治，普通大众借助于恶搞的文化实践参与社会，进而推动社会的变革。"河北大

---

① 笑蜀：《微博神奇：但要打通最后一公里》，《南方周末》，2010 年 10 月 27 日。

② ［美］约翰·费斯克著，王晓珏、宋伟杰译：《理解大众文化》，北京：中央编译出版社，2001 年，第 85 页。

③ ［美］约翰·费斯克著，王晓珏、宋伟杰译：《理解大众文化》，北京：中央编译出版社，2001 年，第 178 页。

学校园车祸案""昆山反杀事件""聊城刺死辱母者案"等新媒介事件都已经表明这类"微观政治"在推动中国社会进步方面所发挥的重要作用。

四、控制、收编与文化治理

在恶搞的符号游戏中，大众借助于拼贴、复制等手段，对符号进行重组和创造，建构出新的意义。不过，在大众广泛参与和创作的过程中，各种恶搞的文字、图像和视频不断涌现，最终形成了一个令人眼花缭乱的、庞杂的符号奇观。

首先，这个由文字、图像和各种视频所组成的恶搞文本数量庞大、没有疆界。由于数量众多且不断地繁衍，有时大众甚至无法分清楚，哪些是现实，哪些是被建构的文本，所有的一切都变成了文本——一个由符号、现实和事件等组成的且仍在不断衍生的、开放性的"超级文本"。这个超级文本甚至取消了能指和所指、现实世界和符号世界的差别。借助于这样的恶搞符号介入现实，有时可能无法弄清楚现实本身，而且，不断被生产以及自我繁殖的各种符号也可能让人弄不清楚事件真相。五花八门的文字、图片和视频有时也让人们因沉浸在虚幻的符号游戏之中而失去介入现实的能力。波兹曼就认为过度使用的符号会因重复而耗尽它的"象征价值"（symbolic value）："符号失去意义的过程是一个因变量，如果用得越频繁，如果不问语境滥用，它们失去意义的速度就越快。"[1] 因而，媒介技术的提高虽然使得符号内容的复制、修改、重组变得容易了，但是过度地使用某种符号也将导致其本质意义的丧失。

其次，我们必须认识到当代恶搞文化中也存在大量庸俗的、色情的和暴力的成分，存在着恣意的话语狂欢现象，存在着消解一切的虚无主义思潮。勒庞指出，群体中的人认为自己可以对残暴行为不负私人道德意义上的责任。[2] 结果，缺乏自我节制的排他性做法导致了一场"话语暴政"，这些恶搞拼贴走向了恶意发泄，沦为一种单纯的人身攻击。在 2011 年出现的"五道杠事件"中，全盘否定的排他情绪给恶搞者带来了全民审判的大众狂欢，但是恣意侮辱、诋

---

① ［美］尼尔·波兹曼著，何道宽译：《技术垄断：文化向技术投降》，北京：北京大学出版社，2007 年，第 102 页。

② ［法］古斯塔夫·勒庞著，冯克利译：《乌合之众——大众心理研究》，北京：中央编译出版社，2000 年，第 22 页。

毁，本身就充斥着狭隘的利己主义。如朱大可所说的："'骂客们'企图用唾沫淹死一切不符合其道德—美学标准的事物，他们使用酷语（暴力话语）和秽语（脏词）来羞辱猎物，痛击并击毁他们的名誉。"① 这样的恶搞狂欢看上去是恶搞者在行使公民权利，但其实缺乏真正的人文关怀和批判意识。

不仅如此，一些网络恶搞逐渐超出"微观政治"的疆界，从网络空间的"符号抗争"发展到线下有组织、成规模的"涉黑活动"，对社会危害极大。例如有一段时期，名为"内涵段子"的微信公众号很火。"内涵段子"用嬉笑怒骂的方式批评各种社会乱象，受到不少网民的喜欢。围绕着"内涵段子"，网络空间中集聚了不少"段友"，他们互动频繁，结成社群，用段子和搞笑视频参与社会，形成了具有广泛影响力的"段子文化"。然而，"段友们"之间的互动交流不仅限于网络空间，甚至还由线上发展到线下，介入社会和新闻事件中，逐渐成了一个类似"光头党"的涉黑帮派组织，他们打出"段友出征，寸草不生"的旗号，使用"天王盖地虎，小鸡炖蘑菇；宝塔镇河妖，蘑菇放辣椒；微风扶杨柳，敢问是段友；啤酒小龙虾，段友是一家"等接头暗号开展线下活动，引起了相关管理部门的密切关注。

对庸俗化、色情化、暴力化乃至带有黑社会性质的网络恶搞，有关部门自然早已关注并对之加强了社会治理。政府及相关部门对恶搞文化的管控基本上可分为三种模式：社会管理和控制、政治和商业收编、借鉴融合模式。

其一，社会管理和控制模式。国家广播电视总局在 2009 年就发出《关于加强互联网视听节目内容管理的通知》，针对恶搞等新媒介文化现象制定了一系列管理条例。其中，"蓄意贬损、恶搞革命领袖、英雄人物、重要历史人物、中外名著及名著中重要人物形象的"，"以恶搞方式描绘重大自然灾害、意外事故、恐怖事件、战争等灾难场面的"都被严令禁止。第三条则强调："互联网视听节目服务单位要完善节目内容管理制度和应急处理机制，聘请高素质业务人员审核把关，对网络音乐视频 MV、综艺、影视短剧、动漫等类别的节目以及'自拍''热舞''美女''搞笑''原创''拍客'等题材要重点把关，确保所播节目内容不违反本通知第一、二条规定。同时，对网民的投诉和有关事宜要

---

① 朱大可：《流氓的盛宴——当代中国流氓叙事》，北京：新星出版社，2006 年，第352 页。

及时处置。"① 在这些条例中，恶搞文化是重点文化治理对象。针对低俗化、暴力化倾向的"内涵段子"，2018 年 4 月国家广播电视总局就责令"今日头条"网站永久关停"内涵段子"等低俗视听产品。

其二，政治和商业收编模式。按照霍尔、费斯克等人的理解，大众文化与主流文化的关系是复杂的——既与主流意识形态构成一种对抗关系，同时又不得不接受主流意识形态的某些价值观。赫伯迪格干脆说："从对抗到缓和，从抵抗到收编，这样的过程构成了每一个接踵而来的亚文化的周期。"② 对于恶搞文化，主流文化会通过政治和商业的方式对其进行收编：①商业收编：亚文化符号（服装、音乐和图片等）转化为大量生产的物品和文化创意产品及活动。一些网络涂鸦被收编和限定在特定场所，成为个人娱乐和商业活动的文化创意空间。例如，本来带有很强反叛色彩的"迷笛"很快从一个边缘化的亚文化标签，变成一个与政府及商业机构共谋的文化创意产业。②意识形态收编：统治集团（警方、媒体、司法系统）对恶搞文化重新"贴标签"。例如，同样是恶搞的"帝吧出征"因为恶搞"台独"势力，很快受到主流意识形态的青睐。《人民日报》微信官方公众号专门发文《帝吧出征 FB，友邦有话要说》，怒赞"李毅吧"吧友是聪明有个性的"中华民族的好儿女"，还特别表扬了自发组织恶搞"台独"分子的"90 后"和"00 后"："在 facebook 上只打台独而不伤台胞感情。可以看出，中国新一代'90 后'的青少年们已经开始登上历史舞台了，他们自信地迈着阔步，天马行空地自由挥洒，他们充满阳光和自信的表现，让人眼前一亮。"③

其三，借鉴融合模式。借鉴融合模式包含两个方面：一方面是指主流文化反其道而行之，借鉴和挪用恶搞等网络亚文化模式。例如，共青团开展的"这是我心中最美丽的涂鸦活动"，就是主流文化借鉴亚文化群体的恶搞性实践。"地狱空荡荡，王菊在土创"，本来王菊的形象带有很强的恶搞性和反叛性，但是经过主流媒体包装，王菊变成了底层大众人人喜爱的励志形象："是噙着眼泪在课桌底下偷偷攥起拳头的每一个努力、勤奋又依旧平凡普通的，我，我们。"

---

① 《关于加强互联网视听节目内容管理的通知》，国家广播电视总局网，http：//www. sarft. gov. cn/search. do。

② ［美］迪克·赫伯迪格著，陆道夫、胡疆锋译：《亚文化：风格的意义》，北京：北京大学出版社，2009 年，第 125 页。

③ 《帝吧出征 FB，友邦有话要说》，《人民日报》微信公众号，2016 年 1 月 22 日。

另一方面，亚文化也主动借鉴主流话语，将主流话语杂糅进具有反叛性的文化实践中，比如上述的"帝吧出征"，就是亚文化成功地用自己的方式，宣传了民族主义和爱国主义等主流文化的价值观。

在新媒介技术的推动下，随着社会多元化语境的形成，恶搞文化确实深受大众喜好，并且被一些从属的、边缘的、亚文化的乃至普通的社会群体用来参与社会，表达对社会现实和社会事件的看法。而借助一些恶搞性的文化实践，一些本来难以调和的社会矛盾和社会冲突得到了有效的、合理的解决。但恶搞文化的泛滥也带来低俗化、色情化和暴力化等问题，因此，相关部门和主流意识形态合理介入，加强对恶搞文化的文化治理是很有必要的。

第五节　网络直播中的情感表演与身体政治

戈夫曼最早提出场景理论，试图通过考察特定社会场景中的表演者来了解人类的日常行为。梅罗维茨进一步拓展了戈夫曼的场景理论，他认为，戈夫曼的场景理论主要思考的是现实生活中人与人面对面之间的交往，忽略了传播媒介在其中的作用。他还认为，在电子媒介日益兴盛的时代里需要重新思考场景理论，将电子媒介的因素考虑进来。在梅罗维茨看来，电子媒介可以消除地理疆界，使得身处不同时空的人之间的交流有了可能。

今天，新媒介技术日新月异，以互联网为基础的各种新媒介为人们多样化的社会交往提供了便利，不过，这些新媒介、新场景如何影响人们的个体行为和交往关系，值得好好观察。本节立足于场景理论，尝试探讨在网络视频直播场景中，网络女主播如何通过身体表演展示自我，以及如何借助身体表演与观众进行交流。

一、新媒介、新场景与视频中的女主播形象

2016 年被称为"中国视频直播元年"，网络视频直播在本年度成为一大热词。新媒介技术的发展自然是网络视频直播发展的重要原因，正是新媒介技术

的进步使得人与人之间一种新的交往形式得以产生，特别对许多年轻人而言，网络视频直播是他们进行表演和开展交流的新舞台。

从口头传播、文字传播到各种各样的电子传播，每一种媒介技术的发展都对人类的交往行为产生了重要影响。在口头传播时代，面对面地说话、聊天是人际交流的主要手段；在文字时代，人们则借助书信进行交流。而在今天，正如梅罗维茨所说的，新兴电子媒介是人们"表演的社会舞台的重新组合"，互联网技术的飞跃发展使得各种形式的媒介空间日渐成为人们日常表演的主要场所。有人认为，社会现实环境可以被理解为"表演呈现的原舞台"，而"互联网所构筑的虚拟空间可以理解为表演呈现的新舞台"。① 这个新舞台为许多年轻人的表演提供了空间。在网络视频直播的空间中，女主播闪亮登场，跳一段舞，唱几首歌曲，并与观众开展交流——停下来对着镜头聊几句。这样的直播表演成本是低廉的——一套主播行头、一套视频播放工具和一个房间便可以了。与传统的电影女明星相比，网络视频直播对女主播的形象要求并不高，长相过得去，会跳舞、唱歌或聊天即可。当然，行头和装备再简单，女主播要登上直播这样的媒介舞台，也要经过精心装扮，出现在直播空间里的表演者则是戈夫曼所说的"前台形象"。"主播正在后台补妆，请稍等片刻"，有些网络视频直播开播之前会在屏幕上打出这样的预告字眼提醒观众。在网络视频直播中，戈夫曼所说的前台和后台的区隔是很明显的。打开网络视频直播，主播出现在直播空间里，表演才算开始。视频直播间的舞台布置尽管简陋，但是再简单的舞台也是舞台——包括房间、桌子、椅子、摄像头和各种装饰品等。"舞台设置往往是固定的，以致那些把一种特定的舞台设置当作表演的一部分来使用的人，在离开它时，必须结束他们的表演。"② 这跟社会生活中人们的表演是一样的，只不过，网络直播间的主播表演是在特定的媒介情境和框架中进行的。

需要注意的是，在日常生活中，人们在某个场景中的表演许多时候是无意识的，但在视频直播中，主播们真正是以一种完全筹划好的方式表演。她们进入直播间时，便以一种特定的舞台形象开始了表演，并通过摄像头与观众建立了复杂的社交关系。视频直播空间中的主播形象并不等于其现实生活中的日常形象，以至于人们有时很惊诧，为何在网络视频直播这样的媒介场景中，一个

---

① 袁爱清、孙强：《网络秀场直播的表演行为解析》，《浙江传媒学院学报》2017年第2期。
② ［美］欧文·戈夫曼著，黄爱华、冯钢译：《日常生活的自我呈现》，杭州：浙江人民出版社，1989年，第22页。

人会表现出跟日常生活中完全不同的形象来？因此，探讨人媒介化的表演和交流行为，对理解人类自我，以及自我与社会的关系是很重要的。马克·波斯特在《第二媒介时代》中指出："电子媒介交流展示了一种理解主体的前景，即主体是在具有历史具体性的话语与实践的构型中构建的。这一前景扫清了道路，人们从此可以将自我视为多重的、可变的、碎片化的，简言之，自我构建本身就变成了一项规划。"① 对于许多主播而言，她们在视频直播这个虚拟舞台上重新规划了崭新的自我形象，这样的自我形象在某种程度上丰富了其在日常社会中的个体形象。一位女主播说，在视频直播中的表演让其感觉自我价值得到了实现："在生活中，我就是个卑微的小人物，在单位被忽视，没有男朋友，父母电话里都是催促，我实在太希望受到别人的关注了。而在直播间里不一样，我会收到鲜花，会有别人关注，我喜欢跟他们聊天，这样我就能忘了现实。"② 在今天，通过化妆、美图软件，经过重重修饰的主播完全是以一副不同于现实生活的理想形象出现。这样的形象让粉丝群体追慕迷狂，也让主播惊喜地发现自己竟可以这么美。以往受到万众瞩目的是著名的电影明星，但是视频直播让许多人瞬间变成其他人关注的偶像，这是一种新的体验和感觉。在网络直播的媒介秀场中，主播要通过表演展示自我——理想的容貌、过人的才艺和独特的个性。在网络视频直播空间，由于长期沉浸于角色扮演，一些女主播容易将自己视为万众瞩目的明星。而网络女主播与粉丝观众之间的交流往往是一对多的交流，由一个主播跟多个粉丝进行交流。在这个过程中，女主播表面上控制了整个流程，无论是身体表演还是闲聊对话，她都像一个居高临下的女王。但当刷了"豪礼"、送出奢华礼品的观众来到直播间，若他要求主播做出令其开心的表情和动作，而女主播不从，直播间其他观众便会觉得该主播"不懂事"，她自己便会失去一位"金主"。

对于粉丝观众而言，他们通过点赞、送礼物不仅得到了与主播交流的权利，而且也在观看和交流中获得了快感。在当代网络直播文化中，观众作为主播的粉丝参与了视频直播，与主播进行交流，以往电影明星们虽然也拥有大量粉丝团，他们会不定期地召开明星发布会，给粉丝一个接近的机会，可对多数观众

---

① ［美］马克·波斯特著，范静晔译：《第二媒介时代》，南京：南京大学出版社，2000年，第107页。

② 《全民直播时代成就网红梦，土豪看客有钱任性》，《现代快报》，http://www.xdkb.net/index/article/2016 - 06/05/content_1000418_4.htm。

而言，与明星的接触机会少之又少。但在网络视频直播时代，观众则可以通过参与视频直播，进而有了与网红主播接近和交流的机会，他还可以通过打赏、送礼物等方式找到一种捧明星的"自尊感觉"。许多年轻的粉丝观众热衷于参与直播，送礼物给女主播，除了迷恋女主播迷人的形象之外，在某种程度上，这是他们以一种想象的替代式交往来代替他们所厌倦的现实交往——宅在自己的房间里，戴上耳机，沉浸于直播世界里，只跟主播交流，外面的世界与他无关，对家庭和社会的规训置若罔闻。

因而，无论对于主播还是异性粉丝观众而言，网络视频直播为他们建立了互相交流的多样性交往空间，生产互相之间能够理解的意义，并让他们在互动交流和参与中建构自我身份认同。尽管这样的交流并没有得到主流意识形态的认可，但如费斯克所说的那样："大众能够将文化商品转变成他们感兴趣的事物，并由于将这些商品用来创造属于他们自身的意义，即有关社会身份认同以及社会关系的意义，而从中获得快感。这些意义乃是弱势者的意义，它们是根据弱势者的利益，并在弱势者的利益当中，得以创造的。"①

对于社会上的大部分人来说，主播在网上直播吃饭、睡觉和跳舞，是一种毫无意义的表演。但是对于主播和其粉丝观众而言，在视频直播中，他们建立了互动交流的社交机制，并且在此过程中创造了属于他们自身的意义和风格。

马克·波斯特认为，以互联网为基础的媒介化社会正重塑主体。在电子媒介交流时代，主体并不是一个固定的身份，主体的身份在"历史具体性的话语与实践的构型中"②被构建和生产出来。网络直播其实就是这样，主播正是在视频直播的表演和交流中构建了他（她）的主体性。新媒介技术重塑了人与人的社交关系，并为社会带来了更多的可能性："虚拟现实的机器具有令人信服的似真性，释放出巨大的幻想、自我发现和自我建构的潜能，应当能容许参与者进入想象中的世界。当不同的人构成的不同群体能够在同一虚拟空间中互动交往时，人们就更加难以设想各种可能。"③当然，媒介化社会改变了人类的交往方式，也重构了人类与机器的关系，为此，波斯特特别解释了"界面"一词的

① ［美］约翰·费斯克著，王晓珏、宋伟杰译：《理解大众文化》，北京：中央编译出版社，2001 年，第 84 页。

② ［美］马克·波斯特著，范静哗译：《第二媒介时代》，南京：南京大学出版社，2000年，第 107 页。

③ ［美］马克·波斯特著，范静哗译：《第二媒介时代》，南京：南京大学出版社，2000年，第 52 页。

含义，他认为，"新技术安装了'界面'，即面面之间的面；这种面坚持认为我们应当记住我们'有不同的面'，我们言说时有多重侧面在场（present），而且不是以任何简单或直接的方式在场，界面对于因特网的成功已变得至关重要……因特网不仅是'技术性的'而且还是准机器性的：构筑人类与机器之间的边界，让技术更吸引人类，把技术转化成'用剩的设备'而把人转化为'半机械人（cyborg）'，转化为与机器唇齿相依的人"。①

二、身体的展演与窥视的欲望

波德里亚曾说，在当代消费社会中，身体已经成了最美的消费品："在消费的全套装备中，有一种比其他一切都更美丽、更珍贵、更光彩夺目的物品——它比负载了全部内涵的汽车还要负载了更沉重的内涵。这就是身体。在经历了一千年的清教传统之后，对它作为身体和性解放符号的'重新发现'，它（特别是女性身体，应该研究一下这是为什么）在广告、时尚、大众文化的完全出场——人们给它套上的卫生保健学、营养学、医疗学的光环，时时萦绕心头的对青春、美貌、阳刚/阴柔之气的追求，以及附带的护理、饮食制度、健身实践和包裹着它的快感神话——今天的一切都证明身体变成了救赎物品。"② 在当代视觉文化时代，身体特别是女性身体逐渐成了快感、欲望的符号。彼得斯引用苏格拉底的理论说："爱欲就是欲望（237D）。欲望有两种：非理性的、求快乐的欲望和理性的、求优秀的欲望。爱欲是看肉体美——人体美（238C）。"③

在网络视频直播中，身体的呈现与表演是一个重要的视觉景观，绝大部分网络视频直播在某种意义上是关于女主播的身体消费。低胸、露肩、超短裙经常是女主播的直播间形象，女主播以性感暧昧的身体表演吸引男性粉丝观众，让他们为其扭动的身体表演而陶醉、迷恋甚至疯狂。经常有男性粉丝观众肆无忌惮地在视频直播平台上发布留言，抒发他们的视觉观感和内心欲望。费斯克

① ［美］马克·波斯特著，范静哗译：《第二媒介时代》，南京：南京大学出版社，2000年，第52页。

② ［法］让·波德里亚著，刘成富、全志刚译：《消费社会》，南京：南京大学出版社，2001年，第139页。

③ ［美］彼得斯著，何道宽译：《交流的无奈——传播思想史》，北京：华夏出版社，2003年，第36页。

也说，在娱乐化时代，大众的快感主要通过身体来运作，并且"经由身体被体验或被表达"。① 当然，在网络视频直播中，由性感的身体表演而产生的快感是双方的：一方面，女主播通过身体表演激发男性粉丝观众的个体欲望，引诱他们围观；另一方面，女主播在粉丝观众的视觉窥视中获得快感。弗洛伊德认为，窥视冲动源于人的性本能。他指出，人类有两种性欲发展模型：他恋和自恋。②"自恋"即对自我的爱慕，自我成为自己的恋爱对象。弗洛伊德认为，在文明社会中，女性的压抑感更加强烈，她始终无法完全欣赏自我，这种压抑很容易就转化为对自我的迷恋："女性，尤其长相俱佳者，发展为一定的自鸣得意（selfcontentment），补偿了强加于她们对象选择的社会限制。严格地讲，这样的女性只爱她自己，与男性爱女性的强烈感情形成了明显的对比。女性的需要此时不是爱，而是被爱，满足了女性这一条件的男人便往往取悦了她们。"③ 并且弗洛伊德指出，自恋的女人需要通过男性的追求，即被爱来获得满足感。在网络视频直播中，女主播不断通过身体的表演与展示，吸引男性粉丝观众的目光，赢得男性的疯狂追逐，从而获得一种自我陶醉和满足感。在弗洛伊德的性本能理论中，窥视欲望是性本能欲望的一个重要方面。弗洛伊德将窥视欲望称为"视觉力比多"（visual libido），随着人的成长，人的性本能受到压抑，但这种压抑会转化为一种看与被看的视觉方式。在看与被看的互动结构中，窥视癖的一方（看者）和暴露癖的一方（被看者）的关系一为被动承受，一为主动施予。④

---

① ［美］约翰·费斯克著，王晓珏、宋伟杰译：《理解大众文化》，北京：中央编译出版社，2001 年，第 85 页。

② 精神分析学探讨人的本能和主体形成过程，身体和性意识研究是弗洛伊德精神分析学的核心。弗洛伊德将人的心理结构分为本我、自我和超我，其中本我是最古老、最根本、最广泛的层次，这是无意识的领域、主要本能的领域。本我不受任何构成有意识的社会个体的形式和原则的束缚。本我就是人的本能，这种本能包括性本能（Eros）和死亡的本能，追求的是一种快乐原则。自我在弗洛伊德看来就是那些经常被称为理性和常识的东西，它们与含有感性的本我形成对比，自我就是我们在日常生活中的常态，它摆脱了本能的快乐原则，努力保持和现实生活的一致性，自我并不与本我明显地分开，它的较低级的部分并入本我。超我则是在自我发展过程中出现的，弗洛伊德认为超我产生于儿童对父母的依赖，儿童一开始由父母教育，接着由学校或其他权威机构来约束他，这种约束投射到他的自我，使其变为一种"良心"。

③ ［奥地利］弗洛伊德著，杨韶刚等译：《弗洛伊德的心理哲学》，北京：九州出版社，2003 年，第 162 页。

④ ［美］帕特里克·富瑞：《凝视：观影者的受虐狂、认同与幻象》，吴琼编：《凝视的快感——电影文本的精神分析》，北京：中国人民大学出版社，2005 年，第 65 页。

弗洛伊德所说的暴露癖（被看的快感）与窥视癖（看的快感）在网络视频直播中表现得淋漓尽致，女主播通过身体的暴露和表演在被看中获得了满足感和愉悦感，男性观众则通过窥视获得了某种快感体验。文字与语言在网络视频直播双方的互动交往中自然也很重要，但主要起辅助作用。依据弗洛伊德的窥视理论，在看与被看，窥视和被窥视的活动中，男性占据了主体地位，女性始终作为被观看和满足欲望的对象而存在。在网络视频直播中，大部分主播是女性，观众多数是男性。一位女主播说，她的粉丝观众 90% 以上都是男性，而且她还强调说："确实，女主播的颜值是很重要的。"热门女主播基本都是颜值高的女性，即便颜值不高，许多女主播也会通过化妆、美颜和修图等方式让自己变得漂亮起来。至于主播与粉丝观众如何建立密切的关系，主要看"缘分"，绝大部分情况是因为"这个女主播长得不错"。在《视觉艺术鉴赏》中，约翰·伯杰认为："男性在决定如何对待女性之前必须先观察女性，所以，女性在男性面前的形象，决定了她所受的待遇。为了多少控制这一过程，女性必须生来具有这种吸纳并内化这种目光的能力。因此，女性作为'观察者'的一部分自我如何对待那作为'被观察者'的另一部分自我，具体地表明了，外界可以且该如何来对待她。这种自己对待自己的展演式处理也构筑了女性的存在、女性的风度。每名女子总是需要不断地去裁决何者是她的身份所'允许'或'不允许'的，她的一举一动，不管动机与目的为何，皆被视为在暗示别人该如何看待她。"①

不过，富瑞倒是认为看与被看并非简单的"二元对立结构"，而是被动中有主动，主动中又有被动："在我们的窥视本能发展的过程中，我们总是持续不断地处于积极与消极、主体与客体、窥视癖与暴露癖的双重作用之下。一方面是我们窥视地、主动地介入世界，另一方面也是世界作为主体作用于我们。""我们既是主动的观看者，又是被动的被看者；或者说，存在着一些主体构型的范畴，使我们完全受到窥视癖或者暴露癖的支配；还可以说，既存在着一种男性的/主动的/施虐的凝视，也存在一种女性的/被动的/受虐的被凝视。"② 前面我们说过，在视频直播的观看机制中，有时女主播倒有更强的主动性和控制欲。

---

① ［英］约翰·伯杰著，戴行钺译：《视觉艺术鉴赏》，北京：商务印书馆，1999 年，第 46－47 页。

② ［美］帕特里克·富瑞：《凝视：观影者的受虐狂、认同与幻象》，吴琼编：《凝视的快感——电影文本的精神分析》，北京：中国人民大学出版社，2005 年，第 65 页。

相比于电影电视中单一的、缺乏互动的视觉观看机制，在网络视频直播的视觉观看结构中，女主播与男性粉丝观众之间的互动性、交流性更强。在整个直播过程中，除了双方的看与被看之外，女主播需要与男性粉丝观众不停地互动交流。这种在新媒介技术支持下的新型亲密的"爱欲关系"，在电波盛行的时代也曾经有过，电影明星可以在电视或者广播里面对观众发表讲话，观众可以通过打电话或者写信表达其对某个电影明星的喜欢。但那样的方式还是间接的甚至是隔绝的，电影明星与普通观众不仅不交流，而且在明星见面会上，为了防止粉丝们跟某个明星亲近，无数警察或保安在明星周围保驾护航。但是直播的特征就是互动性和亲近性，观众通过网络视频直接与女主播进行交往，女主播则在直播空间里为特定的观众表演，有时女主播的表演仿佛就是为正在观看的观众一人表演（其实同时还有其他人围观），正是通过这样的直播机制，女主播与粉丝观众之间建立了与以往完全不同的亲密的"爱欲关系"。

三、操演、冒犯与越轨

当然，我们在前面已经指出，这种人际交流并非在现实生活中实现，而是在虚拟现实中完成，这样的人际交往其实受到了电脑、手机屏幕等界面的限定和制约。在网络视频直播上的身体表演与视觉窥视活动中，其实像麦茨分析电影的观看机制那样，双方的交往总是处于一种或多或少的不满足状态。因为观众与荧幕上的形象（客体）在根本上仅仅是一种窥视与被窥视关系，而非真正的占有与被占有关系。在电影的观看实践中，观众与荧幕上的形象根本不能对话，也不能交流："窥视癖在空间上表现出一个裂缝，将自己永远与客体隔离开来，表现出非常的不满足（这恰恰是他作为一个窥视癖所必需的），因此他的'满足'也是属于典型的窥视癖的满足。"① 彼得斯指出，广播等媒介试图用更加亲切的语气来呼唤听众，竭力模拟人与人的互动，但是人与人身体互动的缺失无法完全弥补。

网络视频直播改变了电影、电视等传统媒介提供的单向交流方式，为主播与粉丝观众提供了一种更多样化的社交平台。在网络视频直播中，主播与粉丝

---

① 克里斯蒂安·麦茨：《想象的能指》，吴琼编：《凝视的快感——电影文本的精神分析》，北京：中国人民大学出版社，2005年，第48页。

观众在网络虚拟空间里通过视觉、语言和送礼物等方式实现了双向或者多向的互动交流，这种多样化的互动交流在某种程度上胜于现实生活中的人际交流，在一定程度上弥补了日常生活中交流的无奈，甚至主播与粉丝观众共同建构了一个颠覆和反抗日常世界的"爱欲关系"。有些男性观众将女主播想象为生活中的恋人或者理想的情人，他们可以大胆地在直播间对女主播说出其在日常生活中对其他女性不敢说的悄悄话，大部分网络女主播都是生活中物质和精神都不那么富裕的女孩，她进行歌舞表演，将自己作为被看的对象，并从中换取丰厚的经济回报，这是成功的捷径，也是自我的实现，她在众多粉丝的顶礼膜拜下获得了满足感。主播和粉丝观众经常互相使用亲昵的称呼，以显示双方无比亲密的爱欲关系。尽管如此，在数字化生存时代，视频直播中的女主播与男性粉丝观众之间其实依然有无数条麦茨所说的"空间上的裂缝"。

首先，网络主播与异性粉丝观众虽然在一个共同的虚拟文化场景中建立了视觉互动的社交关系，甚至共同构建了对抗庸常世俗生活的爱欲关系和文化共同体，但是他们之间的社交关系本身是脆弱的。因为绝大部分主播是为了某种物质欲望在视频直播空间里按照规定的要求进行程式化表演，这种表演还不具备戈夫曼所说的"戏剧性的表演"特征。戈夫曼认为，表演的功能是创造一个戏剧化的情景，要求表演者真正地投入情感。但在网络视频直播中，大部分主播的表演是敷衍的。他们表演的目的主要是获取物质利益。在视频直播中，主播与粉丝观众互相都不了解。可以说，粉丝观众根本不知道主播从何而来，甚至不能确定主播的性别——当代的媒介技术早已能够做到让某个男性以一个"性感女郎"的面目舞动在直播间里。而有时直播间中那个性感的表演者可能是个根本不存在的"虚拟形象"。

其次，我们说过，网络直播间的身体表演是在一定的媒介框架中进行的，并非任意的、自由的和随性的交流。虽然今天的新媒介技术为不在场的各种交流提供了可能性，电话实现了让相距遥远的人亲密通话，视频直播也让身临其境的面面交流变成了可能。在一个视频直播交流空间里，女主播和男性粉丝观众们可以开展私人性的交流。为了满足自己的窥视欲望，不少男性粉丝观众还提出一些非分要求。但是在网络视频直播中，这种交流并不是完全自由的，不仅交流的场景本身是有媒介技术限制的，而且主播与观众的交流也受到了网络直播空间和平台的限制，主播和观众的"见面"被限定在网络视频空间里面，而非现实空间里的真实见面。主播开播，粉丝观众在线，双方的互动交流才能够实现，而主播在线的时间是有限的，观众只有抓住有限的时间与主播亲密交流，不然就无法与主播进行有效对话。在网络视频直播这个看起来相对私密的场景里，主播与观众之间并不能畅所欲言。主播的表演都是程式化的，哪怕是色情化的表演也都是程式化的。主播的一举一动、一颦一笑都是规定的动作："秀场直播中的表演行为存在着一整套标准化操演的痕迹。传播主体展示性演出的形式、内容、言说、姿态存在着反复性操演的痕迹，秀场直播的表演行为正在构建一种标准和规格。"① 再性感诱人的表演动作都是在一定情境框架中按照某些规定要求完成的。如果突破了这个规定，主播就会受到来自机构或者其他方面的"警告"。网络管理机构和社会组织乃至直播平台本身都对主播的行为做了许多规定。这些规定限制了主播与粉丝观众之间越轨的交流，把双方的交流限定在一个被社会认可的范围内。当某位男性粉丝观众在语言上有冒犯之时，"场控"（把关人，通常由铁杆粉丝承担）就会出面警告，如果这位观众不听劝告，继续说一些冒犯的话，他就会被踢出直播平台。

最后，主播与粉丝观众之间交流的障碍有时也来自家庭和社会的道德压力。为了保持在粉丝观众中的地位，大部分主播都拒绝与粉丝观众线下交往，女主播偶尔也会被男性粉丝观众约出来见面，有些甚至成为男女朋友，但这种现象极少。而且主播的表演和交流行为经常会受到身边朋友、家人的约束。当我们询问一位女主播，她在直播平台上表演以及与粉丝观众进行交流，其家人和男朋友是否介意时，这位女主播告诉我们："还好，不是特别反对，不过，有时候他也不高兴。特别是当我和一个男粉丝表现得比较热情时，那位男孩子如果有暧昧的语言，我的男朋友就非常不高兴。"还有一位主播说："我家里人坚决反对我做主播，他们认为这是个不光彩的职业，我都是偷偷在做主播。"显然，社会舆论和道德规范约束着主播的表演和交流行为。

主播与粉丝观众之间的交流当然还受到经济的限制。直播这种看上去自由简单的视频交流活动尽管为人与人之间的多元化交流提供了新模式，有人将视频直播视为一个人人可以自由参与的多元化表演舞台，但是这种看上去自由多元的视频直播背后其实是强大的金融资本在起作用。花椒、斗鱼和腾讯都是力量雄厚的媒体机构，正是这些机构培养了大量专业化的主播队伍，"主播与组织机构之间会签订某种协议，从而来规范双方的行为……在传播主体的表演中，

---

① 袁爱清、孙强：《网络秀场直播的表演行为解析》，《浙江传媒学院学报》2017 年第 2 期。

我们能够发现主播表演的热度以及靠前的排名都离不开背后组织机构的暗地支持。在秀场直播的房间里，组织机构会派遣特定的成员混迹在观看的客体群中。我们会发现特定的观众会大幅度地打赏主播，从而构建一种礼物满天飞的霸屏假象"。① 从主播与观众的个人关系而言，大部分直播并非一对一，而是一对多。要获得与主播交流的权利并不容易，一位接受我们采访的主播说："经常的一个现象是多人提问，没办法都回答，不愿意回答的只能假装没看见。""当然，那些送钱、送礼物多的粉丝观众得到的回答也多。"

其实，从网络视频直播平台诞生开始，媒介管理机构便已经对其有可能超出某种规范的直播行为进行了规定。即便是这样，在主播和粉丝观众之间，冒犯、越轨和冲突的行为现象仍然不断发生。张斌认为，直播行为是当代人在得到基本的生理和安全需求的满足之后，"渴望得到更多的尊重和对自我价值的肯定。而基于现实生活的压力和所处的社会地位差异，这些只有在去身份化的直播间才容易得到满足"。② 与此观点相反，笔者倒认为这恰恰体现了在直播过程中，主播及观众在生理和心理安全方面的不满足感。女主播与男性粉丝观众之间的多数交流其实并非出于互相尊重，也不仅仅是为了实现自我价值，而更多的是源于本能欲望或物质欲望。视频直播屈从于弗洛伊德所说的快乐原则。在视频直播平台上，女主播的暴露癖与粉丝观众的窥视癖都是人类本能欲望的体现。马尔库塞说："本来，性本能对其主客体都没有任何外来的时空上的限制，性欲本质上是'放荡不羁的'。"③ 在文明社会的现实生活中，人们要遵守社会秩序，压抑本能欲望。但是新媒介的虚拟空间为人们多样性的欲望表达和展演提供了舞台，无论是主播还是粉丝观众都在直播间的表演和窥视活动中获得了欲望的满足。主播可以按照自己的内心和本能欲望展演自我，在幻想的世界里重塑被认可的主体形象，而观众也在窥视的过程中获得了满足。因此，在视频直播中，由"暴露"与"窥视"引发的冒犯、越轨和冲突有时是单方面的，有时也是主播与观众乃至机构之间的共谋。那些充满性诱惑的直播平台名称表明，为了获得更多的粉丝观众，许多女主播不惜逾越社会道德的底线，通过色情化

---

① 袁爱清、孙强：《网络秀场直播的表演行为解析》，《浙江传媒学院学报》2017 年第 2 期。

② 张斌、吴炎文：《美丽"新"世界——作为景观的网络直播》，这是张斌、吴炎文在2016 年于暨南大学举办的中国高校影视学会青年专业委员会年会上的论文报告。

③ ［美］马尔库塞著，黄勇、薛民译：《爱欲与文明》，上海：上海译文出版社，2005年，第 36 页。

表演来诱惑观众，满足他们的窥视和性欲望。而围绕着身体表演的冒犯、冲突与越轨活动，直接关联着女主播与粉丝观众之间的情感结构。当粉丝观众的窥视欲望无法得到满足时，如弗洛伊德所说的那样，对一个深情爱着的对象经过替代与自居作用，甚至转变成攻击与敌视的态度，谩骂和攻击的弹幕语言经常布满视频直播平台的评论区。

不仅如此，网络视频直播间的冒犯、冲突与越轨也直接联系着社会控制。梅罗维茨认为，戈夫曼的场景理论强调了不同场景中的规则对个体表演行为的限制："一个人主动参与到许多不同的剧幕中，人们不停地变换身份和角色，学习并遵守一系列复杂的行为规则，努力维持他们在每个场景的表演，同时不会威胁到他们在其他社会场景中的不同表演。戈夫曼的'社会脚本'表面上看是动态的，但是这种动态需要相应的相对稳定的社会秩序作基础，即固定的规则、角色、社会背景以及固定的团体。个体必须遵守这些社会传统，必须进行练习和预演并持续他们的表演。"①

这种情况同样适用于网络直播中的表演者。主播们在摄像头前面的身体表演，在一定程度上是为了维持他们在现实生活中的表演，他们希望借此获得巨大的物质回报从而让自己在现实中的生活变得更光鲜。不过，虽然一些规则的制定是为了将表演者和观众的行为限定在某个场景内部，但是他们的言行举动还是会超出规定的范畴，且与常规的社会秩序构成冲突。所以当网络视频直播中的身体表演对正常的社会秩序构成冒犯时，规训与惩罚便不可避免地降临了。正如费斯克所说，当身体的快感对身体政治（body politic）构成了威胁的时候，社会就会采取措施对之加以规训，"当这些快感被沉溺到过分的程度，也就是说，当它们超过了拥有社会控制权的人所订下的合理与自然的标准的时候，或者当它们逃避社会的规训，并因而与阶级利益达成联盟，获得某种激进或颠覆的潜能的时候，这种威胁就变得特别可怕"。② 其实，即便表演者和观众的活动符合规则，而整个直播平台却不符合社会规制，按照现实原则建立起来的社会控制也会对某个直播平台以及场景中的表演者加以规训与惩罚。例如，针对网络视频直播中色情化和低俗化的趋向，各种关于直播平台的规章制度纷纷出台。

---

① ［美］梅罗维茨著，肖志军译：《消失的地域：电子媒介对社会行为的影响》，北京：清华大学出版社，2002年，第2页。

② ［美］约翰·费斯克著，王晓珏、宋伟杰译：《理解大众文化》，北京：中央编译出版社，2001年，第91页。

无论是在现实社会，还是在网络视频直播空间，身体的各种表演实践总是与社会控制之间存在着张力关系，围绕着身体的控制与反控制、解放与规训的斗争其实也永远不会结束。

四、交流的无奈

人们通过新媒介参与到虚拟现实中，以此获得全新的身份和快感体验。一些主播和粉丝观众甚至会沉迷于这种新的社交活动中，他们认为自己拥有了新的朋友。当我们问到一位粉丝观众为何要给主播送大量礼物的时候，他说："真的很喜欢这个主播"，"平时也没什么朋友，跟主播很聊得来，每天就想打开网络直播跟主播说说心里话"。当谈到为何要参与网络直播时，许多主播表达了这样的观点："粉丝对我都挺好，他们给我送各种各样的礼物，有这样的粉丝感觉真好。"

人是需要交流的动物，在现代社会中，交流对于每个人来说都是相当重要的。著名传播学者彼得斯在其《交流的无奈——传播思想史》中特别强调了交流在现代社会中的重要价值："'交流'（communication）是现代人诸多渴望的记录簿。它召唤的是一个理想的乌托邦。在乌托邦里，没有被误解的东西，人人敞开心扉，说话无拘无束。看不见的东西，渴望愈加迫切；我们渴望交流，这说明，我们痛感社会关系的缺失。我们如何陷入这个关口，怎么会在说话时带着伤痛之情呢？……只有当代人才会在面对面时担心如何'交流'的问题，仿佛他们之间相距千里之遥。'交流'是盘根错节的思想文化问题，它把时代的种种自我冲突编进了自己的代码之中。弄清交流具有重大的意义，我们可以得到一个明显的答案，以便解决我与他、秘密与公共、内心思想与外在词语的分裂所引起的痛苦。"①

在现代社会中，每个人都渴望与他人无拘无束地展开交流，但是人与人之间没有任何障碍的交流又是如此困难。而在数字化和媒介化生存的时代，新媒介技术为人类提供了新的交流平台，让人们能够在虚拟世界中进行交流。但是这也带来一个问题，那就是今天的人们越来越习惯于在虚拟世界里交往，而不

---

① ［美］彼得斯著，何道宽译：《交流的无奈——传播思想史》，北京：华夏出版社，2003 年，第 2 页。

愿意在现实生活中交流。当代年轻人热衷于网络视频直播间的身体表演和情感交流，进一步凸显了现实世界中交流的无奈。对于粉丝观众而言，在一个高度私密的网络直播空间里，除了满足窥视欲望外，或许他一无所获，当他结束了某种窥视活动，甚至会产生一种更加无助的空虚感。

梅罗维茨说，在电视时代，许多观众认为自己对电视上的某位表演者的了解要超过许多人："新媒介引发了新型关系，他们称之为'副社会交往'。他们认为，虽然这种关系是有中介的，但是它在心理上类似面对面交往。观众开始感到他们'认识'在'电视'上遇到的人，这与认识朋友和同事的方式是相同的。实际上，许多观众开始相信自己对某位表演者的认识和了解超过其他所有的观众。"① 在网络视频直播空间里，许多粉丝观众对于主播的感觉也是这样的，他们认为自己对主播的认识要远超于现实生活中的某个朋友。但是梅罗维茨提出了这样一个疑问——仅通过媒介交往的人们形成的是什么样的关系呢？他将这样的交往看成是陌生人在新媒介场景中的相遇，他们只是"媒介朋友"。这种媒介朋友并非现实朋友。尽管有个别的主播可能和其粉丝观众在现实生活中走到了一起，尽管一些粉丝观众声称他无比喜欢主播，并通过打赏、送礼等方式获取主播的欢心，但对于大部分粉丝观众而言，主播和他们的关系也仅仅是媒介朋友而已，他们并不能真正了解主播。尽管主播会通过身体表演与其交流，满足他们的视觉欲望和情感需求，但对于粉丝观众而言，主播始终是一个无法接触到的形象。

我们前面已经提到，如果不能在现实生活中接触到主播，粉丝观众对主播的一切情况都不了解，他们所看到的只是虚拟空间中的一个表演者形象而已。即使他们真的在网络直播场景里谈情说爱，甚至开展虚拟的情爱活动，但他们依然无法触摸到他（她），主播不断通过身体表演激发他们的欲望与激情，却终究无法让他们得到真正的满足。所以，在某种意义上，网络视频直播虽然为人们提供了新的交流途径，但是并没有解决人与人之间交流的根本性障碍。梅罗维茨强调："虚幻空间首先是一个没有意义的空间。不是说它们没有意义是因为它们是虚幻的：因为它们没有包含（carry）任何意义，人们也不会相信它们能够包含什么意义。所以它们才被看作是虚幻的（更准确地说，是看不见

---

① ［美］梅罗维茨著，肖志军译：《消失的地域：电子媒介对社会行为的影响》，北京：清华大学出版社，2002 年，第 113 页。

的）。"他进一步指出："虽然电子媒介破坏了社会场景和物理地点之间的关系，但是不同的地点显然依旧存在，且地点仍然是许多种类交往的主要决定因素。身体的交往——从做爱到谋杀——通过电话甚至是可视电话仍是相当受限制的，收音机、电视或者电脑所提供的'陪伴'也可以看成是一种新形式的孤独限制。"①

同样，在网络视频直播空间里面，主播与粉丝观众的交流在根本上是徒劳的，甚至反而进一步扼制了人与人之间正常的社会交流。"御宅族"们足不出户就可以恣意看美女帅哥并跟他们互动交流，然而最终却令自己深陷于这种与世隔绝的虚拟交流中难以自拔。新媒介技术改变了人与人的交流方式，让不同时空里的人们可以借助于互联网进行交往，但是马克·波斯特就强调，在新媒介时代，界面的存在让人与人之间的交流始终是不充分的："界面介于人类与机器之间，是一种膜（membrane），使相互排斥而又相互依存的两个世界彼此分离而又相连。"② 在网络视频直播中，主播与粉丝观众虽然看起来就像在一个卧室里进行交流，但是他（她）们之间依然存在一个难以逾越的界面，他们的交流其实是人—机器—人的交流："在诸如电脑这样的表征性机器中，界面问题尤为突出，因为人/机分野的每一边如今都开始具有其自身的现实存在；监视器屏幕的这一边是牛顿式的物理空间，而那一边则是赛博空间（cyberspace，又译为网络空间）。"③ 虽然高品质的界面可以让人们毫无痕迹地穿梭于两个世界，但其实这两个世界的根本性差异并没有消除，即主播与粉丝永远无法实现无障碍的交流。

在视频直播流行的今天，许多直播平台用性感的主播群体吸引猎奇的观众群体，给了主播通过身体展现自我，借助表演与观众开展交流的机会。在网络直播的身体表演和情感交流中，主播一方面追求被现实生活压抑的另一个自我，另一方面将收到的打赏变现，获得经济收益。而粉丝观众不仅打发了时间，并在这个时间内满足视觉听觉欲望，用虚拟或带有货币价值的手段进行打赏，满足了以我为尊的权力逻各斯在虚拟空间的实现。但网络视频直播中以身体、欲

---

① ［美］梅罗维茨著，肖志军译：《消失的地域：电子媒介对社会行为的影响》，北京：清华大学出版社，2002 年，第 171 页。

② ［美］马克·波斯特著，范静哗译：《第二媒介时代》，南京：南京大学出版社，2000 年，第 25 页。

③ ［美］马克·波斯特著，范静哗译：《第二媒介时代》，南京：南京大学出版社，2000 年，第 25 页。

望博眼球的身体表演，究竟能够维持多久，我们不得而知，只能说直播赶上了消费社会，满足了碎片化生活中一部分消费大众的审美或欲望需求。而从社会交流角度而言，直播中的互动内容含量低，属于低质量的交流，沉浸于此的"御宅"群体其实与现实社会的人际交流愈行愈远。

第四章

电视文化批判

······

第一节 社会转型与当代市民剧的"世俗认同"

结构主义人类学家列维－斯特劳斯在其《结构人类学·神话研究》中认为，神话只是现实生活中人类各种关系的再现，神话本质上是一套话语，"神话的本质不在于文体风格，不在于叙事手法，也不在于句法，而在于它所讲述的故事"。① 这些故事都是现实生活中各种关系的再现，这些故事用一种神话的方式，对现实世界进行解释，从而解决和消除生活中的矛盾。列维－斯特劳斯指出，尽管不同地区有各种不同的神话，但实际上这些神话都有一些共同的结构，遵循"二元对立"结构组织起来，譬如美洲有"灰小伙"的故事，欧洲有"灰姑娘"的故事，它们均有一些共同的功能结构，如表 4-1 所示：②

表 4-1 "灰姑娘"与"灰小伙"故事对比

	欧洲	美洲
性别	女	男
家庭	双重家庭（父亲续弦）	无家可归（孤儿）
面貌	漂亮的姑娘	丑小子
情感状态	无人怜爱	单相思
变化	借超自然力之助穿上了华美的衣服	借超自然之力将丑陋的外表褪去

上表说明，尽管是不同的故事，但这两类故事的核心功能是相同的，而这样的故事在亚洲的民间题材和童话故事里也十分常见。列维－斯特劳斯对原始神话的研究启发了罗兰·巴特，在《神话——大众文化诠释》一书中，巴特将列维－斯特劳斯对于原始神话的关注，转移到对现代城市生活和通俗媒介文化

---

① ［法］列维－斯特劳斯著，张祖建译：《结构人类学》（1），北京：中国人民大学出版社，2006 年，第 247 页。

② ［法］列维－斯特劳斯著，张祖建译：《结构人类学》（1），北京：中国人民大学出版社，2006 年，第 247 页。

的关注，结果他发现，在现代社会和大众媒介中，也充斥着各种各样的神话：广告的神话、明星神话、帝国神话和人类大家庭的神话等，好莱坞明星嘉宝的脸蛋也是一张"神格化的脸蛋"，巴特将这些现象称为"现代神话"。他认为，世界上每一件事情都可以成为神话，因为神话的本质是一种言谈，"任何事情只要以谈话方式传达，就都可以是神话了"。① 实际上，巴特和列维－斯特劳斯所说的是一个意思，都指出神话是一种话语，是人为制造和建构起来的，各种各样的"现代神话"的创造，借助的是文字、新闻图片、电视剧和电影。例如，让嘉宝从一个普通人变为让观众迷狂崇拜的"女神"的是电影。当然，神话是一种语言的建构，它可以根据现实不断地改变，神话可以让嘉宝从普通的"邻家女孩"变成"女神"，也可以在转瞬间，将其变为"魔鬼"。巴特指出，各种现代神话都是资产阶级意识形态的体现，让资产阶级的利益自然化和普遍化。

一、我国当代市民剧的兴起

18 世纪随着城市资产阶级的兴起，西方出现了大量反映底层市民生活的戏剧，这些戏剧被狄德罗、莱辛等人称为"市民剧"，莎士比亚的戏剧是资产阶级市民剧的典范。剧中的主要人物大多不再是英雄，而是小市民。借用 18 世纪市民剧的概念，我们将讨论《渴望》《贫嘴张大民的幸福生活》《金婚》等 20世纪 90 年代以来的中国电视剧，这些电视剧将镜头对准市民阶层，讲述小市民的价值观念、道德情感和生活理想，是当代中国的市民剧。

当代市民剧兴起于 20 世纪 80 年代末期，是我国社会转型的产物。1978 年以来的改革开放以现代化的名义将中国带入了一个新世界，改革和发展是社会的主题，在现代化大叙事的前提之下，整个 80 年代显示出了一股理想主义的色彩，仿佛随着现代化，一切问题迎刃而解，人民会越来越幸福。事实上，改革给中国带来了巨大变化，社会迅速发展，但改革也引发了一些深层次的社会问题，尤其是 20 世纪 80 年代中后期，物价飞涨，各种社会问题开始暴露，城市底层市民的生活日益困顿，1988 年甚至成为 1950 年以来中国物价上涨幅度最

---

① ［法］罗兰·巴特著，许蔷薇、许绮玲译：《神话——大众文化诠释》，上海：上海人民出版社，1999 年，第 167 页。

大、通货膨胀最明显的一年，这一年上海、贵州和云南等地都出现了抢购潮。①
现代化没有带来一切或让所有人都得到幸福，相反，现代化把大部分人抛入一
个"拜物教"的欲望世界中，于是繁华的城市风景和丰富的物质文明，倒成为
"烦恼人生"的根源。

正是在这样的社会背景下，人们的思想观念、价值目标开始发生深刻变化，
许多民众，甚至连精英阶层也开始对现代化的宏大叙事失去了兴趣，甚至产生
了怀疑，转而关注日常生活和小人物的命运，日常和底层生活成了社会关注的
中心话题。例如，代表着文艺精英阶层的《上海文学》杂志在 1987 年第 6 期就
发表了这样的"编者的话"：

> 我们希望有更多的作者关心自己周围的日常生活：工厂班组会上的争论，
> 乡镇企业里穿梭往来的经济联系……②

编者号召作家们更多地关注城市的日常生活，实际上说明了先前的大部分
作家对于底层和日常生活的忽视。于是，以《钟山》《上海文学》为代表的文
学杂志涌现出《不谈爱情》《风景》《机关轶事》《一地鸡毛》等反映城市底层
生活的市民故事，这批作品后来被统称为新写实主义文艺。

到了 20 世纪 90 年代，随着市场化的热潮，市民阶层迅速扩张。1995 年的
《上海文学》连续好几期都刊登了"城市化与转型期文学"的专题讨论，学者
邹平、张同安、杨杨、杨文虎热烈地讨论了新兴的市民阶层，第 12 期的《上海
文学》提出了"让文学吸引市民"的口号，这份杂志的编者敏锐地感受到了市
民阶层的迅速扩张："或先或后更新了自己的生存状态与价值观念的那一个社会
群体；这个社会群体正在逐步覆盖我国的城乡，从东南沿海扩展到中西部内陆
地区。"③新写实主义的代表池莉则在《我坦率说》一文中，把一切劳动者都看
作是"小市民"，足见这个阶层的壮大：

> ……"印家厚"是小市民，知识分子"庄建非"也是小市民，我也是小市

---

① 吴晓波：《中国巨变：1978—2008》，北京：五洲传播出版社；北京：中信出版社，
2008 年，第 52 页。
② 《编者的话》，《上海文学》1987 年第 6 期。
③ 《让文学吸引市民——编者的话》，《上海文学》1995 年第 12 期。

民。在如今的社会主义初级阶段，大家全都是普通劳动者。我自称为小市民，丝毫没自嘲的意思，更没有自贬的意思。今天这个"小市民"不是从前概念中的"市井小民"之流，而是普通一市民，就像我许多小说中的人物一样。①

电视作为当代重要的大众传媒，其实也已把镜头对准了市民阶层，1987 年江苏电视台就不失时机地拍摄了一部百集电视系列剧《秦淮人家》，将镜头从乔光朴之类雄才大略的企业改革家身上移开，转而对准江南传统民居中的普通小市民，描绘他们的日常生活和情感故事，并通过小市民的日常叙事，展现我国改革开放初期的社会变化和市民阶层的精神状况。

鲁晓威、赵宝刚导演的《渴望》（1990）更是引发了市民剧的热潮，据陶东风的回忆，"许多城市在该剧播出时间内，街上行人稀少，影院门可罗雀；有的工厂因为职工要回家看《渴望》，厂方竟改变了作息时间"，② 可见这部电视剧反响之大。《渴望》之所以受欢迎，是因为它改变了影视剧一贯的宏大叙事思维，将目光投射到小市民。尽管《渴望》也涉及政治和改革大主题，但更关注市民阶层的日常生活，强调小市民生活方式和价值观念的合理性是这部连续剧的核心主题。随着《渴望》的热播，市民剧在我国逐渐发展成为一种深受城市观众喜爱的电视剧类型。

二、《渴望》与"世俗神话"的建构

满怀革命理想、政治情怀和启蒙精神的绝大部分作品对市民世界、日常生活持否定态度，在那里，小市民的日常生活被认为是一个需要批判和超越的对象。但是，当代市民剧就是要摆脱改革开放初期以英雄人物为主要内容的宏大叙事，转而描绘市民阶层为主的日常生活。小市民的生活不断地被讴歌和美化，甚至被"神话"化。尤其是《渴望》这部早期的市民剧塑造了刘慧芳这样一个完美市民形象，从而建构了一个"世俗神话"。当然，神话总是按照"二元对立"的叙事模式建立起来的，在《渴望》的市民城市空间中，有两股对立的力量：

---

① 池莉：《我坦率说》，《池莉文集·真实的日子》，南京：江苏文艺出版社，1995 年，第223 页。

② 根据陶东风的博客：《启蒙的终结：〈渴望〉与中国特色的电视剧模式的确立》。

刘慧芳	王沪生
小市民	知识分子
女人	男人
没有文化	有文化
贫穷	富贵
善良	邪恶

以刘慧芳为代表的小市民，与以王沪生为代表的知识分子形成鲜明对比。小市民虽然社会地位卑微，但他们忠孝仁义、纯朴善良，始终维护着社会的道德秩序，而与之相反的是，知识分子尽管拥有较高的文化资本，但在个人操守和道德品质上则比不上小市民。

刘慧芳出身于北京胡同，没有多少文化知识，但她勤劳善良，并以此赢得了知识分子王沪生的爱慕，他们终于走到一起，组建了一个美满家庭。但王沪生的姐姐王亚茹却自认为属于知识分子家庭，处处看不起小市民刘慧芳，还批评同事"天天混在小市民堆里"，甚至想尽办法让弟弟王沪生离开这个小市民，最终导致刘慧芳与王沪生离了婚。与刘慧芳一样，故事中另一位男主人公宋大成，同样勤劳朴实，是一个好市民。他与知识分子王沪生形成了鲜明对照，尽管他与青梅竹马的刘慧芳没能结婚，但他毫无怨言，始终如一地照顾慧芳全家，慧芳全家对他的感激就是让孩子称他为"大舅"。

"世俗神话"于是在一种符合传统的道德体系中建构起来，"好人"要善良勤劳、衣着朴实，宋大成即使后来做了公司老板，开始西装革履时，他还要向刘慧芳表明这一切变化是表象，他和在工厂打工时的本质没有变，宋大成还是那个朴实的小市民宋大成，不会腐化堕落；相反，知识分子自私傲慢，他们的道德状况令人担忧。刘慧芳更是一个十全十美的"好人"，她是模范市民，具有完美的道德品质。她可以为捡来的孩子，牺牲家庭、工作，甚至生命，可知识分子丈夫王沪生却不理解，于是他们之间产生了不可调和的冲突，结果是"小市民"完全获得了胜利，事实真相大白后，那些曾经瞧不起她的知识分子，最终都被其善良所感动，纷纷良心发现，并通过实际行动向善良的小市民刘慧芳道歉。

《贫嘴张大民的幸福生活》同样塑造了一位好市民张大民，"他"曾在《渴望》中露过脸。只不过张大民并不像刘慧芳那样沉默寡言，相反，他是一个很会耍嘴皮子的小市民，但他本质上却与宋大成一样，是个善良厚道的小市民，四合院里的脏活经常由他包揽。而且张大民亦爱上了青梅竹马的邻居云芳，云芳虽然喜欢他，却还是带了一个西装革履的上海男朋友进了家门，这与《渴望》的叙事结构如出一辙。不过，张大民要比宋大成幸运一些，因为云芳被西装革履但行为丑陋的上海男人抛弃后，又回归了四合院，他们终于走到了一起。

《渴望》和《贫嘴张大民的幸福生活》这两部较早的市民剧，都是现代版的"灰姑娘神话"和"灰小伙神话"，用一种善恶分明的传统道德准则，建构了一个理想的"世俗神话"，安于现状、平常琐碎的普通市民生活被美化，刘慧芳等小市民虽然生活卑微，但他们勤劳朴实，勇于自我牺牲，在道德上值得称赞；王亚茹等人虽然拥有知识，富有教养，衣着体面和文质彬彬，他们的道德却普遍不高。底层的生活世界也与知识分子所生活的世界形成了鲜明对比，贫嘴张大民居住的四合院，虽然狭窄拥挤，肮脏杂乱，甚至被称为"大杂院"，但这个大杂院却热闹非常，富有人情味，而相比之下，知识分子王亚茹的家虽然宽敞、整洁，但显得冷冷清清。

然而，如巴特所言，神话的运作根植于现实，也为现实服务，《渴望》的小市民神话是通过电视这个大众传媒建构起来的，它杂糅了西方通俗剧的善恶标准和东方儒家文化传统安贫乐道的价值观念，振奋了身处现实困境的小市民，让他们相信小市民生活充满了幸福，善良可以战胜一切。不过，巴特说，"对抗神话的最佳武器，也许反而是神话自己"。[①] 市民神话是由电视传媒建构起来的，而大众传媒反过来也可以瓦解市民神话。如果仔细考察《渴望》这样一部经典的世俗剧，我们会发现这部剧的世俗神话本身存在着无法克服的内在矛盾。尽管刘慧芳、宋大成都被塑造为模范市民，尤其是刘慧芳，她的完美德行感动了所有人，她的前夫王沪生还用下跪的方式，表达了内心忏悔，但需要思考的是，刘慧芳的道德品质真的是毫无瑕疵吗？

让我们再仔细审视一下电视文本，《渴望》的前面几集其实是一个常见的三角恋爱故事模式，刘慧芳在宋大成和王沪生之间徘徊，最终选择了王沪生，但作为一个勤劳善良的"好市民"，刘慧芳怎么能舍弃青梅竹马又勤劳善良的宋大成呢？这一舍弃是否意味着刘慧芳对市民阶层的不满，所以她不愿意再嫁给自己的阶层？作为一个"道德模范"，刘慧芳为了抚养捡来的孩子小芳，不

---

① ［法］罗兰·巴特著，许蔷薇、许绮玲译：《神话——大众文化诠释》，上海：上海人民出版社，1999年，第195页。

顾家庭、丈夫，亲生孩子东东在电视剧中，跟她仿佛没有关系，这样的人怎么能做"道德模范"呢？尽管电视剧也提到过刘慧芳去王沪生家看东东，但似乎很少表现刘慧芳与东东之间的那种骨肉深情。

更值得玩味的是，刘慧芳为了照顾小芳，不但失去家庭，也失去了工作，那么，她照顾小芳的经济来源在哪里？难道要由她年迈的母亲来承担？如果是由其母亲来承担，这显然是不道德的，怎么能将全部生活重担，让一位并没有太多经济能力的老人承担？可电视剧为了维护小市民的"美好道德"，却让刘家人倔强地拒绝王沪生家提供的钱。但一个普通的工人家庭，接连遭遇这样的生活变故，哪有大量钱来治病呢？电视剧也提到了刘慧芳要回厂子工作，但没有说明这是家庭需要，而是出于刘慧芳对工厂生活的眷恋，但真正促使刘慧芳回工厂的原因应该是"经济贫困"。实际上，从第四十九集中刘大妈说"有什么别有病，没什么别没钱"，已无意中透露了这个家庭窘迫的经济状况。

另外，电视剧所创造的世俗神话本身也是一种压抑机制，在这部歌颂"好人"的电视剧中，为了维护某种东西，所有人都显得很压抑，该说的话不说，想要的又不要。譬如，王亚茹和未婚夫罗岗后来仍然深爱对方却也不表达，宋大成喜欢刘慧芳也不表达，尤其是刘慧芳，在电视剧中她的大部分镜头都是低头沉默，或许只有沉默才是维护"道德模范"光辉形象的最好手段。总之，"道德神话"本身变成了一种压抑机制，结果在这部歌颂"好人"的市民剧中，很多时候，好人的许多行动让人无法理解。

同样，在《贫嘴张大民的幸福生活》中，当张大民嘲弄了云芳的前男友，如愿以偿地娶到了云芳，过上幸福的市民生活后，却不得不面对生活，窘迫的市民生活经常成为家庭和邻里矛盾的导火线，这部市民剧的开头便颇有意味，张大妈和李大妈在公共水龙头前聊天，提到了"上海"和"美国"，在她们眼里，"上海"和"美国"是不同于胡同的新世界，《渴望》中也提到了"美国"，尽管刘慧芳是"道德模范"，但小芳的治病还必须依赖"美国"，依赖王亚茹，东东的发展也依赖"美国"。正是在上海、美国这些"新世界"面前，知足常乐的市民神话显得极不自信，张大民也只有在云芳被"上海人"抛弃后，才敢大胆地追求云芳。《渴望》和《贫嘴张大民的幸福生活》都提到了胡同即将被拆迁，这是否意味着知足常乐的市民神话将要终结？

实际上，随着社会继续发展和现实的快速变化，《渴望》的世俗神话在日益加重的现实压力和道德危机中渐渐瓦解。刘慧芳式的"模范市民"不复存在。张大民虽然心地善良，但已不再像宋大成、刘慧芳那样少言寡语，而是有点"贫嘴"。在《编辑部的故事》中，几位年轻编辑心地也不错，却公开提倡城市流行的新时尚，他们不愿意对城市事物作简单的道德评判。

三、"底层欲望"与中产阶级神话的破灭

由陈道明和蒋雯丽主演的电视连续剧《中国式离婚》（2005），虽然像《渴望》一样，仍然关注小市民生活，但这部市民剧中的道德观念和市民形象有了更大变化，刘慧芳这样贤妻良母型的小市民，不再被作为道德模范讴歌和崇拜，相反，这一形象是电视剧批评和反思的对象。小学教师林小枫最不满意的就是做安贫乐道的小市民，她不愿意成为刘慧芳那样的"好市民"，逆来顺受于现实环境，她根本不相信"好人一生平安"的"世俗神话"，因为她目睹了老院长在食堂排队买东西为几毛钱与服务员吵架而骤然倒下的悲惨场面，她与丈夫宋建平的日常争吵往往也是因油盐酱醋引起。于是她要努力摆脱小市民生活，她怂恿丈夫宋建平离开国有医院，进入中外合资的医院。宋建平离开国有医院后，很快得到重用，成为合资医院的副院长。林小枫如愿以偿，宋建平的出色工作立刻让其家庭摆脱了小市民世界，她终于告别了挤公交车、排队买菜的小市民生活，过上了吃西餐、开轿车的中产阶级生活。

然而，《中国式离婚》并没有就此建构起一个浪漫温馨、幸福美满的中产阶级模范家庭。神话刚刚建立便已解体，三口之家的"小布尔乔亚神话"很快就被更强烈的物欲、情欲和占有欲所取代。其实，最初推动中产阶级神话建构的恰恰是欲望本身，然而，中产阶级神话建构之后，欲望并没有因为神话的确立而消失，相反，欲望摧毁了神话，引来了更多的欲望。宋建平发达后，越来越不满足家庭的世俗生活，他和女邻居发生了婚外情。这让女主人公林小枫终于从中产阶级神话的迷失中惊醒，但一切已经无可挽回，于是她开始沉溺于虚幻的网络世界，渴望通过网络交友摆脱失落情绪，可事情的发展适得其反，更深的家庭危机最终让这个中产阶级家庭土崩瓦解。世俗欲望带来了自由、放纵和快感，但它又是一种短暂的、致命的和毁灭性的力量——不仅破坏家庭和社会的稳定秩序，也破坏了它自身。

滕华涛导演的22集电视剧《双面胶》亦是一部讲述普通城市家庭日常生活的故事，像《中国式离婚》一样，这部电视剧赤裸裸地表达了世俗欲望，尽管

胡丽娟和李亚平的家庭是一个中产阶级家庭，但这个家庭一开始就没有神话，偶尔短暂的幸福快乐往往也迅速地淹没在无休止的家庭战争中。在《中国式离婚》中，林小枫和宋建平这一对夫妻，最初的梦想保持着一致——建立一个幸福美满、浪漫温馨的中产阶级家庭。只不过，这样的中产阶级家庭神话刚刚建立便瓦解了。而在《双面胶》中，中产阶级家庭神话一开始就不存在，故事的开场便在一个不和谐的、紧张的氛围中展开。在这里，我们体验到了现代日常生活的焦虑感和冲突性，普通家庭失去了《渴望》中小市民家庭的朴实温馨，这个市民家庭充满了情欲、权力欲、物质欲望，每个人物都被金钱、利益所支配，日常家庭变成了一个令人不安的城市空间，甚至成为一个你死我活、水火不容的"战场"。无论在东方还是西方，家庭生活往往都是人类存在的基本方式，家往往也与安全、归宿这样一些词语结合在一起，但在《双面胶》中，家和家庭生活随时都潜伏着不能预料的"战争"，普通的市民剧变成了"战争剧"。争吵、斗争反而是家庭生活的常态，《渴望》所确立的世俗神话彻底破灭。这真是令人困惑不安，为何普通家庭变成了这副模样？深层的原因大概要归咎于20世纪80年代以来中国社会的现代性巨变，在这一社会变革中，人们对欲望的追逐超过一切。

28集电视连续剧《婆家娘家》也把情节建立在家庭斗争的结构上，但与《双面胶》稍有不同的是，本剧意识到把家庭完全描绘成"战场"有点不妥，毕竟家庭像社会一样，是一个复杂空间。于是这部电视连续剧借鉴了《渴望》，重新塑造了一个贤妻良母型的小市民华芸，她心地善良，却遭到了自私自利的婆婆的虐待，她纯朴勤劳，拾到15万巨款也毫不动摇，俨然又是一位好市民刘慧芳，但神话已经坠落，《渴望》世俗神话产生的历史基础已经不复存在。20世纪90年代初期，市场经济刚刚启动，整个社会还处于萌动状态，这一萌动状态是《渴望》神话的根基，而这一世俗神话的根基现已动摇，在当代拜物教盛行的世俗社会，无论是英雄神话，还是小市民神话，都已被瓦解，华芸高大光辉的小市民形象，反而让观众看着有点别扭。

四、日常生活的"世俗美学"

尽管《婆家娘家》这样一类电视剧没有能够重建《渴望》的世俗神话，但这部电视剧对过于物欲化和世俗化的世界进行了反思，并且表现出重建世俗神话的渴望。而 2007 年出品的《金婚》则更进一步反思和批判了过度的世俗欲望，重新回归理性的世俗认同上来。

这部由郑晓龙导演，张国立、蒋雯丽主演的城市故事，用一种历史叙述的方式，讲述了一对普通市民漫长的家庭生活和情感经历。当然，电视剧没有采用宏大叙事，虽然整个故事仍被置于一个历史叙事的框架中，但历史只是人物活动的背景。换言之，在这个历史的叙事结构中，处于中心位置的不是英雄或领导，而是普通小市民及其日常的城市生活。这里没有惊天动地的大事，这个城市的中心话题是吃饭、聊天、恋爱这些日常琐事。在《乔厂长上任记》中，人物点缀着历史，但在《金婚》之中，历史却点缀着人物和其日常生活。漫长而短暂的五十年，历史虽不断变化，令人眼花缭乱，但城市的本质没有改变，柴米油盐是小市民永恒的生活主题。

不过，尽管《金婚》回到了世俗认同，讲述普通市民的日常故事，但它也无意重建一套《渴望》式的世俗神话。它不再像《渴望》那样，把女主人公打造成完美的"圣母形象"，并对小市民和知识分子做二元对立的简单的道德评判；它也不再像《双面胶》那样，把主要人物塑造得那么令人恐惧。无论是佟志、文丽，还是大庄、庄嫂，这些活跃在电视剧中的小市民都没有完美德行，但也绝不是什么恶魔，他们只是生活在电视剧世界中的普通男女，他们的身上优缺点都很明显，他们的生活有快乐也有烦恼，既复杂又简单，总之，无论历史如何变动，他们的日常生活还是永恒不变。

而且，由于日常生活被置于一个历史叙事的框架中，剧中的人物、事件和场景因为远离了当下，而与当代观众和现实保持了一种适当的历史间距，这一历史间距对于观众而言，起到了一种布莱希特所说的"间离效果"，观众由于与剧中的人物、事件拉开了一定的距离，反而能够更加客观地认识和评价人物和故事。在《双面胶》《婆家娘家》这类电视剧中，观众经常会有身临其境之感，因为剧中的时代、人物和故事环境，都与当代观众所处的环境很相似。但由于运用了历史叙事，《金婚》中的人物和其生活环境，绝大部分时期与当代人所处的生活环境并不相同，这种间离效果让观众体会和看到了一个与现实不同的世界，观众也不会随意把自己的喜怒哀乐交给电视，于是，观众反而能在一个历史间距中，客观认识、把握电视剧中的人物和故事。

更重要的是，历史不仅仅有事件，通过电影、电视等大众媒介的塑造，历史也有了自身的美学形式。在后现代语境中，詹姆逊认为许多历史影像其实并不能真正再现、重构某种历史，而是用一种美学风格取代历史本身。① 当然《金婚》并不是一部后现代的拼贴作品，它有丰富的历史内容，但正因为有了历史，它也具有了自身的美学形式。由于观众与电视剧之间有一种历史距离，观众就不仅能在距离中更深入地体会人物、时代和整个故事，而且也能看到一个与众不同的美学世界。破旧的自行车、灰色的街景、简陋的工厂、学校、宿舍和整个城市，由于年代久远反而显露出一种特别的城市美学意味，这些事物与小市民的日常世界紧密地结合在一起，构成了一个历史的、怀旧的、世俗的美学世界，我们可以称之为"世俗美学"。

总之，观众在《金婚》中看到的不仅是琐碎的、日常的和平庸的世俗故事，还有一种特别的美学情调。或许，正是这些富有历史感和美学感的世俗生活，深深打动了当代观众。当然，我们在前面已经说过，《金婚》虽然回归了世俗认同，并通过一种历史叙事，建构了一种世俗美学，但是它无意也无法重建一个《渴望》式的"小市民神话"。对于当代观众而言，正因为它不是神话，反而更显得真实可感。

菲斯克认为电视剧是当代的"说书人"，它用一种类似口头文学的方式，向观众讲述各种各样的当代故事，② 这些故事主要是给观众提供娱乐，但同时也带来了一些文化和社会思考，从《渴望》《贫嘴张大民的幸福生活》《编辑部的故事》，到《结婚十年》《中国式离婚》，再到《婆家娘家》《金婚》，当代的市民剧生动再现了当代城市民众的日常生活、价值观念和道德理想，无论是对于世俗生活赞美、认同，还是批评、反思，丰富多彩的当代市民剧，都深刻地反映了1978年以来我国社会所发生的巨大的变化。

---

① ［美］弗雷德里克·詹姆逊著，王逢振等译：《快感：文化与政治》，北京：中国社会科学出版社，1998年，第174页。
② ［美］约翰·菲斯克著，祁阿红、张鲲译：《电视文化》，北京：商务印书馆，2005年，第151页。

第二节 "好人社会"与平民乌托邦神话

《中国达人秀》(China's Got Talent)是 2010 年 7 月 25 日起每周日晚在东方卫视播出的一档电视选秀节目,该节目强调为草根文化提供进入主流圈的渠道,旨在让身怀绝技的普通人实现梦想。《中国达人秀》的节目版权来自 Fremantle Media 公司,不仅保持了《英国达人》《美国达人》等真人秀的原版风貌,也展现了世界情感里的"中国风"。自开播以来,收视率屡创佳绩。这档节目以给普通人提供展现才华的舞台为宗旨,使普通的参赛选手得到了更多展示自我的机会,正因为如此,节目获得了大众、专家和一些主管部门的认可。

一、真实性与戏剧性

《中国达人秀》延续了一般真人秀的形式,特别注重真实性的再现。尹鸿等将"真人秀"定义为,"对普通人在假定情况与虚构规则中真实生活的记录与播出"。[①] 从这一界定可以看出真人秀的两个基本特点:真实性和戏剧性。真实性强调节目的记录性、纪实性、非导演性和不可预测性,是对真人即兴表演的记录。为了不放过在场评委和观众任何有趣的表情,达人秀一律采用单机录制,选手走进等候区之前、等候区、上侧幕前、侧幕、表演结束之后等所有表现都会被跟踪拍摄,仅仅舞台表演就有 13 台摄像机,共 20 个机位进行录制;每周从 150 盘素材带中剪辑整合出 1 个小时的节目。同时,在节目的制作宣传上,应英国版权方的要求,《中国达人秀》对参赛者的故事和才艺不进行任何媒体曝光,连主持人和三位评委也不知情,这是为了保证选手第一次登台时,摄像机能捕捉到评委和观众最真实的情绪反应。

戏剧性强调节目过程本身存在故事性、导演性和虚构性。达人秀的制作理念是强调叙述逻辑和剧情结构,摒除对选手表演节目的简单罗列,通过蒙太奇

---

① 尹鸿、冉儒学、吴倩:《真人秀(Reality TV)节目课题研究报告》,2002 年 1 月。

连接时空和剧情。每集都有 3~4 个大故事作为一期节目扎实的情感定位，6~7个有趣的小故事为节目衔接，再贯穿其他选手的片段表演，再用蒙太奇的剪辑手法将时空和剧情串联。评委和观众们从轻视、疑惑到惊叹、折服的情感结构，及主持人的现场反应都在镜头中，制造了一种真实自然的戏剧效果。不仅三位评委互相斗嘴，而且对他们的评价表示质疑或不屑一顾的参赛者大有人在，这种"尴尬是一种关键的快感"，"发生在保守与颠覆、宰制与服从、自上而下与从下向上之力量间的冲突之处"，① 属于节目刻意制造的一种包容性和喜剧性的冲突，令观众耳目一新。

真实性对受众的窥视欲进行了合理化包装，满足其对了解周遭环境的"真实"渴求，而戏剧性运用蒙太奇手法，增强了人物与人物之间、人物与环境之间的冲突，使受众在窥探的基础上享受游戏性和刺激性的快感体验。其"隐含意蕴就在于模糊了现实与游戏的界限，以挑选出的个体实践行为，在集体的意念上使得游戏与生活内外融为一体，让人们在一个意念的模糊地带去感知一些隐隐约约的冒险与冲动，既有刺激又没有逾矩"。② 这种将日常生活娱乐化的陈述方式，糅合了纪录片、电视剧和游戏竞赛的节目要素，弥合了真实与虚构的界线，符合文化工业时代大众对消费快感的追求。

二、《中国达人秀》的"好人社会"

《中国达人秀》的最大特征是其节目宗旨强调平民理念。撤去宏大叙事转而聚焦小人物命运，为平民百姓提供展现真实的日常情感生活的舞台，观众亦通过对舞台上普通参赛者的投射，完成了自己的成功梦想。费斯克在《理解大众文化》中提到，"一个大众文本必须能够在各式各样的社会语境中，对各式各样的读者具有相关点"③。《中国达人秀》就是这样一个大众文本，节目内容的多元性，让更多观众在参赛者中找到了自己的代言者，并积极主动地去关注他/她的命运，选择性地生产自己的快感和意义。

① ［美］约翰·费斯克著，王晓珏、宋伟杰译：《理解大众文化》，北京：中央编译出版社，2001 年，第 78 页。

② 朱羽君、殷乐：《减压阀：电视娱乐节目——电视节目形态研究之一》，《现代传播》2001 年第 1 期。

③ ［美］约翰·费斯克著，王晓珏、宋伟杰译：《理解大众文化》，北京：中央编译出版社，2001 年，第 167 页。

这些不同性别、职业、地区，有着不同年龄、性格、价值观的男女老幼展现了说唱舞逗的绝活，叙述身残志坚的故事，使得《中国达人秀》成为"超女""加油，好男儿"的升级版，它突出了普通人在生活、工作和娱乐中的创造力，摆脱了一档选秀节目通过俊男靓女吸引观众的俗套，淡化了竞争气息和商业氛围。

《中国达人秀》试图在舞台上搭建一个"好人社会"，满足了普通大众对于理想社会的向往。"孔雀哥哥"姜仁瑞满头白发、衣着朴素，略有佝偻，背着粗制的孔雀"尾巴"道具模仿孔雀舞，其认真劲显得十分滑稽。正当被集体否定为"机械在舞蹈"后，他道出了设计这个古怪装置的初衷：家境贫寒，老伴中风瘫痪在床，这个 LED 灯"孔雀开屏"装置是其用八个月时间捡来的废品为老伴设计的"娱乐工具"，台上短短几分钟表演不是为了出名，而是为了让老伴通过电视看到其努力并露出笑脸。"孔雀哥哥"的话立刻令现场沉默、流泪，结果，评委全票通过他晋级下一轮比赛，因为姜仁瑞代表了一种不离不弃的精神。

普通人和社会边缘群体也得到了节目关注。在第五期的《中国达人秀》中，年近六旬、事业有成的亿万富翁李秋成，虽然已是一位成功人士，却属于边缘人群，他有特殊的癖好，爱跳芭蕾舞，其爱好遭到了女儿强烈反对。不过，他最终在台上的芭蕾扮相惊艳全场，不仅实现了儿时梦想，也重新获得女儿认同。"不知道运气算不算坏/我们这些人都出生在 80 年代/在长辈的眼里我们是幸运的一代/但是我们中的很多人还背着一屁股的债/害得父母还要帮着来还那个房贷车贷/我们还要存钱帮女朋友买名牌"，"80 后"上海饶舌选手寿君超，用 RAP 风格唱了一曲"80 后的幸福和无奈"。张冯喜风靡一时，更是展现了草根群体对精英话语颠覆和重构的勇气，她利用自身的年龄优势再生产属于自己的段子，将"毒奶粉""小龙虾"等一系列热门新闻编进脱口秀里，将幽默和批判性巧妙地结合起来，不仅展现了大众的聪明才智，同时表达了大众的社会心声，将社会生活中的问题揭露出来。

然而，《中国达人秀》不仅是草根阶层的文化舞台，亦是主流文化宣教的绝佳场所。主流文化不知不觉地融进了达人秀里，当一个在北京军区大院长大的"老皮匠音乐伙计"组合唱响了 60 后熟悉的红歌时，他们不仅缅怀了青春岁月，同时也借这个舞台对大众展开一次主旋律教育。纵览达人秀 24 强入围名单，可以发现他们身上都带着"和谐""奋进"的主旋律符号。"鸭脖夫妇"周彦峰和许娜在困境中相濡以沫；破产的前千万富翁高逸峰在人生起伏中从头再来；"我相信我会幸福的"，23 岁身高却只有 1.24 米的袖珍人朱洁面对命运从不抱怨；"残障双舞"的翟孝伟、马丽用残缺之躯舞出优美曲线；还有被评委赞为具有社会指标性的团体——"时尚七太"与"民工街舞团"，他们的成功都迅速被纳入主流叙事的话语之中。

获得首届"中国达人"冠军称号的"断臂钢琴家"刘伟，更是草根文化、精英文化和主流文化合作的典范，节目突出了其自强不屈的性格和全面多样的才华：10 岁时因意外触电失去双臂，今天，却能在舞台上用双脚弹奏克莱德曼的钢琴名曲《梦中的婚礼》，并以"在我的人生中，只有两条路，要么赶紧死，要么精彩地活着"激励大众。在决赛中，刘伟用双脚演奏完一段钢琴曲 Songs From a Secret Garden 后，唱起了英国歌手詹姆斯·布朗特的名作 You Are Beautiful，深情的演绎感动了现场评委和所有观众，最终夺冠。从路透社到 BBC 等世界主要媒体，均将刘伟当作了"中国达人"的代表，甚至有日本媒体邀请他赴日制作节目，边缘人群很快进入主流社会。可以说，除了对音乐的执着追求，敢于秀出自我外，这位 23 岁的断臂男孩对于生命的成熟领悟也非常契合主办方的要求——不抱怨社会，坚强面对生活。因而，节目要赋予他实现梦想的权利。

总之，《中国达人秀》在展现具有反叛、抵抗和亚文化精神的草根阶层时，也通过娱乐的方式展示一个符合主流社会秩序的道德和社会理想，宣扬一个温情脉脉、互助互爱的好人社会，以及扶持前行、安贫乐道的生活理念。就像詹明信所说："大众文化的作品如果不是在某种同一时刻或明或暗地具有乌托邦性，就不可能具有意识形态的意义，因为，这些作品假如不是向那些要被操纵的大众提供某些货真价实、零零星星的幻想的贿赂的话，就不可能操纵人了。"① 达人秀借助"平民理念"赢得观众，并发挥电视文化的优势，找到了娱乐文化与主流文化的结合点，取得了经济效益与社会责任的双赢。

三、仪式—竞赛—仪式

其实，作为一档选拔平民达人的真人秀节目，《中国达人秀》归根结底是

---

① 转引自〔美〕道格拉斯·凯尔纳著，丁宁译：《媒体文化——介于现代与后现代之间的文化研究、认同性与政治》，北京：商务印书馆，2004 年，第 188 页。

一场残酷的竞赛，只不过竞赛通过一种电视仪式转变为人人都能接受的节目。节目的叙事结构为"仪式—竞赛—仪式"。开始时介绍参赛者姓名、职业，包括个人的一些生活细节。经过每个人仪式性的陈述后，有差别的个人变成了平等的参赛者，零门槛、平等参与等神话应运而生。

尽管《中国达人秀》的宣传口号是："平凡人也可以成就大梦想，相信梦想，相信奇迹！"然而，成就大众梦想，绝不意味着没有标准。节目宣称"拒走畸形路线"，同时也继承了《英国达人》的选拔标准——"你的天赋和才华，能否在女王陛下面前表演？"这个准则摒弃那些纯粹靠出位博取眼球的选手，提高了才艺秀的标准，是对主流审美和精英文化的变相崇拜。参赛选手虽都是普通人，但在上镜前，都要经历组委会的层层选拔——借助报刊、网络和电视等媒体征集志愿者，在近十年来的各地综艺节目中寻找亮点。报名者成千上万，每一轮的"幸存者"却"百里挑一"，他们必须符合组委会的既定标准：首先，屏幕形象要有特点，机灵讨巧、肥胖矮小、养眼艳舞的类型特点要突出；其次，身份要有代表性，必须来自不同职业、不同年龄阶段；最后，被挑中的选手身上要"有戏"并善于表达个性，那些沉默寡言、缺乏形体表现力的人不在剧组考虑之列。于是上场的选手都有强烈的表现欲。不惧镜头、会表演是"平民达人"与大多数平民百姓的不同之处。36 岁流浪汉一展歌喉；西藏盲童们用天籁之音吟诵《天下父母心》；26 岁洗车工跳迈克尔·杰克逊的舞步；5 岁小孩组成的嘻哈组合跳街舞；亿万富翁反串"白毛女"跳芭蕾；用头发拉重 300 公斤车的女大力士……在综合考虑了年龄、相貌、身份和出彩性等内外因素后，搬上荧屏的达人秀精彩纷呈。然而，最终他们却都未能晋级最后 24 强，因为他们并不符合主办方的标准，比赛越到后面，舞台上剩下的一定是受过专业训练，家境优越的选手，多数普通大众因为没有可塑性，早早就被淘汰。

选手们虽无意抨击同台竞争者，多强调自我奋斗，但他们宣言中隐含的一个共同理念都是"爱拼才会赢"，刘伟坦言"不想当将军的兵不是好兵"，蔡岫勋说"我要把世界踩到我的脚下"，马丽、翟孝伟的"我们两个人之间有一个理念，就是一定要做到最好"，竞争才是根本，"做到最好""征服"慢慢成为自然化的口号，最后留在舞台上的人也立刻由普通人变成英雄和明星。"这种仪式—竞赛—仪式是资本主义意识形态的体现。人与人是不同的，但在机会上是平等的。自然能力的差异被发现，奖励是上升进入社会权力领域，随之而来的'自然'是物质和经济利益。……这样的意识形态和它的仪式/竞赛表现把社会差异和阶级差异作为个人自然差别的基础，从而把阶级体系自然化了。"① 实际上，《中国达人秀》就是按照中产阶级、上流社会体系和主流价值观的审美标准来选择达人冠军。

决定参赛者决赛前的去留是《中国达人秀》的节目看点，虽然为了吸引大众，选手们去留的话语权在一定程度上"下放"，观众可以通过电话、网络和现场呼叫对评委施加压力；而在半决赛阶段，更有大众媒体评委团对选手投票；在决赛阶段里，观众享有制造冠军的决定权。但仔细观察会发现，观众决定权只是形式，在半决赛中，大众评审团成员来自各个主流媒体，并非民意代表，他们立足于中产阶级审美标准；且观众的选择范围被局限于六位候选人。用牙齿含住妻女荡秋千、头发拉车、飞牌切黄瓜、用鼻子吹爆热水袋，这些民间艺人绝活因为被指称"没有美感、构成舞台的元素还不够繁复、不能够支撑住一个完整的节目"而被评委淘汰掉，支持的观众却无选择权，当备受争议的"80后女大力士"陈静出现在24强一席时，评委们却说舞台上不能只有歌舞没有绝活。在这里，大众与评委的博弈实际上是大众辨识力与审美辨识力的博弈，"后者深为中产阶级看重，而且在批评行业被有效地制度化了。'特质'把中产阶级本身的艺术形式和文化趣味所带有的阶级特殊性普遍化了。审美判断是反大众的，它否认解读的多样性，否认文本功能的多样性"。②

评委才拥有至高无上的权力。有研究结果表明，参赛者和评委通过七个功能块来交流，其中，评委单独使用的功能块为四个或五个，参赛者仅能使用一个，评委处于绝对优势地位，控制着整个节奏，他们经常插话，打断参赛者的讲话；而参赛者则处于一个劣势的地位，被动回答评委的问题，忍受评委的插话和打断。③ 评委们掌控着话题和场面，始终处在权力主体的位置上。洗车工姚敏是大众喜欢的选手之一，他模仿了一段迈克尔·杰克逊的舞蹈，十分出色，却被评委果断淘汰。原因是姚敏回答参赛原因时，坦言就是想通过比赛出名，然后赚钱养家。"参赛的费用是拼拼凑凑借来的，如果失败，不知道该怎么面对亲朋好友。"姚敏的实话实说却让三位评委由赞赏转为拒绝，并被告诫"男人

① ［美］约翰·费斯克著，王晓珏、宋伟杰译：《理解大众文化》，北京：中央编译出版社，2001年，第384页。
② ［美］约翰·费斯克著，王晓珏、宋伟杰译：《理解大众文化》，北京：中央编译出版社，2001年，第155页。
③ 丁双凤：《从批判性话语分析的角度研究真人秀会话中的不平等权势》，厦门大学硕士学位论文，2009年。

不应该展现自己的苦难，要有担当"。"孔雀哥哥"姜仁瑞在腿脚技艺上不及姚敏，但因为他很好地回答了评委的提问，很好地叙述了自己的悲情故事，不仅改变了被淘汰的命运，还得到了"这就是最朴素的爱"的赞誉。

四、个性是调停的结果

除了受控于主流意识形态的权力逻辑之外，《中国达人秀》仍是一个要赚取收视率的电视节目，它摆脱不了商业性和消费性。

首先，为了营造舞台的视觉奇观，实现观看群体的最大化，并笼络潜在的消费人群，《中国达人秀》十分注重突出选手来源的广泛性，并不失时机地展示选手们的个性魅力，将竞争、晋级等规则可带来的矛盾冲突紧攥在商业资本的控制力量之下。辅助事件亦为达人秀文本的叙述结构推波助澜——24强选手每个人都有故事，个人隐私、传奇经历提升了舞台的戏剧效果，增强了节目的观看点，大众的情感、梦想和欲望在消费快感中升腾。但商业消费只把梦想与奇迹给那些符合市场需求的选手，参赛者如果没有市场卖点，等待他的将是淘汰。唱玛丽亚·凯莉的《英雄》的胖男孩朱晓明，虽然没有经过专业训练却对音乐有天生的感觉和自信，外表没有减分，反而使他成为中国版的"苏珊大妈"，他也因此成为《中国达人秀》平民理念的最好广告，因而顺利晋级。而肢体夸张、尽情搞怪的"表情帝"杨迪就没那么幸运，当人们觉得杨迪的口型秀笑料十足时，舞台留下了他；可在半决赛中，因为没了新创意，他立刻被淘汰。大众文化需要有消费潜能和娱乐价值的选手，在达人秀的平民神话下，个人依然逃不出资本的商业体系。

凯尔纳甚至认为，在当今的消费社会里，个性是一种"调停的结果"。[①] 饶舌选手寿君超因代表了面临现实生活的"80后"，在决赛前用RAP的即兴饶舌表演，唱出青年群体的无奈和心声，表达了青年亚文化群体的抗争欲望，但是这种富有抵抗色彩的亚文化行为，在登上"中国达人秀"这个舞台，面对全国观众时，不得不做些调整。在决赛时，寿君超选择的是表现亲情的原创音乐作品《外婆》，被评委赞为"终于等来一首完整、优秀的作品，我一直担心你玩

---

① ［美］道格拉斯·凯尔纳著，丁宁译：《媒体文化——介于现代与后现代之间的文化研究、认同性与政治》，北京：商务印书馆，2004年，第395页。

即兴的小聪明，那种东西是不能传世的，所以音乐家一定要有作品传世"时，富有抵抗色彩的即兴饶舌 RAP 被完全否定。寿君超则感言，"如果我没有上这个舞台的话，可能什么也不是"，可见，选手也深谙主流意识形态和商业奥秘。独立音乐制作人周劲松，凭借特立独行的小众化音乐风格，备受评委赞誉。但在决赛时，他却翻唱经过改编的《龙的传人》，歌词反复大加赞扬达人秀节目，失掉了原生态的野性风格，完全屈服于主流文化。

其次，《中国达人秀》回避了真实、残酷的社会生存环境，丧失了批判能力。真人秀是社会现实的微缩版和夸张版，但在再现社会时，节目不仅隐藏了选手们可能存在的阴暗、自私的想法，以强调选手们的辛酸故事和人生感悟，而且回避了选手们所暴露出来的贫富不均等深层社会矛盾。"时尚七太"被塑造为"代表了社会的进步和多元化"，显然缺乏对进入老龄化社会的中国老人生存状况的冷静思考，美化了现实社会中空巢老人的生活，掩盖了生活于穷乡僻壤老人们的艰难境遇。"鸭脖夫妇""孔雀哥哥""民工街舞团"在舞台中，被赋予了一种唯美的表现，却遮蔽了更多这类人的困顿生活。事实上，正是普通百姓缺乏改变命运的通道，令他们不得不依赖电视选秀出名，以赚取金钱名利。从这个意义上来说，《中国达人秀》是一剂"浪漫的麻醉剂"，通过选秀给予底层大众一个狭窄的向上通道，以神话的形式将被挑中者送进商业文化的流通中。而与他们命运相类似的更多大众，却依然不得不在底层挣扎，选秀节目说到底，是为了商业利润。

最后，虽然《中国达人秀》的主题曲是"别看达人胳膊细，闯过江湖卖过艺。吞过铁球练过气，就是没有师兄弟"，"比儒道墨法复杂，比阴阳纵横通达，集诸子百家精华"，但比起《英国达人》等电视选秀节目，《中国达人秀》的才艺门类单调，总体水准不高。大多数节目都是歌舞类，各种民间绝活并没有出现在舞台上。我们看不到反弹琵琶的奇人，看不到飞檐走壁的绝技。而且国际化的审美标准和选拔策略，使得绚烂华丽的拉丁舞、优雅动听的钢琴曲、劲爆刺激的大型魔术大受欢迎，武术、手工艺、杂耍等本土化和民族化的优秀技艺均被冷落。

总之，《中国达人秀》没有摆脱一般选秀节目的运作模式，说到底，它是一个商业化的娱乐节目，它在表达普通阶层欲望和梦想的同时，承载着传播主流意识形态的价值观念和道德标准，观众不能指望通过这样的一个娱乐节目，就能轻松地实现自己的梦想。

第三节 传统文化类电视节目的媒介仪式

在人类的活动中，各种各样的仪式活动占据着重要位置，如结婚仪式、生日仪式、成人礼仪式等。每个民族、每个社会都会通过仪式，召唤个体，建构集体记忆，将个体融入某种文化共同体中，从而达到维护社会团结和社会秩序的功用。特别是在宗教生活中，信仰总是跟特定的仪式活动联系在一起，涂尔干就说：

宗教现象很自然地分为两大基本范畴：信仰与礼仪。信仰是信念状态，主要由表象组成；礼仪是一定的行动方式。在这两类现象之间有把行动与思想分开的根本区别。①

宗教的仪式由祈祷、祭祀、洗礼、唱歌、舞蹈等形式组成。通过这样的一些活动，人类被团结和凝聚到一起，形成共同的文化信仰。詹姆斯·W. 凯瑞便从仪式的角度理解大众传播现象。在他看来，传播可以分为两种类型：传播的传递观（a translated view of communication）和传播的仪式观（a ritual view of communication）。传播的仪式观是从仪式的角度定义和理解人类的传播行为，凯瑞认为传播与"分享""参与""联合""团体"及"拥有共同信仰"这一类仪式性的话语有关，"传播的'仪式观'并非直指讯息在空中的扩散，而是指在时间上对一个社会的维系；不是指分享信息的行为，而是共享信仰的表征（representation）"。② 通过传播，一定群体的人们共享民族、阶级和性别身份及信仰，换句话说，通过仪式的建构，将会创造出一个共享的文化空间，以集体名义将分散四方的个体聚合到一起，在集体仪式中完成文化的共享和意义的交

---

① ［法］涂尔干著，林宗锦、彭守义译：《宗教生活的初级形式》，北京：中央民族大学出版社，1999 年，第 35 页。

② ［美］詹姆斯·W. 凯瑞著，丁未译：《作为文化的传播："媒介与社会"论文集》，北京：华夏出版社，2005 年，第 7 页。

流。相比于凯瑞，库尔德里在一个更广泛的社会层面看待仪式与传播的关系，他提出了媒介仪式的观点。在库尔德里看来，人类所有的生活都依赖于"浓缩的仪式行为，包括媒介仪式"。在这些仪式行为中，媒介仪式是围绕着媒介中心组织起来的仪式活动，"其表演表达了更广义的与媒介有关的价值，或暗示着与这种价值的联系"。① 库尔德里认为媒介场所的朝觐、"真人秀电视"和通过电视及互联网等媒介的自我表达等都可以是媒介仪式的范畴。

电视无疑曾是人类最重要的大众媒介，麦克卢汉认为，广播、电视等大众媒介的出现，将整个世界紧密地联系在一起，形成了互相依赖和彼此连接的地球村。即便是在互联网时代，以电视为代表的大众媒介在维系群体情感、凝聚象征力量、构筑文化共同体方面依然发挥着重要作用，现实生活中的重大节庆活动，仍然通过电视媒介的传播而被广泛关注，电视媒介"唤起和重申社会的基本价值并提供共同的关注焦点"，为人们提供一种民族的，甚至是世界的"事件感"，使某些核心价值观或集体记忆醒目起来。②

民族文化身份标识在日趋同质化的全球化时代面临着被消解的危机，但也正是在全球化社会中，通过各种大众媒介传播宣扬传统文化，复兴民族传统甚至如霍布斯鲍姆所说的"发明传统"亦成为一种趋势。在我国，伴随着全球化，一股向传统回归的文化主义思潮出现，一些以传统文化为主要内容的电视节目也开始流行起来，它们顺应当代视觉化趋势，通过电视媒介宣扬和传播中国传统文化，以加强观众对中国文化的认同感。虽然在互联网时代，新媒体发展日新月异，年轻人不断追逐新的文化潮流，但是在哔哩哔哩、爱奇艺等视频网站上，由电视媒介平台搬运至互联网上的传统文化类节目却经常在青年人中形成爆款，得到青年人的喜爱。传统文化类节目为何会受到青年观众的关注，传统文化类节目所建构的媒介仪式如何继承和发扬了中国传统文化，是本节要关注的。

一、传统文化类节目媒介仪式的建构

目前传统文化类节目主要有以下几种类型：①语言文字类节目。此类节目

---

① ［英］尼克·库尔德里著，崔玺译：《媒介仪式：一种批判的视角》，北京：中国人民大学出版社，2016 年，第 33 页。

② ［美］丹尼尔·戴扬、伊莱休·卡茨著，麻争旗译：《历史的现场直播：媒介事件》，北京：北京广播学院出版社，2000 年，第 3 页。

以成语、汉字、诗词为主要创作元素，如《百家讲坛》《中国诗词大会》《朗读者》《中国汉字听写大会》《成语英雄》等。②文物收藏鉴赏类节目。此类节目展示和介绍了中华丰富璀璨的器物文明，如中央电视台的《寻宝》《我有传家宝》《国家宝藏》，浙江影视频道的《鉴宝》等。③传统戏曲类节目。如中央电视台的《戏苑百家》《过把瘾》《叮咯咙咚呛》，河南卫视的《梨园春》等，借助拜师学艺和戏曲说唱等方式，弘扬戏曲文化。除此之外，还有武术、茶文化、非物质文化遗产以及多种类型的地方传统文化类电视节目。

　　这些节目虽然在内容和形式上差别很大，但具有一些共同特征，比如，均注重传统文化与娱乐文化的有机结合；借助现代科技手段和新媒体的多重传播方式展现传统文化；注重调动受众积极性，增加文化节目与观众之间的互动性等。当然，无论形式和内容如何多样，传统文化类节目的一个宗旨是，通过媒介仪式建构人们对中华传统文化的集体记忆和文化认同。尼克·库尔德里将媒介仪式概括为三种主要类型：媒介报道的仪式性内容、媒介报道该内容的仪式化方式和媒介本身成了一种仪式或集体庆典。① 依据此划分，我们也将从三个方面讨论传统文化类节目媒介仪式的建构：传统文化类节目的仪式性内容；传统文化类节目的仪式化传播；节目本身成为一种仪式或集体庆典。

　　1. 传统文化类节目的仪式性内容

　　中国传统文化本身包含了大量的仪式性内容。传统的诗词、成语、名著、书法和戏曲都具有强大的仪式化属性，体现了中国人的生活方式、艺术追求和精神信仰。传统文化类节目将古诗词、成语、汉字、戏曲、名著经典等作为主要的节目元素，通过专家个人式解读、选手竞赛和文化表演等方式，展现中国文化的独特审美价值，建构共同的集体记忆，加强电视观众对民族文化的认同感。例如，中央电视台于 2001 年创办的《百家讲坛》，便通过"让专家、学者为百姓服务"的方式，来达到"普及优秀中国传统文化的目的"。

　　借助易中天等专家学者的个人宣讲，《论语》、《庄子》、唐诗宋词等中华传统经典被重新编码和解读，转化为普罗大众喜闻乐见的文化符号。尽管一些专家的讲解观点在部分观众中引起了争议，但还是有越来越多的人因此喜欢上了中国传统文化，而经由电视媒介，一些专家学者也成了家喻户晓的"电视明

---

　　① ［英］尼克·库尔德里著，崔玺译：《媒介仪式：一种批判的视角》，北京：中国人民大学出版社，2016 年。

星"。当然，《百家讲坛》处于传统文化类节目的雏形期——停留在由专家学者向电视观众讲解经典的单向文化传播模式阶段，观众是被动接受专家宣讲，一些专家曲高和寡的讲解遭到了观众冷遇，而一些投观众所好的对中国传统文化的流行解读，也导致了部分专家被视为"伪专家"，这种借助传统文化的仪式性内容为主的电视节目形态，所建构的是低参与度、低情感能量积累的媒介仪式。

2. 传统文化类节目的仪式化传播

在娱乐文化占据主导地位的电视生态环境中，如何将中华传统文化仪式性的内容进行有效的传播，考验着节目制作方的智慧。"寓教于乐"显然是不同传统文化类节目制作的共同手段，因此，观众在不知不觉中体验和感受了中华传统文化的魅力，并且随着新媒介技术手段的提高，电视节目的娱乐性加强了，节目内容的仪式感也大大增强了。

例如，《中国汉字听写大会》《汉字英雄》主要考察的是参赛者对于汉字的认知和读写能力。为了突出汉字的魅力，节目运用了多种仪式化手段，突出汉字的魅力。①节目中设置了展示汉字书写形态的手写屏，并通过不同形式重复呈现汉字特征及基本书写形态，同时借助选手答题形式、中国风背景音乐、片头等设计方式，汉字作为仪式化的符号被反复呈现，演播室舞台上还设置了汉字偏旁、祥云标志、中式窗棂和宫灯等立体悬挂设计，将汉字这个最具民族代表性的文化符号展示出来。②主持人和嘉宾互动解读汉字。选手在舞台手写屏上书写和展现汉字，主持人和嘉宾互动共同对部分汉字及背后深层文化内涵展开解读，以加深受众对汉字的理解辨识。③设置成年体验团。一些节目在现场对100位成年观众进行汉字书写能力的测试，书写这一行为再通过电视屏幕被不断重复和放大进而仪式化。经过一系列仪式化手段的运用，观众很容易被带入一个充满民族文化特色和元素的媒介仪式空间，经过仪式化的传播，分散的观众个体重新汇聚到电视节目中，在一个共同的媒介仪式空间中分享和感受中国传统文化的魅力。

媒介通过仪式化的传播方式，不仅给观众带来仪式化的体验，更重要的是为传统文化的仪式化传播提供了现代框架，现代媒介借助技术手段让观众的参与感大大提高。兰德尔·柯林斯在《互动仪式链》中提出构成"互动仪式"的四方面要素或起始条件：①两个或两个以上的人聚集在同一场所，因此不管他们是否会特别有意识地关注对方，都能通过其身体在场而相互影响。②对局外人设定了界限，参与者知道谁在参加，谁被排除在外。③人们将其注意力集中在共同的对象或活动上，并通过相互传达该关注焦点，而彼此知道了关注的焦点。④人们分享共同的情绪或情感经验。① 这些要素彼此之间相互作用，最重要的是第③项相互关注焦点和第④项共享情感状态，相互强化，通过互动仪式可产生一系列的结果。

柯林斯所概括的几点描述了一个仪式是如何在群体成员互动中建构和形成的。央视戏曲类节目《叮咯咙咚呛》中，将中国非物质文化遗产融入竞赛之中，邀请不同国家的明星嘉宾向梅葆玖等戏曲名家拜师学艺，传承与推广中国传统戏曲文化。节目中不断强调不同戏曲艺术的行为规范及拜师学艺的仪式化行为，以此显著增加了学艺过程的仪式感。节目还借助以老带新等表演形式向经典致敬，然后由观众投票选出"最佳表演奖"，观众亦参与加冕，将注意力持续锁定于节目内容和节奏的同时，开始集体参与投票，越来越密切关注共同的投票行为，渴望了解彼此的投票感受，也更加关注彼此的投票想法。随着投票的持续进行，受众会愈加强烈地体验到共享的情感，情感已经开始逐渐主导意识，受众参与投票更是强化了戏曲文化的神圣性与仪式感。《中国诗词大会》与网络视频端同步播出，电视机前的受众不仅可以持续关注节目内容，还可以借助移动终端，使用手机扫描电视屏幕下方的二维码跟随节目选手们同步答题，屏幕实时显示击败了多少网友。这一线上线下同步答题的互动行为，随着参与者情感与关注点的相互连带，产生共同的情感结构，涂尔干将此称为"机械的团结"，这种集体意识正是主体间性和共享情感的产物。这类仪式化的传播方式，一方面构筑了共享的文化资源，为电视观众赋予了相同的文化情感体验；另一方面，互动使电视节目观众获得了以往感受不到的亲临现场的参与感。现场感更容易将个体拉入媒介仪式之中，形成良好的互动体验，积累团结的集体和强大的个体能量，个体成员在集体中相互关注确认身份，完成集体身份的认同，进而构建出具有感召力的媒介仪式。

3. 节目本身成为一种仪式或集体庆典

在媒介化社会中，媒体无处不在，成为人们了解和感知世界最重要的中介，正是媒介将遥远的人、物和事件拉入当下社会的视野，再现历史风貌，将历史定格在当下。更重要的是，媒介本身成了一种仪式。在传统文化类电视节目中，

---

① ［美］兰德尔·柯林斯著，林聚任、王鹏、宋丽君译：《互动仪式链》，北京：商务印书馆，2017 年，第 79 页。

媒介作为一种神圣仪式，其主要目的不仅是让人们获得信息，而且也在竞争性、戏剧性和重复性的仪式活动中生产出特定的文化意义。在这个戏剧化的仪式活动中，观众作为戏剧演出的观者应邀从日常世界进入了"仪式世界"。特纳在其《仪式过程：结构与反结构》中，不仅将社会生活中的表演和冲突引入仪式的分析中，还将仪式与社会权力关系进行联结。在他看来，媒介不仅拥有自身特定的制度、规范和运作机制，在维护特定利益的同时，也要树立自己的权威使其合理化、合法化。特纳将宗教仪式分为分离阶段、阈限阶段和聚合阶段，[①]他认为在日常生活向仪式世界过渡的阈限阶段，会伴随着颠覆性或逆反性仪式行为的出现。因而一方面，媒介借助所生产的各种符号传播共同的社会价值观，强化既有的社会秩序和规范；另一方面，通过一定时期相对稳定的符号传播积累，媒介本身也不断地巩固自己的权力边界，将其日常化和制度化，进而影响人们对于媒介本身的感知。在传统文化类节目中，通过重复的仪式化播放，不断再现中国传统文化的符号和选手的参赛表演，从而强化和巩固节目本身的仪式感。

不论是《中国诗词大会》《中国汉字听写大会》等诗词类、汉字拼写类节目，还是《梨园春》《叮咯咙咚呛》等传统戏曲类节目，无论它们的形式是如何丰富多样，风格迥异，最终都还是媒介仪式的具体呈现和表达。换而言之，媒介仪式实际上以媒介为依托，以仪式活动为对象，在演播室的狭小空间内构筑出一个想象的共同体，进而建构观众乃至整个社会的集体记忆和文化认同感。

二、询唤与表演：电视媒介仪式的"观众参与"

任何仪式活动都需要参与者，在电视这样的媒介仪式活动中，观众是电视媒介仪式的重要一环。戴扬和卡茨在《历史的现场直播：媒介事件》中认为，"电视事件有三个伙伴：事件的组织者，负责收集元素并拟定其历史意义；电视台，通过对元素的重新组合完成事件再生产；观众，在现场和在家里，对事件感兴趣。每个方面必须给予积极的认同并拿出相当的时间和其它投入才能使一个事件顺利地成为电视事件。"[②]

---

① ［英］维克多·特纳著，黄剑波、柳博赟译：《仪式过程：结构与反结构》，北京：中国人民大学出版社，2006年，第94—95页。

② ［美］丹尼尔·戴扬、伊莱休·卡茨著，麻争旗译：《历史的现场直播：媒介事件》，北京：北京广播学院出版社，2000年，第64页。

这样的电视事件当然多是一些仪式性的媒介事件，在这些事件中，观众无论是在现场还是在家里，都扮演着重要角色，在《历史的现场直播：媒介事件》中，戴扬和卡茨还讨论了观众是如何参与重大事件的媒介仪式："重大媒介事件——婚礼、葬礼、登月事件、奥运会——都遵循这样的模式。我们被邀请来，甚至被命令来参加婚礼。提前好几天我们就被催促着做好准备。事件被做了很好的广告宣传和排练，这样观众就知道那一天有什么样的期待……在所有讲英语的国家里，事件的时间表都被公开宣布，目的是造成一种节日的感觉、期待的感觉、打算进行节日收视的感觉。我们受到对待的方式就好像将来会有人请我们——也许是我们的子孙们——来复述事件，报告它是什么样子。最主要的是，我们被告知事件是重要的，它传递着国家的某种中心价值。"① 就像收到参加婚礼、葬礼或生日宴的邀请函一样，观众应邀参与了重要事件的电视媒介仪式。不过，观众与电视及节目之间的邀约关系自然没有这么简单，电视也不会随便发邀请函。在这里，阿尔都塞的意识形态询唤理论或许能够帮助我们进一步理解观众是如何进入电视的媒介仪式活动中的。

以电视为代表的现代大众媒介除了有传递信息和娱乐大众的功能之外，更重要的是承载着意识形态的传播功能，仪式化的过程恰恰就是意识形态的实践过程。当然，观众不是简单地受邀参与节目的媒介仪式，而是受到意识形态的召唤进入媒介仪式活动中，并在仪式表演中获得了主体性。正是通过这些意识形态实践活动，电视节目的媒介仪式与观众建立了特殊的关系。

1. 意识形态实践

现场观众进入电视的媒介仪式现场，电视机前的观众在电视机前观看。一旦这些行动发生，其实观众便以实践的方式进入了意识形态国家机器运作的范畴中，因为在阿尔都塞看来，"一种意识形态永远存在于一种机器及其实践中，这种存在是物质的"。

正被讨论的个体以某种方式表现，采取了某种实际的态度，而且，更重要的是，参加属于意识形态机器的某些经常的实践，他作为主体在整个仪式中自由选择的观念就依赖于这种意识形态机器。如果他信仰上帝，他就去教堂作弥

---

① ［美］丹尼尔·戴扬、伊莱休·卡茨著，麻争旗译：《历史的现场直播：媒介事件》，北京：北京广播学院出版社，2000 年，第 141 – 142 页。

撒、跪拜、忏悔、苦修（一旦该属于在一般意义上是物质的）、自然地悔悟
等等。①

在这个意义上，传统文化类节目的电视媒介仪式就是向观众提供了关于传统文化的相关观念，观众随着节目接近了中国传统文化，并且在意识形态的召唤下，再次感受和体验中国传统文化的魅力。

2. 召唤关系的确立

在媒介仪式中，电视节目与观众构成了一种阿尔都塞所说的召唤关系。节目内容代表询唤的主体（意识形态）通过一系列的方式和手段将客体（观众）询唤成为主体，从而完成电视媒介仪式中个体成员的身份确认。在这个过程中，信息传播者和接收者通过询唤建立起了特殊的认同关系：一方面，电视节目要将某种中心价值传递给观众；另一方面，观众在接受过程中对自己在仪式中的身份有了明确的认识，"意识形态'表演'或'起作用'的方式是，它从个体（将他们全都进行转换）中征召'主体'，或者通过我称作'质询'或招呼的准确操作将个体'转换'成主体，这可以从每天最常见的经常的招呼：'喂，你别动！'中想象出来"②。个体对意识形态的承认和接收是一个双重确认的过程，将个体询唤为主体的过程，是一种意识形态与主体的互认过程。③

传统文化类节目对观众的这种召唤之所以起作用，主要有三个方面的因素：其一，与电视节目本身的精彩程度有关。好的电视节目自然能够引起观众的喜欢和热爱。其二，与中国民族文化复兴背景下现实社会中的传统文化热有关。全国上下的民族文化复兴热潮，不仅推动了许多电视台积极制作此类节目，而且也引发了观众对于中国传统文化的热爱。其三，与电视观众的童年记忆有关，观众童年的个体记忆经过电视节目的召唤和激发又形成了某种难忘的集体记忆。哈布瓦赫在解释"集体记忆"时认为："存在着一个所谓的集体记忆和记忆的社会框架；从而，我们的个体思想将自身置于这些框架内，并汇入到能够进行

---

① 路易·阿尔都塞：《意识形态与意识形态国家机器（一项研究的笔记）》，齐泽克、阿多尔诺著，方杰译：《图绘意识形态》，南京：南京大学出版社，2006 年，第 120 – 121 页。

② 路易·阿尔都塞：《意识形态与意识形态国家机器（一项研究的笔记）》，齐泽克、阿多尔诺著，方杰译：《图绘意识形态》，南京：南京大学出版社，2006 年，第 124 页。

③ 徐彦伟：《结构与询唤——阿尔都塞后期意识形态思想的文本学研究》，《社会科学战线》2009 年第 11 期，第 35 – 38 页。

回忆的记忆中。"① 许多中国人的童年记忆中，或多或少都在学校和家庭得到过唐诗、宋词之类的传统文化教育，这样的集体记忆很容易被电视节目唤醒。而在改革开放的时代语境中，欧美以及日韩新兴的流行文化充斥中国的电视节目，传统文化在工业化、城市化和全球化的冲击下危机重重。若这种危机得不到重视，更年轻的一代就无法共享中国传统文化的集体记忆。正是在此背景下，中央电视台等传统主流媒体，开始借助诗词朗诵、猜灯谜或汉字听写等形式分享中国传统文化，展示中国传统文化的意蕴魅力，召唤电视观众共同的文化记忆。

3. 观众的参与式表演

集体记忆的召唤在很大程度上带有表演性质，而表演本身正是客体被询唤成主体的过程。许多人都有这样的童年记忆，在某些家庭和社会公众场合，家长们出于炫耀、攀比等心理，总会让自己的孩子在其他家长面前表演背诵古诗词、《三字经》等文化经典，以显示自家孩子的聪慧和所受的良好教育。部分孩子对这种文化表演积极配合；但有的孩子一开始很抗拒，可在父母和周围观众的压力下，被迫进行痛苦的表演；有一部分则因羞怯和不愿意而拒绝表演，甚至与家长以及周围的观众产生冲突。儿童的诗歌背诵表演活动，其实已经包含了今天传统文化类节目中所具备的竞赛性表演性质和戏剧性冲突元素。在某种程度上，《中国诗词大会》之类的传统文化类节目是这种集体记忆的再现和延续。表演作为一种行为方式，本身就是仪式活动中的一个重要环节。绝大部分传统文化类节目构建的媒介仪式以古诗词、成语、汉字、谜语等中国传统文化为主要元素，通过选手的参与式表演和优胜劣汰的竞赛，一轮一轮争夺继续停驻于媒介仪式中的权利——接受仪式的过渡、洗礼和加冕，最终获取更高的媒介仪式地位。

电视节目的精心设计安排、选手在媒介仪式上的努力表演和电视观众的积极配合，共同完成了电视节目的媒介仪式。正是在这一过程中，电视媒介所营造的关于中国传统文化的媒介仪式，唤起了许多观众共同的集体记忆，让参与者（表演者和观众）从中感受到中国传统文化的魅力，并对中国传统文化产生认同感与自豪感，部分童年时期痛苦的诗词背诵和学习的个体记忆有时竟也转变为对中国传统文化的热爱之情。"看到电视，想起小时背诵唐诗的痛苦经历，

---

① ［法］莫里斯·哈布瓦赫著，毕然、郭金华译：《集体记忆》，上海：上海人民出版社，2002 年，第 87 页。

不过感谢爸爸妈妈，让我记住了那么优美的诗词。""唐诗好美啊。"在网络留言平台上，经常可以看到一些网民观众发出这样的留言。这种由被动询唤到主动确认的身份转化，要归功于电视这种大众娱乐媒介，正是其在寓教于乐中实现了中国传统文化传播和宣教目的。

4. 集体记忆的建构

本尼迪克特·安德森提出了"想象的共同体"一说，这种想象的共同体以一种虚构的方式建立起来，能够对人们有强大感染力。他指出，拥有阅读同一种文字能力的人，不仅彼此之间容易产生"自己人"的情愫，还容易被其宣传的热情所感染。① 例如，族群便是通过具体象征物（如旗帜、民族服装、仪式）想象出来的。民族成员无法认识每一位同胞，而相互联结的民族意象却能够停留在成员们彼此的心中。着眼于现在，中华传统文化赖以生存的农业经济结构已经不复存在，工业化、城市化和全球化的生产方式、生活状态及社会结构都使得传统文化面临着前所未有的挑战。一方面，传统文化不再作为主流文化作用于社会，相反，更多地以渐进的、温婉的方式影响着现代社会，传统文化逐渐内化为一种精神、信仰、气质，仍然在当代社会结构中发挥着潜在的作用。不过，传统文化一旦抽离了生长的现实土壤，蕴含在其中的仪式感其实也逐渐淡化。从自小被教育学习的古诗词、成语、汉字，到传统节日庆典中的中国元素如中国结、谜语、中国灯，再到凝结强烈情感的历史故事、戏曲、谚语等，都属于族群中文化的具体象征物，是连接民族成员的民族意象。因此，传统文化类节目如何表达和展示传统文化在当代社会显得意义重大，它召唤的是一个族群共同的民族文化情境和文化记忆，参与媒介仪式的成员会通过节目重新体认自己的文化身份。电视节目中"采菊东篱下，悠然见南山"的生活方式，"举杯邀明月，对影成三人"的文化心境都会对观众产生影响，尽管那样的诗意生活在当代社会中很难体验到。在电子媒介时代，人们更希望借助媒介仪式实现身份和文化认同，在过度娱乐狂欢中获取精神意义的寄托。传统文化类节目正满足了大众的这一需求，以媒介仪式的形式构建出一个虚拟的、具有历史感的想象的共同体。

当然，传统文化类节目对于文化情境和文化记忆的召唤只是民族共同体的

---

① ［美］本尼迪克特·安德森著，吴叡人译：《想象的共同体——民族主义的起源与散布》，上海：上海人民出版社，2005年，第11页。

想象性建构的基础，其深层结构是随着中国经济的腾飞，人们对民族文化的文化自觉和文化自信开始加强。这些节目播出之后，不仅引起了全国诗词热，还带动了观众们对古代文化游戏的探索，并牵出许多文坛故事。节目之余许多观众仍意犹未尽，继续在互联网上探寻古诗词的趣味，有人就以"众友于斯会，诗奇可大观"为主旨，创建了"中国诗词大会吧"，网友们积极发帖交流，分析诗词平仄，分享点评原创诗词等。散落四处的观众（包括网民）通过多重媒介手段进入仪式空间之中，在原子化的时代又重新集结为有共同目标的集体和"部落"，甚至在网络空间里形成一种天涯若比邻的"虚拟同在"。

三、扭曲与误读：媒介仪式中的传统文化

传统文化类节目通过媒介仪式，建构观众对中华传统文化的认同感，让观众在参与和欣赏过程中产生一种文化自信和文化自觉意识。在媒介化时代的今天，这些电视节目在传播中国优秀的传统文化方面确实发挥了重要作用。不过，在消费主义和娱乐主义盛行的电视领域，激烈的行业竞争，对传统文化内核的不正确解读，追求收视的即时效果而忽略长远的文化发展规划，也在某种程度上消解着电视节目精心建构的媒介仪式，而且身处媒介仪式中的观众个体被询唤出的文化记忆和文化情境，也各有不同。

1. 对传统文化的创伤性记忆

在观看《中国诗词大会》《中国谜语大会》等的过程中，有些观众想起的是爸爸妈妈或学校老师教授唐诗宋词的美好情景；有的观众想起童年爱玩的成语接龙、古诗接龙等文化游戏；也有人会想起童年时代在传统节日里做灯笼、贴春联等民俗活动等；但对一些人而言，此类节目有时唤起的并非美好记忆，而是痛苦的乃至带有创伤性的文化记忆。有网友发帖称，嘉宾在讲解文化背后的故事典故时，使其回想到从前的古诗词课只有枯燥和烦琐，背了又背，觉得不胜其烦的痛苦经历，童年时代机械化的阅读和背诵经历，让有些人根本不愿意再去接触任何关于诗词的东西，更不用说再去欣赏传统文化类节目。"一看到《中国诗词大会》这样的节目，我就关掉电视机，小时候难道背得还不够多么？""背这么多诗词，有什么用？"一些人在网络空间里这样留言。"媒介仪式"召唤出痛苦的、扭曲的文化情境和文化记忆，有时让人不得不反思当前中小学中国古典文化教育课程的效果。另外，关于传统文化的创伤性记忆更来自

现代与传统生活之间的冲突。近代以来，在以科学为主的现代西方文化面前，中国传统文化长期处于劣势，以至于一部分人对中国文化本身丧失信心，这也使得不少人对于电视和社会中日渐兴盛的文化回归思潮开始了猛烈批判，认为这是一种有倒退性质的复古主义。

2. "被玩坏"的传统文化

2013 年开始，随着央视《中国汉字听写大会》、河北卫视《中华好诗词》的热播，加上国家诸多扶持传统文化类节目政策的出台，多家卫视纷纷将注意力转向传统文化类节目的制作，一时间，以汉字、成语、诗词、戏曲为主要元素的电视节目如雨后春笋般蜂拥而至。其中不乏优秀节目，如《中国诗词大会》《见字如面》等，但整体而言，却是良莠不齐，同质化现象十分严重。具体表现在以下几个方面：

（1）节目同质化。许多传统文化类节目从取名到内容制作都趋于同质化。《中国诗词大会》《中国汉字听写大会》均以"中国"开头，"大会"结尾，节目名称显然缺乏创新性；多以汉字、成语、诗词为载体，以竞赛、闯关、嘉宾点评为形式，似乎要"将整个知识和文化统一起来，取消其实质内核，用量来衡量一切，最终出现文化批量化、标准化和同一化的文化工业时代"。节目定位、文化元素、受众群体等都存在趋同现象。不可否认，节目适当同质化，提高受众对节目的接受程度，降低制作成本，这本是引导社会价值观念，弘扬中华传统文化，构建民族文化共同体的一条好路径，但过于同质化大大降低了节目的吸引力。

（2）审美疲劳化。节目同质化后，受众逐渐对竞赛式、表演式的传统文化节目产生审美疲劳，兴趣趋向平缓。对同类型节目的观赏逐渐由新鲜转为常态，加上过分的表演意味逐渐使电视节目的仪式感流失，失去节目竞争力。竞赛类节目本身就带有竞争、胜负等属性，为重新获取收视率，博取受众眼球，部分传统文化节目开始剑走偏锋，走向歧途。例如有节目竟公开评选"国学美少女"。这其实是对中国文化传统审美观的歪曲，拉低了节目的文化品位，违背了传统文化类节目生产的初衷。

（3）娱乐至上主义。虽然中国传统文化本身便带有仪式属性，但是电视节目更重要的特征是娱乐媒介。所以传统文化类节目对传统文化的再现，本质上还是以娱乐为核心，以传统文化为表征。以《百家讲坛》为例，嘉宾作为精英文化的代表，扮演着解读与传播传统文化，架起普罗大众近距离感受、欣赏传统文化桥梁的重要角色。通过专家们的解读，将传统文化深层蕴含的价值观内核抽丝剥茧，深入浅出地呈现出来，使观众身临其境感受其中的韵味与营造的文化意境，这种引经据典，精彩点评，使专家成为文化节目建构中不可或缺的要素。但是，某些专家的随意解读，也受到许多业内学者的批评。到底是刻意迎合大众口味，满足电视娱乐文化的市场需求，还是以严谨的知识表述与价值判断，保持传统文化知识传播的纯粹性？在娱乐化的媒介再现与通俗化的文化传播过程中，此类问题的出现恰好反映了大众媒介所建构的媒介仪式与中国传统文化严肃教育之间的内在矛盾。

戴扬和卡茨将电视的仪式传播情境分为事件传播和日常传播两种形式。事件传播是一种特殊的电视事件，包含跨时代的政治和体育竞赛，表现超凡魅力的政治使命等，这种仪式唤起的可能是全国乃至全世界的集体瞩目；[①] 日常传播是一种泛仪式意义上的传播，倾向于演播室等小场地周期性播出模式，大部分的传统文化节目都遵循这种传播规律，在日常传播中，严肃性和仪式感被冲淡。从媒介仪式的角度而言，传统文化类节目是作为日常传播的方式传播的。这种日常传播的媒介仪式持续呈现在受众面前，是否能真正解决当今社会中国传统文化教育缺失的问题；仅仅通过媒介仪式构建的文化共同体是否能持续作用于现实生活中的日常实践，以及以娱乐主导的媒介仪式过度繁荣，是否能真正延续和传承中华民族共同的宝贵的文化遗产，这些问题都需要进一步思考。

第四节　当代历史纪录片的"新历史叙事"

2005—2006 年，《故宫》《新丝绸之路》和《再说长江》等历史题材的纪录片引起了观众的注意，这批历史题材的纪录片表现出对历史浓厚的兴趣。这些作品受到了新历史主义的影响，其历史叙述与传统的历史题材纪录片相比，呈现出了一些新的叙事特征。

---

① ［美］丹尼尔・戴扬、伊莱休・卡茨著，麻争旗译：《历史的现场直播：媒介事件》，北京：北京广播学院出版社，2000 年，第 1 页。

一、新历史主义与"新纪录片"

1988 年，海登·怀特（Hayden White）发表《书写史学与影视史学》一文，首次提出"historiophoty"的概念，区别于传统的"historiography"（书写史学），即"通过视觉影像和电影话语来传达历史以及我们对于历史的思考"。[①]
周梁楷根据海登·怀特的阐释，正式将其译为"影视史学"。后文字时代的影像史学在思维模式、表述方式，甚至对历史和历史事实的看法和认识方面都不完全同于传统的口述史学、书写史学。在历史学家 R. J. 拉克看来，影像比书写更适于表现历史，传统的书写史学过于线性，注意力过于局限，无法胜任表现人类生活的复杂多维世界的任务，而影像却能展现多维的历史空间：

> 向新片段迅速切换、叠化、淡入淡出以及"快镜慢镜"模拟真实生活，模拟由"想法、词语、影像、全神贯注的东西、令人分心的事物、幻觉、有意无意的动机与情绪"交织成的日常经验，靠移情重建来传达历史人物如何目睹、理解与经历他们的生活，将过去起死回生。[②]

作为一种重要的影像形态，纪录片（documentary）在英语中的初解即为"档案记录"，由此可以看出纪录片在起源上就与历史难分难解。拍摄今天其实是拍历史，今天是明天的历史；而拍过去也是拍今天，因为一切历史都是当代史。

文献纪录片在西方通常被称为汇编影片（compilation film），意指利用以往拍摄的资料片（有时辅以新拍摄的素材）编辑的纪录片。美国电影史学家埃里克·巴尔诺认为，苏联导演艾瑟·苏勃于 1926 年拍摄的《罗曼诺夫王朝的灭亡》，标志着世界文献纪录片的伊始。而中国的文献纪录片滥觞于 1927 年黎民伟的纪录片《国民革命军海陆空大战记》。

中国早期的历史题材纪录片，往往采用大量历史图片和影像资料，外加人物访谈和遗址的空镜头等模式，当缺少所需的影像资料时则配上大量的解说词。纪录片基本就是把一些散落的历史碎片以某种观念糅合在一起，其本质是官方

---

① WHITE H. Historiography and historiophoty. American history review, 1988（93）.

② RAACK R J. Historiography as cinematography: a prolegomenon to film work for historians, Journal of contemporary, 1983（18）: pp. 416, 418.

宣传的产物，着重回顾重大的历史事件，反映领袖和精英的丰功伟绩。历史不是陈年旧事的无聊考证，其意义是立规矩，定是非，激浊扬清，主宰现实的判断。[①] 史家的精力根本无力顾及芸芸众生的琐碎生存，传统的历史纪录片也是这样，但是受到新历史主义话语影响的《故宫》《新丝绸之路》和《再说长江》等一系列纪录片，改变了这种历史叙事模式。

新历史主义（New Historicism）是 20 世纪 70 年代末 80 年代初在欧美思想界兴起的一种文化理论和批评方法。20 世纪末，随着新历史主义思潮波及的范围越来越大，更多的西方纪录片工作者转向回顾历史的"新纪录电影"的制作，如朗兹曼拍摄的《证词》。80 年代后期新历史主义思潮引入中国，深深地影响了当时中国文艺的创作实践和理论批评，以后逐步渗透到纪录片中，推动了中国的新纪录片运动。新纪录片通过一种平民视角和纪实手法，对过去的纪录片进行了反思，长镜头、过程叙述、未经修饰的画面、由跟拍过程制造的故事结构的开放性和未知性，这些都给观众带来从未有过的新鲜感和亲切感，因此获得空前巨大的影响力。[②] 当纪实的表现方式本身成为纪录片创作者追求的唯一目标时，越来越多的人缠绵于个人情怀，沉迷于个人化的实验，却忽视了对于历史本身的关注，特别是对于拥有源远流长的历史记忆而又在近代饱受创伤的中华民族而言，以纪录片的方式重拾历史的碎影和重建历史的崇高形象显然是很有必要的。

正是在这样一个历史背景下，开始有一些人反思新纪录片运动，重新踏上了历史之路，将目光伸向遥远的过去，于是出现了《失落的文明》《清宫档案》和《寻找失落的年表》等一些历史题材的纪录片，而《故宫》等纪录片的出现，使得历史题材的纪录片得到了认可。这些历史题材的纪录片，既不同于新纪录片运动中过分追求个人化、现实化的影像运动，也不同于早期历史纪录片的宏大叙事，而是借鉴了新历史主义理论和新纪录片的一些理念，抛弃了历史主义的叙述方式，采用一种细节化、口述体和情景再现的方式重构历史，以达到一种还原历史的企图。

① 南帆：《消费历史》，《天涯》2001 年第 6 期。
② 张红军：《论中国纪录片沉重感的缺失》，《电影艺术》2005 年第 3 期。

二、新历史叙事的"历史重构"

在新历史主义理论的影像下，这批新历史题材的纪录片抛弃了传统历史主义的宏大叙事模式，融合了新纪录片中强调现实感、个人体验的叙事方式，使得历史题材的纪录片逐渐走向了一个新的空间，既有了一种历史感，同时又具有很强的个人化色彩。具体而言，细节化、口述体和情景再现是这些作品所采用的三种主要叙事策略。

1. 细节的历史

传统的历史题材纪录片多为宏大叙事，其视角大多采取居高临下的俯视，创作素材大都来源于官方文献或正史档案，这些宏大叙事往往不容置疑，忽视细枝末节。但是新历史主义的叙事"尤其表现出对历史记载中的零散插曲、逸闻逸事、偶然事件、异乎寻常的外来事物、卑微甚至简直是不可思议的情形等许多方面的特别兴趣。历史的这些方面在'创造性'的意义上可以被视为'诗学的'"。新历史主义思潮的逸闻主义倾向使得重大题材历史纪录片开始注重细节，以小见大，结合大历史的宏观背景叙述与细节描述，突出纪录片的张力及表现历史的开合度。在对历史事件和人物梳理的同时具有充满悬念的好看故事，即善于发现和放大历史问题的疑点和争议，具备解密性。柯林伍德认为历史学家的敏感性在于从一连串支离破碎、不完整的历史资料中制造出一个可信故事的能力，而这筛选的过程则需借用建构的想象力以厘清到底发生了什么，为历史事实提供可行的解释。①

《故宫》第一集《肇建紫禁城》中对木材和石料的开采、运输等细节的挖掘丰富了以往枯燥单一的笼统罗列；第六集《故宫藏瓷》中以直观的方式展示以往观众前所未见的珍贵文物；并且涉及大量具有悬念和冲突的故事，如第二集探讨李自成是否烧掉故宫，第七集有关某些书画作品真伪的争议和第八集关于传国玉玺的真假。《新丝绸之路》关于解密性质的细节叙述则更是贯穿始终，第一集《生与死的楼兰》中探索一片埋藏着一千口棺材的小河墓地，解析沉睡千年的小河公主的身世之谜，还用随葬物品等勾勒出 4000 年前祖先的生活场

---

① ［美］海登·怀特：《作为文学虚构的历史文本》，节选自张京媛：《新历史主义与文学批评》，北京：北京大学出版社，1993 年。

景；在《一个人的龟兹》中具体而微地展现了一代佛法大师鸠摩罗什研习佛经的艰辛历程。《再说长江》中将大量镜头对准同饮长江水的普通百姓，如舀起大江源头第一瓢水的布尕玉一家的生活图景；玉树新寨村一名70多岁老人宗西用108块玛尼石放入流向通天河的溪水里表达美好的祝福；丽江古城居民李实借用自家院内的激沙沙开办民居客栈，等等。这些历史题材的纪录片都很注意通过细节来叙述和展示一段历史，细节的真实很容易吸引观众对历史的兴趣，也使得历史本身真实可感，并具有了一种美学意味。

2. 口述历史

20世纪80年代中期法国导演朗兹曼拍摄的《证词》被普遍认为是口述历史的代表作。口述史近年来在我国也颇盛行，不仅涌现了大量文字类的口述史，还涌现了许多纪录片这样的视觉类口述史。

传统的宏大叙事经常忽视普通民众的声音，但在《故宫》《再说长江》和《新丝绸之路》中，历史不再由少数权威的人士叙述，普通民众也参与到了历史叙述中，这种记录"普通人嘴里的历史"的叙事策略使纪录片的表达呈现出一种有趣的复调现象，它使历史素材在普通人日常叙事的复述行为中出现了当代化的具体解读，而普通人的局部记忆则在历史背景的映衬下呈现出了壁画般的史诗性内涵，这种现在与过去相交织的互文本结构方式，构成了影片有效的表现策略。①

中央电视台的《讲述》，湖北电视台的《往事》，香港凤凰卫视的《口述历史》等，都将口述历史视作一种重要的叙事手段。它们把肖像式的证言与相关的视觉材料、现场拍回的素材、旧的新闻影片、照片、有关的档案材料和图表等组接在一起，互相印证，在对语焉不详的视觉材料进行重塑的同时，这些访谈在叙事的架构中被重新定位。当然讲述者的言辞仅是作为一种见证而被引述，并非终极，只是一种被历史合力所构建的可能存有偏见的声音，但可使历史相对完整和客观，挖掘历史潜在的多种可能性。

《故宫》《新丝绸之路》中有大量故宫和西域历史研究的内容，与它们在一段时期发生交集的普通人成为言说的主体。《再说长江》中口述历史的脉络更为显著，如在举世瞩目的"三峡库区大移民"的过程中，纪录片重点采访的是船民冉应福和胡志满两家，通过这些生长在三峡的移民的口述，来让观众真实

---

① 吕新雨：《当代中国的电视纪录片运动》，《读书》1999年第5期。

地体会三峡和其历史。口述历史抛弃了过去全知叙述的手法，通过一个人的视角去看待历史，重新叙述历史，并且观众也感觉到了和他们更为贴近的历史，纪录片中主人公所叙述的历史，仿佛也就变成了自己的历史，而过去的"宏大叙述"中的"历史"似乎和普通民众的生活总是相隔遥远。

3. 情景再现

真实再现历史一直是让历史学家头疼的事情，因为历史已经过去，能够完全恢复历史本来面貌确实很困难，但现在流行情景再现，通过一些新的手法，模拟、再现历史场景，以尽可能地让人体会到当时的历史情境。情景再现指运用新闻性、纪实性、艺术性相结合的多元化电视语言，利用场景模拟、演员表演等表现手法再现历史，营造一种逼真的历史情景和历史氛围，弥补创作过程中影像资料的不足。① 历史纪录片要表现的许多信息都是已过去的，或是人物抽象的想法和情绪，创作者对其加以合理想象，构造并摄取与该信息形态相似的场景，把当时的历史场景、地理场景和人物面貌通过模拟的方法，再现于观众面前，自然会取得一种很好的效果，既可以展现宏大的历史背景，也可以营造过去时空中具体的生活场景。其画面往往处理成黑白或泛黄的怀旧色彩，或者将彩色画面进行模糊或虚化，使其与清晰的实拍镜头区别开来，同时大量采用晃动镜头和慢镜头等非常态的镜头运动方式，以此唤起观众的格外注意和心理感应。当然，情景再现在历史纪录片中不能孤立使用，它需要同人物访谈、故事内容和文献图片构成一个完整的叙事，并且还需要借助蒙太奇的镜头转换，将历史和现实巧妙地结合起来。

譬如，《故宫》就大量采用了情景再现的叙事手法，模拟古代操作科学仪器的方法，展示古代工匠雕玉的过程，重现明清皇帝登基大典的盛大场面以及万人运石、开采古玉等场景，让观众如临其境，感受到了当时的历史情景；《新丝绸之路》第十集《永远的长安》中来自异域的不同人群在长安城里的走动，大雁塔从印度风格演变为中式风格的三次改造的重现，都生动再现了当时世界最大都市长安的繁华城市景观；《再说长江》重现了英国传教士董宜笃在昏黄的灯光下把玩文物等场景。观众通过情景再现，仿佛置身于这一段历史之中，自然能够对历史本身有更深的认识。

① 张侃:《历史文献纪录片电视话语方式的思考》，《中国广播电视学刊》2005 年第 8 期。

三、历史与美学风格

上述的这些叙事策略，在新历史主义理论的影响下，逐渐被我国的纪录片摄制人士接受，的确取得了很好的效果，得到了观众的认同。观众都觉得这些纪录片更好看，更接近历史本身，新历史主义促进了我国历史题材纪录片的发展。当然，也有人指出这批受新历史主义影响的纪录片存在着很大缺陷。

首先，通过细节展示、演员表演和场景模拟等叙事手法，的确使得《故宫》等纪录片显得更具有可看性，观众似乎也更容易触摸历史；但是，细节展示和模拟历史，往往都是通过当代影像技术来实现，并不是真正的历史真实，所以过分的细节展示和模拟历史，反而让人对历史产生了不信任感，譬如在《郑和下西洋》中，就出现明清时代的史官穿着官袍对观众畅谈历史的场景，但这两位史官书面语言的谈话，及其衣着装束是否符合历史本身，反而让观众觉得难以置信。《故宫》中皇帝登基大典是否符合历史原貌也值得怀疑。总之，这种过分细节化、纪实化和故事化的历史叙事，在某种程度上，并不仅仅单纯为了追求历史真实，也是为了追求电视纪录片的收视效果，满足观众消费和娱乐的心理需求。

其次，这些历史题材的纪录片都带有一种怀旧目的，詹姆逊把怀旧看作是一种后现代社会的消费美学，在他看来，怀旧作品虽然指涉过去，但怀旧并不能真正回到历史情境中，即不能真正再现或者重构某一段历史。怀旧只不过是将过去的一些东西，按照创造者的某种情绪或者商业逻辑进行重新拼贴。怀旧的结果，就是美学取代了历史，历史本身是否真实变得不再重要。《故宫》《新丝绸之路》和《再说长江》虽然都很强调情景再现，但另一方面，也都具有了一种美学化倾向，而这种美学在某种程度上，甚至与历史本身产生了一种对抗，使得观众被其宏大的美学风格所吸引，反而忽视了对历史本身的思考。也就是说，历史本身的内容反而没有引起重视，观众们惊叹的是皇帝登基的宏大场面，工匠雕玉的精湛技艺，而对于历史本身却可能忽视了。

我们认为，这是当代历史题材的纪录片在重构历史的过程中所必须警惕的问题。对历史格外尊重，这是纪录片的根本态度。况且中华民族有着悠久的历史传统，是一个有着浓厚历史情结的民族，这一切都要求历史纪录片的创作者在用影像资料进行历史想象和还原的时候，一定要考虑到想象和还原的合理性，而不仅仅是为了消费和娱乐需求。

第五节　消费社会的"物质青春"

2006 年,《中国青年报》曾经发表《"80 后"——请别误读这 2 亿青年》一文,该文指出:"'80 后'已经不再是孩子了。即使最年轻的 1989 年生人,也已经超过 16 岁,步入了国家法定的劳动力年龄。'80 后'是一个庞大的青年群体。"① 如今,"80 后""90 后"也已步入社会,成为现代中国发展的主力军。如何认识"80 后""90 后",已经成为当代电视媒介的重要议题之一,例如电视剧《奋斗》《北京青年》《蚁族的奋斗》和《北京爱情故事》均将镜头聚焦"80 后""90 后",努力形塑他们的青春形象,记录他们的生活、工作和婚恋状况,探讨他们在物质和理想、家庭和事业面前的人生选择,全面展现了他们在变革社会中的成长历程和精神状况。

一、时代的产物

关于"80 后""90 后"的电视剧大多努力描绘属于他们这一代人的青春记忆和青春故事,展现不同于"50 后""60 后"的青春形象——宣扬自我主义、强调个性独立、注重物质享受和膜拜西方文化。

在《北京爱情故事》中,林夏曾对石小猛的女友沈冰说:"你真的不像这个时代的产物。"不同的时代会生产出不同的社会群体,"80 后""90 后"是1978 年以来中国改革开放的"产儿"。在改革开放背景下,中国经济高速发展,到 2011 年,中国国内生产总值(GDP)超过了日本,仅次于美国,经济发展改变了整个社会,从 20 世纪 80 年代开始,彩电、洗衣机和电冰箱等消费品成为中国人的日常家用品,"在'80 后'小的时候,家庭财富可以用彩色电视机来衡量。据杭州《地方志》的数据显示:1985 年,每百户城市居民拥有电视机101 台,其中彩色电视机 14 台,刚过 1/10,农村居民中每百户拥有电视机 24

---

① 汤涌:《"80 后"——请别误读这 2 亿青年》,《中国青年报》,2006 年 4 月 3 日。

台，彩色电视机 2 台。"① 进入新世纪之后，空调、电脑和私家车进入城乡千家万户，对于大部分年轻人而言，城市生活已经不再令他们陌生，他们就生活在城市空间，即便是居住在小城镇中，咖啡店、百货超市和高级宾馆也不鲜见。

《奋斗》《北京爱情故事》《北京青年》和《蚁族的奋斗》等剧中的"80后""90 后"陆涛、夏琳、何东、吴狄、程峰、林夏等人均是时代的产物，每个人物的身上都有鲜明的时代印记。出入高档场所、打保龄球、吃西餐和到 KTV 唱歌成为他们生活的一部分，飞速发展的时代为他们提供了一切，赋予了他们张扬自我、突出个性的性格特征，他们崇尚个人主义，反对"50 后""60后"一代所尊崇的家庭和集体生活；他们想爱就爱，不像上一代那样在爱情面前羞羞答答；他们注重消费享受，不像上一代那样节衣缩食。这些导致了他们与父辈之间出现了深刻的代际裂痕，在《北京青年》中，何东厌倦了父母给他规划好的生活，在领取结婚证那一天，突然决定放弃与未婚妻领证；在《奋斗》中，开头一幕便是毕业生与老师们告别的集体宣言："我们舍不得您，非常非常舍不得您，但是我们必须告诉您，我们必须离开您，我们必须去工作，去谈恋爱，去奋斗，这件事十万火急，我们一天也不能等，请您接受我们离开前最后的问候。"夸张的告别仪式宣告了"80 后""90 后"与父辈决裂之勇气。《爱情公寓》《都市男女》等电视剧更是用一种情景喜剧的方式描绘一群逃离传统家庭和职场生活的青春男女，如何自由自在地共同生活在都市公寓这样的乌托邦空间中。

时代突飞猛进、城市快速发展，为"80 后""90 后"实现梦想、张扬个性提供了新机遇，那些来自穷乡僻壤的社会底层青年，似乎只要通过奋斗便可以实现自己的梦想。在《北京爱情故事》中，吴魏激励手下员工的话语是"为了前途，为了梦想，为了名车、豪宅和美女而奋斗"；在《蚁族的奋斗》中，虎一帆等"80 后""90 后"希望通过奋斗，在北京、上海等大都会立足，收获爱情、房子和幸福生活；《杜拉拉升职记》更是用小说、电影和电视剧的跨媒介文本形态，为"80 后"城市底层女性青年提供了杜拉拉这样一个从草根阶层跻身于社会精英的成功样板。

---

① 汤涌：《"80 后"——请别误读这 2 亿青年》，《中国青年报》，2006 年 4 月 3 日。

二、物质化的青春

反抗父权统治、宣扬个性自由和表达独立思想，这是"80后""90后"电视青春剧的主要内容和基本主题。不过，电视青春剧在突出"80后""90后"反叛精神之同时，亦努力建构符合主流意识形态的励志青春形象。例如《奋斗》（2007）便被认为是一部洋溢着奋斗精神的"爱情励志片"：

几个年轻人在毕业后的几年时间里，通过事业了解到人及社会的互动关系，通过爱情体味着梦想与现实，责任和友谊的真谛。他们经历着生活和爱情的波澜，有时迷茫有时苦痛，但他们努力地奋斗，并将最真挚的笑脸留在了青春的岁月中。①

无论是程峰、陆涛这样原来就生活在大城市的"富二代"，还是石小猛、虎一帆等从偏远乡村来的"北漂族"，来自不同阶层的"80后""90后"青年男女都在大城市里奋斗，努力实现自己的价值理想，他们中自然有不少人成功了，有的像杜拉拉一样实现了从草根阶层到社会精英的转变；有的像陆涛一样在商界打拼，最终成为新时代的"弄潮儿"。但是这些"80后""90后"的青春奋斗多集中于物质财富的追求上。《北京爱情故事》《蜗居》中的石小猛、海萍等人怀着梦想进入北京、上海等大城市，努力在大都会里生活和工作，他们所渴望实现和得到的不过是汽车、房子而已。在拜金主义的消费社会里，看似洒脱自信、张扬自我的"新生代"反而成了"物质的奴仆"。"咱们生活的世界其实是一个很物质的社会"，《北京青年》中何东的一句话道出了"80后""90后"青春的物质化本质。在物质化社会中，物质财富和金钱权力成为衡量个人价值的主要标准，爱情、友谊和婚姻的根基都建立于此。在《蚁族的奋斗》中，赵荣生的前女友离开赵荣生，主要是因为他没有钱、没有稳定工作。赵荣生后来认识了心地善良的宋楚楚，却因没房没有安稳工作而迟迟不敢结婚；为了赚钱与女朋友结婚买房子，虎一帆连身体也不顾，什么活都干。在《北京爱情故事》中，吴狄前女友杨紫曦是一个爱慕虚荣的"轻佻女郎"，她喜欢家里

---

① 网络视频关于《奋斗》电视剧的故事梗概。

柜子里装满名牌服饰，她之所以离开吴狄，投入他人怀抱，不是对吴狄没有感情，而是因为吴狄不能满足她的物质欲望，所以她要离开吴狄并用身体去换取金钱财富。同样，在《奋斗》中，"北漂女孩"露露为了满足自己的物质欲望，依附于各种有钱有势的男人。她用美貌和青春换取物质享乐，却从不敢奢想属于自己的爱情、家庭和事业，她不惜一次次地改变自己：作为摇滚歌手小海的女朋友，她可以把自己塑造成摇滚青年；和"猪头"好上了，她可以立刻变身泰国餐馆老板娘……

《奋斗》《北京爱情故事》《蚁族的奋斗》中的每个青年人都在奋斗，他们的奋斗也感染着电视机前的观众。但无论是为爱情奋斗还是为事业奋斗，"成功"在这些电视剧中更多意味着物质上的满足。《杜拉拉升职记》虽然是一部底层青年女性的励志大片，却依旧逃不出物质牵绊，她的追求也只有物质化才会被人认可，当人们看到昔日青春懵懂的女孩历经磨难成长为职场精英，穿得起名牌，买得起奢侈品，在事业与爱情之间游刃有余时，观众是否在欣赏其老练成熟之余，怀念起那个初入职场世界略显稚嫩的单纯女孩？同样，在《蜗居》《蚁族的奋斗》《北京爱情故事》等故事中，那些来自偏远地区原本纯真朴实的青年男女在大都会打拼过程中，往往都是以失去纯真本性，牺牲友谊、爱情为代价，有的人物性格前后差异之大令人惊讶。

"北京是中国的政治文化中心，北京白领和金领青年的生活方式在某种程度上代表着中国生活方向和潮流，大公司舒适气派的办公室、豪华的酒店、浪漫的郊游、奢侈的住宅、另类新潮的 LOFT、自我中心主义的'80 后'新新人类、有点虚无颓废色彩的 party、再加上京味幽默，所有这些在某种程度上成了'70—80 年代新贵'一种身份的标志，可以给外省青年起到某种方向标的示范作用。"[①] 在这个物质化的社会空间中，全球大都会因为集聚着财富和权力，对青年而言更具有一种引诱力。"北京，我们来了！""我们要在这儿扎根，我们要在这儿奋斗，北京，你听到了没有？""咱们外地人在北京买房子。"《北京爱情故事》《北京青年》中频繁出现这样的"青春宣言"，这些青春话语既表达了"80 后""90 后"一代征服大都会的勇气，却也显示了"80 后""90 后"一代人的内在虚弱，他们的青春是"物质化的青春"，完全被大都会的物质和权力

---

① 杨晓林：《论中国青春励志电视剧的创作——以〈奋斗〉为例》，《电影文学》2010年第 4 期，第 134 页。

所操控。在某种程度上，这样的物质化青春恰恰让"80后""90后"的青春丧失了青春的本质。在《北京爱情故事》中，剧中的男主角之一石小猛也终于意识到，其在大都市的奋斗不是青春的实现，而是青春的丧失。所以他不由得发出了"再见青春，再见美丽的疼痛"的痛苦之声。

三、重走青春之路

在消费社会里，完全否定物质追求是不切实际的，但是过分宣扬物质享受显然破坏了主流的社会价值观。《奋斗》《蜗居》《北京青年》《北京爱情故事》等电视剧其实也意识到这点，《奋斗》试图通过夏强自杀一事，反思只追求时髦、玩酷的高中青葱岁月；《蚁族的奋斗》中的青年大学生赵荣生一上来就揭露厂商的罪恶行径，彰显青春的正能量；《蜗居》虽然描写了大学生郭海藻的青春堕落，但宋思明之死让她终于幡然悔悟；在《北京爱情故事》中，石小猛最后也痛改前非，拒绝再与奸商同流合污，这些都说明充满理想的青春犹在。《蚁族的奋斗》和《北京爱情故事》还分别塑造了一位不被物质社会腐蚀的青春女性形象：楚楚和沈冰。她们天性单纯，只想和心上人一起过简单快乐的生活，五光十色的都会世界对她们并没有多大诱惑，沈冰被誉为"真不像这个时代的产物"；楚楚更是一位"出淤泥而不染"的纯真女孩，在金钱至上、物欲横流的时代中，她始终保持着纯真本色。在电视剧结尾，沉沦于都会物质世界中的赵荣生幡然醒悟，并最终带着他和楚楚的孩子回到了沂蒙山老家，开启新的生活。

值得关注的是，由赵宝刚导演的《北京青年》也是一部青春反思剧，这部电视剧是赵宝刚"青春三部曲"的最后一部，该剧延续了《奋斗》《我的青春谁做主》的青春主题，书写奋发图强的青春故事，并借主人公何东之口表达了重走青春的渴望。剧中的何东、何西、何南、何北四兄弟虽然家庭出身不同、性格迥异，人生成长道路也不同，但是选择了共同结伴重走青春，重新探寻青春的意义和价值。领结婚证的一刹那，男主角何东突然向毫无准备的未婚妻提出暂不领证，因为他自认为对婚姻生活尚无精神准备，他要重新思考一下人生道路该如何走，这个剧情看似违背常理却惹人深思。令人惊讶的是，该剧播出后据说还引发了青年上班族的"辞职热"，或许正是"重走青春"这一话题触动了"80后""90后"。在现实世界中，不少"80后""90后"家庭富足、生活安稳，父母早早为他们买好了房子，找好了工作。可对于追求个性自由的"80后""90后"而言，按部就班的生活却让他们对生活的意义感到茫然，于是不少年轻人会选择"Gap Year"① 的方式调整生活节奏，反思自我和社会。坂部晶子在谈到日本20世纪80年代海外旅行热时曾指出："对我们而言，不论是流浪在亚洲各国沉浸于当地人的普通生活，还是跟着旅行团在遗址前感动或拼命购物，以及在家里阅读杂志时不由得对书中的话语深有感触等，这些事情可以说都孕育了了解我们的主观'世界'，获取'真实体验'的契机。"② 《北京青年》中的四兄弟以及他们的朋友便是以旅行的方式"重走青春"，他们从北京出发，一路经过烟台、深圳等地，最终在玉龙雪山完成了旅行壮举。整个旅程虽然显得不切实际、漫无目的，但是这次旅行不仅是旅行者了解世界和他者的过程，同时也是他们重新认识自我的过程，可以说，这是一次重建青春主体的精神之旅。

不过，仔细考察《北京青年》我们会发现，尽管何家兄弟看上去超凡脱俗——不顾家庭阻挡和社会非议辞掉公务员、医生的"铁饭碗"工作，放弃优越都市生活环境，跟随内心感受重走青春，要到远方寻找人生意义，但是何东等青年人的浪漫行动，恰恰是建立在雄厚的物质财力基础之上。他们怀揣巨款、开着豪车、带着装备齐整的旅行物品让"重建之旅"变成了一次中产阶级的奢华旅游，这种炫耀式的重走青春反而让青春离普通青年观众越来越遥远。同样，《奋斗》中的主人公也在重新思考青春，但是电视剧对陆涛奋斗史的描述略显夸张——对他心怀愧意的富豪父亲从天而降，对其恋恋不舍的前女友整天想塞钱给他，不需要工作经验就能呼风唤雨赢得上亿元项目的设计权。电视剧似乎在表明，只有像陆涛这样拥有各种资源的中产阶级青春才会精彩纷呈、好戏连台。

青春励志剧变成了青春炫耀剧，这样的青春剧或许让青春更加远去。现实生活毕竟不是电视剧。如果盲目模仿电视剧，追求理想化的青春生活，结果必然是眼高手低、四处碰壁。相比而言，《破产姐妹》是美国青春情景喜剧，亦

---

① 所谓Gap Year是指当代年轻人会用较长时间（通常为一年）去旅行或者从事志愿者服务，以便进一步了解自己和社会。

② ［日］坂部晶子：《海外旅行——我们现在何处》，选自［日］鹈饲正树、永井良和、藤本宪一编，苑崇利、史兆红、秦燕春译：《战后日本大众文化》，北京：社会科学文献出版社，2010年，第255页。

讲述创业故事，却更贴近现实生活，两个女孩为了小蛋糕店的理想而一点点积累资金，只要理想不死，一切都可以重新开始，《奋斗》中的创业却显得那么高不可攀；《蚁族的奋斗》则设置了一个过于理想化的结尾，男主角赵荣生最终带着孩子回到了沂蒙山区，另一位仰慕他的都市丽人竟然也追随而来，他们最后抛弃了五光十色的都市生活，在偏僻的乡村安营扎寨。但是剧外的现实青春真的会如此吗？并且，回到乡村就意味着拥有幸福生活吗？

四、建构真正的青春主体

许多人都曾拿我国的青春剧与日韩青春剧相比较，确实，在青春题材的影像书写上，日韩电视青春剧值得我们学习。《北京爱情故事》显然模仿了 20 世纪 90 年代风靡亚洲的日本青春偶像剧《东京爱情故事》（1994）。《东京爱情故事》改编自漫画家柴门文的同名题材作品，讲述几个年轻人在东京的生活、工作和爱情故事，播出之后立刻风靡整个亚洲。除了日本青春偶像剧之外，近二十多年来，《冬季恋歌》《浪漫满屋》等韩国青春剧在中国十分流行，不少中国观众特别是青年人都成了"韩剧迷"。

日韩青春剧和我国青春剧都一样，经常表现青年人在个人与家庭、工作与事业、理想与现实、爱情与婚姻、贫穷与富贵之间的迷惘。相比较而言，《北京爱情故事》等我国电视青春剧虽然也试图展现青年人在爱情、婚姻和工作面前的不同选择，描写他们在高速发展的都市社会中的情感和道德困惑，可观众观看后总是觉得缺少点什么，我们总感到《北京爱情故事》中的情感故事完全被物质化世界控制。例如石小猛如果不能给沈冰优越的物质条件，似乎就应该放弃她，可是《东京爱情故事》传递的却是截然不同的爱情观，女主角莉香单纯美丽的青春形象、甜蜜迷人的微笑让所有观众无法忘怀。更重要的是，《东京爱情故事》中青年男女的情感并没有被金钱物质所控制，该剧将现代社会中人与人，特别是青年男女之间那种细腻微妙的感情真实地表达出来。在《东京爱情故事》中，都市虽然充满物欲，每个人都在职场疲惫顽强地打拼工作，但是爱情依然单纯美好。青年人之间的情感如巴塔耶所说，从现实世界里分离出来，成为一个神圣的领域："对我们而言，没什么比为我们所经历的爱情添加传说的爱情更有意义了。由此，我们最终认识到爱情与宇宙是相同的。由此，爱情最终在我们身上描述了其无限的行程并神话般地指明这个从狭隘的现实世界分离出来的宇宙的含义，如果爱情改变了我们的面貌，我们就变成了这个宇宙。"①《东京爱情故事》纯粹的爱情故事，对青春爱情的浪漫细腻展现，让无数观众感动和怀恋。

而我国的电视青春剧过分渲染金钱和权力效能，刻意展现青春与物质世界的关系，一味强调青春世界的物质化特征，金钱、物质和权力完全操控了电视里的青春面孔。即便像《裸婚时代》这样一些抱着反物质的心态去描摹当下生活的青春剧，最终也绕不开物质话题。《裸婚时代》意在宣扬脱离物质的单纯婚恋观，可大团圆的结局仍旧落入俗套：刘阳获得了事业上的成功，成为物质世界的强者，才可能修复他和妻子的破碎婚姻。这看似是一种美满，实则就是跳脱不出物欲操控的怪圈，似乎我们的青春必须依赖丰厚的物质世界，否则永远无法获得独立性。不单婚姻和爱情如此，青年人事业成功的标志往往是和经济实力画了等号，如果没有雄厚的物质财富，好像就不配拥有青春。这类青春故事其实是将青春庸俗化和物质化。已经有人看到这类青春剧的问题，并指出在当代消费社会中，需要对我国的青春影视剧进行"新的界定"：

正如青春剧的本质是探索突破，所以我们的青春剧要有突破精神，现在我国正处于文化产业大发展，文化体制大改革的进程中，新文化的建设迫切需要我们要有大无畏的探索精神。乘着文化体制改革的春风，改革我们的思想观念和文化舆论环境，形成一种新的积极向上的自由活泼的文化氛围。②

我们在这里不是要宣扬完全脱离物质财富、不切实际的青春故事，而是强调青春的本质不单与物质财富相关，更应该与精神、理想相关联，青春的魅力恰恰是因为其单纯、理想化和超越现实羁绊。我国"80后""90后"的青春剧应该努力吸收中外青春剧的长处，真正反映当代青年人真实的思想感情，重建真正的青春主体，才能真正赢得观众。

---

① ［法］乔治·巴塔耶著，刘晖译：《色情史》，北京：商务印书馆，2006年，第140页。
② 李春宇：《物质时代的新命题——青春电影的新界定和历史使命》，《文学与艺术》2011年第1期，第90页。

第五章

新媒介与亚文化

…… ……

20 世纪六七十年代席卷欧美的反文化运动在 70 年代之后逐渐衰退，但这场运动对于欧美未来社会的影响巨大，而且特别值得一提的是这场反文化运动其实对互联网的发展起了很大作用，曼纽尔·卡斯特就曾经指出美国互联网的发展最早就是从校园里开始，他认为尽管军事资金与市场对美国早期电子工业起决定性作用，但是青年在美国网络媒体的崛起过程中扮演了重要角色。因为 20 世纪 70 年代美国网络技术早期的研发是"与 60 年代由美国校园文化发展出来的自由文化、个人创新，以及企业精神有关"："此处所指的 60 年代校园文化，乃是突破既有行为模式的社会价值，不论是整个社会或企业界。这里强调个人化的手段、互动、网络化，以及即使显然没有商业价值，却毫无止境地追求新技术突破，这些都与企业界谨慎小心的传统没有连续性的关系。通过我们社会的物质文化，信息技术半革命半意识地传播着 60 年代运动滋生的自由意志主义精神（libertarian spirit）。"①

第一节　新媒介与青年亚文化的转向

正是由于富有创造力和想象力的青年学生不断追求技术突破，新兴媒介得以迅速发展。在《数字乌托邦——从反主流文化到赛博文化》中，弗雷德·特纳也持有同样观点，他援引布兰德的话："一切都归功于嬉皮士。"个人计算机革命和互联网的发展被认为是直接源于反主流文化，旧金山湾区的计算机程序员据说是接受了反主流文化中的"去中心化和个人化的理念"，并将这一理念融入新的机器当中，因此，互联网发展本身就是在反主流文化的背景下诞生。特纳指出，到 20 世纪 80 年代，WELL（全球电子链接）所创造的虚拟社区也体现了反主流文化的乌托邦理想，WELL 被视为一个电子村庄：

WELL 成员里没有屠夫也没有铁匠。然而通过把 WELL 描述成一个村子，

---

① ［美］曼纽尔·卡斯特著，夏铸九、王志弘等译：《网络社会的崛起》，北京：社会科学文献出版社，2001 年，第 6 - 7 页。

WELL 用户能够回顾他们共有的反主流文化经历，展示他们紧密的在线人际联系，把它们都变成放大社会和物质资本的资源。成员们可以把 WELL 想象成一个社区，他们可以同时在多个讨论组里发言，建立声望、友谊和生意。这么做不但没有背叛自己年轻时对另类社区的追求，同时也给他们带来了一种安慰。20 世纪 60 年代的公社大部分已经烟消云散，而在约翰·寇特对前工业时代的村子的描述中，我们可以听到"农场"公社所向往的那种社区和《全球概览》想与之交谈的那种社区的不绝回声。只不过这一次，新公社主义思想不再是主流经济生活的一个选择。相反，它给我们一个视野，通过它可以在日趋主流的网络经济洪流中乘风破浪。①

　　WELL 创造了一个新的"神性世界"，这个世界强调个人之间的交流对话，反对主流文化的霸权体制，个人可以按照自己的兴趣在网上寻找和建立属于自己的新社区空间。特纳强调 WELL 的出现表明了反主流文化迅速演变为由计算机网络连接起来的个人和组织世界的赛博文化。

　　特纳全面梳理了 20 世纪六七十年代的美国反主流文化运动与当今互联网发展之间的内在关系。他详细介绍了从反战运动到 20 世纪 90 年代之间，美国信息技术本身的发展和裂变。他说在 20 世纪 60 年代，计算机还被大部分青年人看作是一项反人性的技术，代表了"集中式的官僚机构"，不过，到了 20 世纪 90 年代，情况就发生了变化：

　　曾是冷战时期技术专家治国象征的机器又成为了其转变的象征。在越战结束 20 年，以及美国反主流文化运动开始消弭之际，计算机反而把反主流文化运动时期曾提到的个人主义、协作社区，以及精神共融的梦想变成了现实。信息技术所代表的文化含义变化得如此迅速，这是怎么发生的呢？②

　　特纳详细回顾了美国计算机发展的历史，梳理了美国主流文化（军事工业研究文化的遗产）和反主流文化（反主流文化的遗产）之间的关系。他发现在

---

①　［美］弗雷特·特纳著，张行舟等译：《数字乌托邦——从反主流文化到赛博文化》，北京：电子工业出版社，2013 年，第 167 页。

②　［美］弗雷特·特纳著，张行舟等译：《数字乌托邦——从反主流文化到赛博文化》导言，北京：电子工业出版社，2013 年。

美国早期的那批从事反主流文化的年轻人如布兰德等，他们远离城市，在山上和林子里建立乌托邦的公社社会，以此反抗美国的主流文化；但随着美国青年反主流文化运动的衰落，布兰德等人开始远离政治，转而拥抱新兴的媒介技术，并将这些作为社会变革的主要来源，他们试图通过信息技术的力量让年轻人重新聚集到一起。在此背景下，布兰德创办了《全球概览》，目的就是就将崇尚技术的各种年轻人汇集在一起："这些网络纵横科研、嬉皮士、生态学，以及主流消费文化领域。而到了 20 世纪 90 年代，美国国会、跨国企业（例如壳牌石油），以及各种计算机软硬件制造商的代表也被纳入其中"，[①] 特纳将布兰德等人的努力和尝试称为"新公社主义"。布兰德后来还创办了"网络化论坛"（network forum），收纳不同背景和身份的人成为论坛会员，在身份背景复杂的青年人参与下，网络空间上的新兴论坛反过来又催生了新的社会网络和新的文化形态。特纳指出个人化的计算机、新兴的虚拟社区和赛博空间就是在此基础上慢慢建立起来的，赛博空间逐渐成了一个西部田园般的数字世界。不过，赛博空间不仅是当年反主流文化人士重新聚集的新公社，计算机和通信技术的快速发展也催生了一个新经济时代和新消费时代。颇有意味的是，特纳看到，在新兴的赛博空间中，以新左派为主体的反主流文化人士与秉持自由主义理念的主流政治人士和商界领袖最终走到了一起：

对于那些把 20 世纪 60 年代看作与传统背离的人来说，当年的反主流文化运动者如今竟然和商界领袖、右翼政客走到一起，这根本就不可思议，也充满了矛盾。但"全球网络"的历史告诉我们，这一切皆有可能。20 世纪 60 年代的反主流运动者决定远离政治，转而投奔技术、意识及创业精神，将这些作为新社会的准则。他们当年的乌托邦梦想跟 20 世纪 90 年代共和党的理想非常接近。虽然纽特·金里奇他身边的人对 20 世纪 60 年代反主流文化运动者的享乐主义嗤之以鼻，但他还是很认同他们对技术的崇拜，对创业的认同，以及对传统政治的摒弃。[②]

---

① ［美］弗雷特·特纳著，张行舟等译：《数字乌托邦——从反主流文化到赛博文化》导言，北京：电子工业出版社，2013 年。
② ［美］弗雷特·特纳著，张行舟等译：《数字乌托邦——从反主流文化到赛博文化》导言，北京：电子工业出版社，2013 年。

　　曾经的反主流文化人士竟然与他们曾经的敌人官僚阶层、大资本家走到一起，这的确令人惊讶。特纳以生动的叙述告诉人们，今日赛博空间在某种意义上是20世纪60年代反主流文化的延续，在互联网诞生之初，其实有些话语风格与20世纪60年代"公社主义"的话语风格惊人地相似。聚集在网络周围的青年们一开始试图将反主流文化与技术汇聚到一起，从而建立一个数字乌托邦世界，以致今天每当人们谈论起信息技术和网络经济的时候还经常会提到当年新公社主义运动时人们的理想。

　　不过，特纳指出，这种新公社主义下的新社会并非一个公平、平等的世界，相反，新公社也是一个差异化和等级化的世界，首先集合在《全球概览》中的反主流文化人士，其实几乎都是白种人，他们通常都比较年轻，受教育程度高。在特纳看来，以反主流文化面目出现的《全球概览》其实复制了"主流社会的地位等级制：在它的内容当中、在当时公司和政府的权力高墙当中，有色人种、女性、穷人，基本上不存在"；其次，在新公社中，早期的反主流文化人物布兰德本人树立了"极大的权威"，成了振臂一呼，应者云集的"新意见领袖"，成为新兴网络社会的管理者和主导者。

　　总之，特纳认为，新公社主义运动本身存在着种种问题，并没有人们想象的那么自由和毫无等级。虽然互联网时代的新兴技术仿佛让信息工人感到新公社主义运动的复兴，计算机和网络经济似乎重建了个人与个人之间的乌托邦，信息工人可以像当年新公社成员那样生活无拘无束，通常只需要"找到对一个信念有共同追求的部落，并且通过信息技术将他们联系起来就可以"。但是特纳发现这是数字时代的乌托邦，事实上，信息工人要通过大量学习才能跟上新技术，他们常常为寻找下一位客户而疲于奔命，他们跟同事的关系往往是紧张而短暂的，绝大部分信息工人整天忙于工作和上班，甚至连陪伴家人，和邻居聊天的时间都没有，也没有照顾自己身体的时间，无休止的工作和电子污染让他们的身体变得越来越糟糕。特纳所说的这些情况，其实在今天已经不鲜见，信息技术所依赖的塑料键盘、硅片、电脑屏幕和无线光缆，以及围绕着这些的各种有毒物质，破坏了环境，也严重损害了人们的身体健康。

　　特纳批判了凯利、托夫勒等人对新兴互联网文化的乐观主义情绪，他强调短暂的新公社主义运动对今天的启示是："信息及信息技术最终还是无法让我们摆脱我们的躯体、我们的机构，以及我们所身处的时代。我们跟当年《全球概览》的公社读者们一样，还是面临着如何建设一个更为平等、更为生态健康的社区的任务。而只有帮助我们面对来自政治的挑战之后，信息技术才能实现它的反主流文化的承诺。"①

可以说，特纳对于互联网与反主流文化关系的梳理，让今天的人们进一步了解了互联网兴起的政治、社会和文化背景，让人们知道互联网的发展不仅是一种技术进步，而且这种技术发展始终与当代社会的文化变革及精神追求联系在一起。

弗洛伊德指出："当一个孩子成长起来，父亲的角色由教师或其他权威人士担任下去，他们的禁令和禁律在自我典范中仍然强大，且继续发展，并形成良心，履行道德的稽察。良心的要求和自我的现实行为之间的紧张状态被体验成一种罪恶感。社会感情在自我典范的基础上通过与他人的自居作用而建立起来。"② 在童年和少年时代，孩子们生活在父亲的权威中，他的问题也基本由父母和学校解决，他并不需要自己去解决许多问题。而随着成长，青年们渐渐需要学会自己去解决各种问题。他们要解决职业、经济、爱情和婚姻等问题，这些问题少年时代还没有遇上，成年人则通过成长解决了，只有青年一下子面临着这么多问题，他们与家庭、学校和社会之间的矛盾也就是必然的。为了解决成长问题，青年们通过反叛行为创造了属于自己的亚文化。迈克尔·布雷克认为，青年亚文化不仅是一种风格，还包含了青年们解决社会问题的想法，"反映从属群体企图解决产生于广泛社会关系中的各种结构矛盾的方式"。③ 不过，布雷克强调这只是青年们自己在想象中解决问题，而不是在现实中。青年们还没有能力在现实中解决广泛的社会问题，处理各种复杂的社会冲突，所以他们把解决的方式寄托在想象层面，但正是在想象层面里，青年们仿佛找回了自我和发现了真理，成功地解决了在现实生活中不能解决的各种矛盾，所以，亚文化的反抗本身就带有一定的虚妄性。尽管 20 世纪六七十年代，青年们通过各种学生运动反抗主流社会，并希望建立一个充满激情和理想的新型社会，但是他们的反抗最终都没有成功。

而 20 世纪 80 年代之后，随着全球消费社会的形成和互联网时代的来临，

---

① ［美］弗雷特·特纳著，张行舟等译：《数字乌托邦——从反主流文化到赛博文化》，北京：电子工业出版社，2013 年，第 284 - 285 页。

② ［奥地利］弗洛伊德著，林尘、张唤民、陈伟奇译：《弗洛伊德后期著作选》，上海：上海译文出版社，1986 年，第 186 页。

③ ［加］迈克尔·布雷克著，岳西宽等译：《越轨青年文化比较》，北京：北京理工大学出版社，1989 年，第 11 页。

今天的青年亚文化在发生背景、构成形态和文化风格上都与 20 世纪六七十年代英美国家的青年亚文化迥然不同。在这里，我们介绍两本重要的著作：一本是安迪·班尼特、基思·哈恩－哈里斯编的《亚文化之后：对于当代青年文化的批判研究》（*After Subculture：Critical Studies in Contemporary Youth Culture*）；一本是 David Muggleton 和 Rupert Weinzierl 主编的《后亚文化读本》 （*The Post-Subcultures Reader*）。这两本书都用后亚文化取代亚文化，以概括 20 世纪 80 年代之后青年亚文化出现的新风格和新特征。在《后亚文化读本》中，David Muggleton 和 Rupert Weinzierl 指出"后亚文化"一词最早出现在 1987 年，被用来概括伯明翰学派以后的青年文化现象。两本书中的作者们都认为，伯明翰学派的青年亚文化理论虽然具有重要贡献，但是在当代社会，原来的亚文化理论已经不合时宜，需要有新的理论才能解释清楚当下的青年文化现象。

以霍尔为代表的英国伯明翰学派在讨论英国青年亚文化现象时，用得最多的概念就是"抵抗""风格"和"收编"，探讨战后青年亚文化如何与主流文化进行对抗，如何在对抗中发展出自己的亚文化风格，以及最终又是如何被意识形态和市场收编，这是霍尔、赫伯迪克、默克罗比对青年亚文化研究所做的贡献。但是安迪·班尼特、David Muggleton 等后亚文化理论家却认为，抵抗、风格和收编等词语已经无法说明当代社会中的许多青年文化现象，他们倾向于采用布尔迪厄（Pierre Bourdieu）、巴特勒（Judith Butler）的"习性"（taste）、"区隔"（distinction）、"文化资本"以及"表演""部落"等概念。① 班尼特等人认为，在全球消费语境和数字媒介时代，青年人更多是通过一种松散的联系让自己同其他文化群体形成某种"区隔"或者"差异"，而不是表现为直接与统治阶级进行对抗。在伯明翰学派的科恩看来，青年亚文化的一个主要标志就是与其他文化形成明显差异，但是后亚文化群体与其他阶层之间的界限没有那么明显，它们并没有形成什么独特的风格，霍尔等人所强调的代际、性别、种族等方面的区别在后亚文化群体中也不那么明显。

安迪·班尼特等后亚文化理论家注意到这是当代社会环境变化对青年文化造成的影响。在他们看来，当代社会的一个重要变化就是全球化和后现代社会导致了文化的碎片化和多样化，而主流文化本身也早已被分解为多元化和多样

---

① MUGGLETON D，WEINZIERL R. The post-subcultures reader，NewYork：Berg Publishers，2003，p. 5.

化的生活方式，因此主流文化和亚文化之间的区别其实已经不那么明显：

> 随着公共文化已经失去其正当理由和权威，适合于对文化多样性模式进行改编的范围已经扩大，那种认为各种文化对象、文化实践或者文化肖像可以与主流文化产生独特认同以至被改编或转变的观点，看来已经站不住脚了。换一种方式说，在一个所谓主流文化已经分解为多元化的生活方式感性特征和偏好的世界里，曾经被人们所接受的"亚"文化与"主流"文化之间的区别，已经不能再说还适用了。①

在这样的情况下，大卫·钱尼等人认为，所有的文化实践都在不断地改写，核心（core）和亚文化的概念变得不再重要，各种各样的青年文化团体只是由于兴趣、爱好聚集在一起，他们之间的联系是松散的和多样化的。与反抗性削弱相应的是，混杂性成了后亚文化的主要风格。赫伯迪克认为，无赖青年、摩登族和朋克构成了对霸权的挑战，这主要通过亚文化群体特立独行的风格体现出来，他们以惊世骇俗的举止打破正常秩序，挑战团结一致的原则，驳斥共识的神话。但是后亚文化并没有明显的风格，后亚文化经常是多种风格的混杂，既有全球的流行时尚，也有旧时尚的复兴，各种各样的风格并存，集于一体。在《亚文化之后：对于当代青年文化的批判研究》中，班尼特和哈里斯介绍了马格莱顿对锐舞文化的研究。马格莱顿从锐舞中第一次注意到亚文化区分的失效，因为他发现锐舞之所以"出名，是因为在同一个舞池混杂了各种各样的风格，吸收了一系列以前相互对立的亚文化"。这样的锐舞正是后工业化时代才有的"舞吧文化"，它消解了诸如"阶级、种族和社会性别等结构性的区分，因为舞池里的大众已经全部消融在舞厅体验当中了"②。在后亚文化理论家眼里，后亚文化的混杂特性与后现代社会有关，如果说亚文化是现代社会的产物，那么后亚文化其实就是后现代社会的产物。在伯明翰学派的理论里，青年亚文化有固定的空间场所，但是后亚文化却没有，它们所处的空间是碎片化和流动性

---

① ［英］大卫·钱尼：《碎片化的文化和亚文化》，［英］安迪·班尼特、基思·哈恩－哈里斯编，中国青年政治学院青年文化译介小组译：《亚文化之后：对于当代青年文化的批判研究》，北京：中国青年出版社，2012年，第57页。

② ［英］安迪·班尼特、基思·哈恩－哈里斯编，中国青年政治学院青年文化译介小组译：《亚文化之后：对于当代青年文化的批判研究·序言》，北京：中国青年出版社，2012年，第14页。

的，随时会发生变化：

> 仔细考察这些理论的和方法论的应用，会发现存在一个无法避开的问题：如何定义青年文化活动发生的那个"空间"？伯明翰当代文化研究中心的方法以及他们的先辈将亚文化的可视性（visibility）强调为一种可以确认的空间（对于他们的成员来说，可以从外部以不同的方式确认），一种可以被"看见"和分析的空间。各种后亚文化的方法几乎很少确认青年文化行为发生的具体场所的可辨认性（the identifiably）。青年文化的流动性和碎片化特征非常明显，以致他们只有勉强可以辨认的、短暂的空间，对于这些空间的模糊性，只有诸如生活方式、新部落及场景等术语提供了一种相宜的、不透明的和含混的空间反应。①

后现代社会的碎片化、流动性特征，让后亚文化失去了可视性和可辨认性的空间。另外，在全球消费语境中，消费观念已经渗透到方方面面，青年人对于消费快感的追求已经取代了政治诉求。在这样的语境下，后亚文化群体往往以共同的生活方式和趣味为中心开展社交活动，结成新部落，而不再是通过明确的政治和文化观念走到一起："新部落群体是松散的、不断变化的通常比较短暂的联盟，以'部族成员共同的生活方式和趣味'为中心（Shields，1996，p. X）：以情感而不是以对某种意识形态或信仰的拥护为纽带……"② 在后亚文化的新部落里，他们的交往注重个性发展，强调共享的交流体验，而不像摩登族、光头党等传统亚文化群体强调对团体的效忠和认同意识。

除了全球化消费和后现代社会的来临导致文化环境的变化外，以互联网为代表的新媒介亦对后亚文化新的存在形态和文化风格的形成产生了重要影响。我们说后亚文化具有混杂性、流动性、松散性和部落化的特征，这在今天的互联网世界中表现得更为明显。互联网提供了一个新的文化场景和空间，这个空间通常被称为虚拟空间。在这个虚拟空间里，全球和本土、个人与他人更容易相遇，阶层、种族和社会性别变得模糊，因为在网络空间里，你无须告诉别人

---

① ［英］安迪·班尼特、基思·哈恩－哈里斯编，中国青年政治学院青年文化译介小组译：《亚文化之后：对于当代青年文化的批判研究·序言》，北京：中国青年出版社，2012年，第19页。

② ［英］保罗·斯威特曼：《游客还是旅客？"亚文化"、自反性身份和新部族社交》，［英］安迪·班尼特、基思·哈恩－哈里斯编，中国青年政治学院青年文化译介小组译：《亚文化之后：对于当代青年文化的批判研究》，北京：中国青年出版社，2012年，第103页。

你是白人还是黑人、男人还是女人，你可以跨越各种身份界限，重新建构你所渴望的身份。所以，安迪·班尼特在《虚拟亚文化？青年、身份认同与互联网》中强调，亚文化理论和与之相关的亚文化批评，首先是与前数字化时代紧密联系在一起的，在前数字化时代，各种各样的青年文化被视为风格鲜明、富有集体意识，但是数字化时代却打破了这种社群观念，人们不再认为一个青年文化群体就必然关注风格一致的问题，相反，"青年文化群可以被越来越多地看作是带有共享观念的文化群"，而且这种共享观念不是发生在街道、俱乐部等实际物理空间中，而是发生在互联网促成的虚拟空间中。

不仅如此，在互联网时代，人们在网络空间的身份与现实生活中的身份是可以分裂的。班尼特指出，在互联网空间里，年轻人可以从"他们日常生活中的社会经济和文化束缚中解放出来，以跨地域的可交流的青年文化话语为基础，自由自在地结成新的联盟"。①

班尼特指出，互联网为青年人提供了一种"创造型策略的虚拟亚文化"，由于互联网具有更强的互动性，因此相比于传统媒体，它为青年开启了种种创造的可能性，这表现在青年人有了更多的文化参与机会。他以粉丝现象为例，考察了年轻人如何利用新兴的互联网媒体，通过文化参与创造了带有"自我建构和自反性色彩的'亚文化'身份认同形式"，而这种文化参与在他看来意义重大，因为这意味着对亚文化命名和界定的权力由精英的社会理论家转到了年轻的亚文化主义者本人手中。

而且，网络媒体的发达还打破了亚文化的空间限制，斯安·林肯就通过对少女卧室文化的参与式观察，重新分析大众媒体与女性后亚文化的关系。他认为，默克罗比的卧室文化研究主要是"将卧室看做一个独属女性的领域，少女们在这个卧室可以感到安全并免受街头的性别羞辱"，但少女们在卧室感到安全并免受街头性别羞辱的同时往往又失去了个人自由。在后亚文化时代，情况发生了根本变化，由于电视、手机、移动电话和音响系统等大众媒介的存在，卧室其实变成了一个"流动和动态的文化领域"。借助于手机、移动电话，少女们可以随时跟外界发生联系，她们可以用电话聊天、看电视或读杂志，或者准备夜间外出等，这个空间不再是默克罗比所描绘的一个固定的亚文化空间，而

---

① ［英］安迪·班尼特：《虚拟亚文化？青年、身份认同与互联网》，［英］安迪·班尼特、基思·哈恩－哈里斯编，中国青年政治学院青年文化译介小组译：《亚文化之后：对于当代青年文化的批判研究》，北京：中国青年出版社，2012 年，第 195 页。

是一个不断变化的流动空间。

　　总之，在后亚文化理论家看来，伯明翰学派的青年亚文化理论略显过时，后亚文化是一种全球与本土、真实和虚拟、隐匿与在线交织的产物，具有混杂性、流动性和松散性等特征。当然，有不少学者也指出，后亚文化理论家对于后亚文化过于乐观。在某种意义上，伯明翰学派对于早期青年亚文化现象的批判性解读依然具有重要价值，例如 Oliver Marchart 就在 *Bridging the Micro-Macro Gap：Is There Such a Thing as a Post-subcultural Politics*？① 中讨论了后亚文化时代的"微观政治"问题。其实，在全球消费和数字媒体时代，虽然文化的多样性和流动性都在不断加强，但是，这并不意味着旧有的文化统治秩序已经解体，相反，像莫斯可所说的那样，借助于互联网新兴媒体，一切古老的东西都可能复活。② 有些力量甚至还有扩大和加剧的可能，例如在传统民族国家对于青年文化控制削弱的同时，以好莱坞为代表的跨国公司借助于新媒介和商业资本，控制了越来越多的青年及其文化。

第二节　微信公众号的"圈子文化"

　　在今天，以微信为代表的新兴社交媒介，不仅从信息的传播模式、到个体之间的交往行为以及人们的日常生活方面全面改变着我们这个时代，而且也建构了我们这个时代的文化形态和精神状况。我们对自我、他人乃至世界的认识和理解，越来越多地源于微信这样的新媒体，不论是在私人领域还是在公共领域，我们这个时代的喜怒哀乐、悲欢离合，都与微信紧紧捆绑在一起。因而，了解微信文化是十分重要的。

　　对于新媒体，学术界的观点基本上可以分为乐观主义和悲观主义两种。媒

---

　　①　OLIVER MARCHART. Bridging the micro-macro gap：is there such a thing as a post-subcultural politics？MUGGLETON D, WEINZIERL R. The post-subcultures reader, NewYork：Berg Publishers，2003, p. P83.

　　②　［加］文森特·莫斯可著，黄典林译：《数字化崇拜——迷思、权力与赛博空间》，北京：北京大学出版社，2010 年，第 78 - 79 页。

介乐观主义者认为，新媒体的不断发展体现了技术的进步，让人们的生活更加便捷，例如，哈特利就认为，新兴媒体改变了传统媒体时代大众被动的角色，让大众参与到社会进步中，社会精英与大众之间的知识鸿沟也得到了修复。哈特利声称："正是流行媒介，而不是正规教育，开始用非工具性的只读的读写能力弥合精英与大众读者之间的鸿沟。"① 在我国，清华大学的彭兰教授是新媒体的积极倡导者，在她看来，新媒体更加注重互动与分享。特别是对于微信的出现，彭兰给予了高度肯定，她说："微信将人际传播、群体传播、大众传播这三个层次的传播对等地聚合在一起，三者之间实现了无缝连接，全面贯通。"② 彭兰仔细比较了微信和微博的差别，她认为相比于微博，"微信用一种弹性的方式，在其平台上营造各种不同的社交手段及社交圈，以迎合人们多样化的社交需求"。③ 悲观主义者其实也不少，例如，莫斯可就认为基于互联网为代表的数字文化，不过是"新瓶装老酒"，没有什么新鲜花样。在我国，有不少学者对于微博、微信的出现忧心忡忡。例如，媒体文化批评学者张闳教授就对微信等新媒体加以严厉批判。他认为微信上出现的内容大多低级庸俗，各种恶搞的文字、图片和视频正让当代文化变得越来越"粗鄙化"。王晓渔教授更加悲观，在他看来，在微信、微博的猛烈冲击下，当代文化已经是一片"废墟"。

究竟如何看待微信等新媒体平台上所生产的内容呢？

首先，不能用非此即彼的二元对立思维看待微信等新媒体。在越来越多元化的新媒体时代里，在某种程度上，微信其实体现了当代社会文化的多样性、复杂性和变化性。在今天，微信所代表的新媒介文化与传统的报纸、杂志、电视等媒介为主导的文化确实有很大不同，无论是批判也好，赞同也好，有一点我们都不得不承认，微信已全面介入中国人的生活。今天我们每个人对于微信都或多或少地有所了解，大多数人都有自己的微信，同时会关注一些微信公众号，有不少人还开设了个人的微信公众号，使用微信已经成为人们日常生活必不可少的实践活动和生活方式。人们通过微信表达自我、关注他人和社会，获取关于他人、城市乃至整个世界的信息和文化知识。就像孙玮说的那样："微信呈现了一种公域与私人、现实与虚拟、线上与线下混杂互嵌的移动场景，也由

---

① ［澳］约翰·哈特利著，李士林、黄晓波译：《数字时代的文化》，杭州：浙江大学出版社，2014年，第19页。

② 彭兰：《社会化媒体》，北京：中国人民大学出版社，2015年，第278页。

③ 彭兰：《社会化媒体》，北京：中国人民大学出版社，2015年，第279页。

此开启了人类一种崭新的存在方式。"① 当代中国人已经无法离开微信而生活，用孙玮教授的话来说，微信是中国人的"在世存有"。

各种各样的微信公众号正在逐渐取代原来的报纸、杂志、广播和电视等传统媒介的知识生产和传播功能。微信每天生产和传播无穷无尽的信息和知识，公众号上发布的知识成为人们认识世界的重要来源。微信公众号不仅生产和传播知识，而且塑造人们的价值观和世界观。凯尔纳在《媒体文化——介于现代与后现代之间的文化研究、认同性与政治》一书中就已经宣称当代社会是一个媒体社会，是形形色色的媒体而不是学校和家庭教育形塑着人们的思想观念："而其中的图像、音响和宏大的场面通过主宰休闲时间、塑造政治观念和社会行为，同时提供人们用以铸造自身身份的材料等，促进了日常生活结构的形成。电台、电视、电影和文化产业的其他产品提供了关于男性或女性、成功或失败、有权有势或人微言轻等意味着什么的诸种样本。媒体文化也为许多人提供了材料，使其确立对阶级、族群和种族、民族、性，以及'我们'与'他们'等的理解。媒体文化有助于塑造有关世界和最为深刻的价值的流行观念：它对什么是好或不好、积极或消极、道德或邪恶等作出界定。媒体的故事和图像提供了象征、神话和资源等，它们参与形成某种今天世界上许多地方的多数人所共享的文化。媒体文化也为创造认同性提供了种种的材料，由此，个人得以跻身当代的技术—资本主义社会，而这又产生出一种全球文化的新形式。"② 今天微信的功能也是如此，它将文字、图像和视频结合起来，以多样化和快节奏的方式生产和传播各种知识，并形塑着人们对自我、他人和世界的观念。

其次，我们要认识到微信及其公众号的类型、结构和内容是丰富多样的，而不是单一的。虽然许多微信及其公众号中含有低俗恶搞的文字、图像和视频，但是它也为不同的个人和群体提供了许多有益的文化知识。拿微信公众号来说，今天的微信公众号运行机构复杂，有官方运营的、有企业运营的、有私人运营的。不同机构主导的微信公众号在内容上也是五花八门的，有谈文艺的、有谈养生的、有谈旅游的、有谈新闻的、有谈运动的、有谈娱乐的；就是同一种类型的微信公众号，它们的内部还可能衍生出不同议题。例如，在文艺类的微信公众号中，有的专门讨论诗歌，有的专门讨论小说，有的专门讨论散文；在健

---

① 孙玮：《微信：中国人的"在世存有"》，《学术月刊》2015 年第 12 期。

② ［美］道格拉斯·凯尔纳著，丁宁译：《媒体文化——介于现代与后现代之间的文化研究、认同性与政治》，北京：商务印书馆，2004 年，第 9 页。

身类的微信公众号中，还可以分出羽毛球、网球、篮球、跑步等类型。不同类型的微信公众号有一些共同特点——大多数微信公众号都是文字、视频和图像的多样化结合，具有视觉性、互动性和便捷性的特点，公众很容易参与并从中获取所需要的内容或资讯。

上面说过，不同的微信公众号在主题和内容上是千差万别的。健身类的微信公众号和新闻类的微信公众号，在文化和旨趣上是完全不同的，如果要了解某种类型的微信公众号，就必须深入到微信公众号的内部，具体考察它的运行方式、内容形态和受众群体等，然后才有可能比较准确地认识和理解它。否则，笼统地认为由于微博、微信这些新事物的涌现，当代文化已经"粗鄙化"或者变成一片"废墟"，显然是片面的。一个努力表达社会诉求、寻求新闻真相的具有公共精神的微信公众号，跟一个八卦性、娱乐性和商业化的微信公众号是完全不同的。

今天的微信公众号在类型上形形色色，不同类型的微信公众号在内容、主题和话语表达方式上差异实在很大，倘若要整体地描述其文化特征，我倾向于用"圈子文化"来概述。有人用雷蒙·威廉斯的"情感结构"（feeling structure）分析微信公众号文化，强调微信公众号所代表的是一种与以往完全不同的情感结构和生活方式。微信等新媒介的出现，的确带来了整个社会的生活方式、交往行为、信息传播、话语表达以及审美结构的变化，甚至整个时代的文化状况、情感生活和精神面貌都为之发生了根本性的变化。不过，我觉得仅仅用雷蒙·威廉斯的情感结构理论来理解微信公众号文化依然是不够的，因为雷蒙·威廉斯在讨论情感结构时，是从一种整体性的层面去把握工业革命之后英国社会的巨变，并将文化视为英国社会变化的反映："文化的观念是针对我们共同生活状况所发生的普遍和重大变化所作出的一种普遍反映。其基本成分是努力进行整体性质的评估。我们共同生活的总体形态发生改变后，必然会产生了一种反应，使人们把注意力集中放在整体形态上"。① 雷蒙·威廉斯肯定了新兴一代的文化，他强调每一代人都有每一代人自己的文化，"每一代人都会在社会性格或是一般文化模式方面培养自己的继承人，并获得相当的成功，但新的

---

① ［英］雷蒙·威廉斯著，高晓玲译：《文化与社会：1780—1950》，长春：吉林出版集团有限责任公司，2011 年，第 311 页。

一代人将会有他们自己的情感结构"。① 雷蒙·威廉斯所说的情感结构对我们正确认识微信所代表的新媒介文化是有帮助的，微信确实也给当代中国社会带来了巨大的变化。不过，我觉得雷蒙·威廉斯的情感结构强调的是英国文化在整体上的变化，具体而言，他肯定了新兴工人阶级的文化，甚至将工人阶级的文化视为英国未来社会的共同文化。微信公众号的情况要复杂一些。人们经常称新媒体为"自媒体"，自媒体的特点是"圈子文化"和"社群主义"。如果说微信朋友圈和微信公众号也代表一种共同文化，那最多代表的是某个群体的共同文化，换而言之，微信公众号所代表的文化更类似于帕克所说的"社区文化"——一种网络上的社区文化。每一种微信公众号往往都有其自己的文化群体，拥有其自身的群体认同，生产着它自己圈子所认同的一套文化观、价值观和社会观。

这种圈子文化才是不同微信公众号共同的文化特征。彭兰教授也指出，相对于微博而言，微信的特点是"小圈子文化"，"从社交的角度看，微博用户更多地进行着大圈子的社交，与现实生活圈子之外的人的交流与互动占了上风，而微信用户更多地进行着小圈子的社交，也就是侧重于熟人圈子的交流"。彭兰将人们在微博上的交流视为"大圈子的社交"，在微信上的交流称为"小圈子的交流"，这句话对了一半，因为在我看来，在互联网世界里，微博更多体现的是一种社会交流，而不是"圈子交流"，微信才是真正的"圈子交流"，以微信为平台的朋友圈和公众号的典型文化特征是"圈子文化"。

大大小小的微信公众号可以说都是圈子文化，几个人或一群人聚集在微信公众号或者朋友圈里，或谈天说地，或纵论古今，从而形成了自己的文化圈层。当然，种类繁多的微信公众号都存在于一个更大的文化和社会场域中，与更广泛的文化和社会结构产生着关联，特别是与在社会上占主导地位的主流意识形态话语之间，构成了一种复杂的联结关系。每一个微信公众号和社会上占主导意识形态的结构之间的关系到底是什么，是认同的、协商的，还是冲突的关系？还有每个圈子内部个体之间存在着怎样的关系，这需要更具体仔细地考察。需要指出的是，微信公众号虽然代表着一种"圈子文化"，但这并不意味着每个人都会被固定在某个圈子里，一个个体可以同时关注几种完全不同类型的微信

---

① ［英］雷蒙·威廉斯著，倪伟译：《漫长的革命》，上海：上海人民出版社，2013 年，第 57 页。

公众号或加入好几个群，也就是说，他可以同时成为不同圈子里的人，比如，一个喜欢谈论国家大事的人，也可能是一个喜欢美食的人。在今天，各种各样的微信公众号，其实为个体提供了多元化的和流动化的身份认同。一会儿是品味高尚的艺术家，一会儿是热爱健身的运动人士，一会儿是关注公益的爱心人士，一会儿是喜欢游戏的玩家……许多微信达人喜欢在各种微信群和公众号里跨越、游走，不断变化和转换自己的身份属性，同时获得一种多样化的文化和身份认同体验。在微信群和微信公众号中，受众（每个个体）如何在不同文化圈层中进行身份转换和文化跨越，每一次跨越获得了怎样的文化和身份体验，这是很值得研究的媒体文化现象。

第三节　新媒体时代的"星座文化热"现象解读

近年来，"星座文化热"在青年人群中兴起，特别是在大学校园里，学生们热切地迷恋星座文化，星座成了他们日常谈话和人际交往中必不可少的话题。他们关心什么时候能找到心仪对象、哪一天是自己的幸运日或倒霉日，还会购买与自己星座相关的开运物品等。越来越多的青年对星座文化津津乐道，在"星际迷航"中寻找快乐，甚至将其当成了一种精神必需品，成为名副其实的"星座控"。本节试图通过对"新浪星座""搜狐星座""第一星座网"等网站星座栏目进行研究，探究青年人沉迷星座的心理、文化和社会根源，分析星座话语与青年个体行为间的因果关系。

一、自我认同的"星座确认"

"星座运势说最近蓝色不适合我，所以我不穿这件衣服。""我和男朋友分手是因为星座不合，他是射手座，我是巨蟹座，这俩星座不相配。"越来越多的主流网站、杂志、电视节目内容被"占星""星座运势"和"星座爱情"所充斥，站在流行文化前沿的青年以星座来预测和判断生活、职业、感情，从服饰搭配选择到恋爱对象取舍，"星座运程说"成了他们信赖的生活指南针。

星座文化以出生日期对应天文星体运行为基础，根据不同的星座，归纳出不同的主体人格、性格以及在面对事业、感情与财富等人生大类问题的特点，让每个人都能"对星入座"。对自己尚不完全了解的青年，看到星座文化对自己个性特征、人际交往乃至未来职业、婚恋的"精准"把握，觉得"说的就是自己"。青年形成了自己的星座交际圈子，在这个交际圈里，个人对星座的"迷信"也会带动周围的青年朋友涉足星座知识，相信星座文化。

各类星座网站和空间为不同星座的人群选择了个性化的星座知识图谱，提供从今日到今年的运程解说、为人处世、婚恋人选、职业选择、生活态度、家庭理财等建议，生活的方方面面无所不包。同时，又以神秘的色彩、简易的操作和不容质疑的权威口吻赢得了青年的信赖。

1. 认识你自己

"认识你自己"，是一句古老的箴言。人的发展过程离不开个体的自我关注与了解。埃里克森的人格发展八阶段理论特别指出，在青年阶段，人的自我意识迅速发展并走向成熟，在成长过程中一个重要问题即"我是谁"。他们渴望对自我的心理特征（如性格、气质、兴趣爱好等）、人格特质（如态度、能力等），以及自己与他人的关系（如与家人、同学的相处，自己在群体中的位置与作用等），作更深层的了解。① 在纷繁复杂的当代社会中，青年人难免会对人生与未来充满迷茫与困惑，迫切需要缓解生活的压力和心理的焦虑，渴望真正地认识自我和社会。星座文化的出现，给了他们来自外在的信念与支撑，为他们的人生道路提供了实际的规划和引领。星座文化既有古老的占星术作为其"科学解释"，又结合美丽的神话给青年以幻想，各个占星网站精美的页面和星座饰品展览，很容易让青年厌倦家长、学校那些枯燥刻板的道德训诫，转而相信星座：

白羊座的你出生在阳光和煦的三月及四月，因此你的性格也一如和煦的太阳，明朗而活力十足。脑筋灵活，做事迅速敏捷，是致胜的武器。你具有坦荡的宽大胸襟，喜爱扶助弱小、雪中送炭，对待敌人也是光明正大地正面交战，不会暗中算计别人。不过，值得注意的是，有时因太过直率的话，会如同一把

---

① ［美］杰瑞·伯格著，陈会昌等译：《人格心理学》，北京：中国轻工业出版社，2004年，第78－82页。

尖锐的小刀，深深刺伤别人的心，这种太过明朗的性格，如果控制得不合适，无形之中会树立许多敌人，这点是需要改进的地方。①

许多青年表示，这样的星座描述是独特而准确的。库利提出了"镜中我"（looking-glass self）的概念，即人们容易在他人对自己的评价中形成对自我的认知，我们的行为常受自己想象他人期望的结果所影响。② 因此在很大程度上，青年个体对自我的评价受重要他人或权威的影响，而星座取代了家长和学校，成为一些青年自我评价的精神导师。

2. 预知你的未来

青年对于未来的工作、职业和爱情都有一种憧憬和向往，而占星术带着预测性和先知性，以一种先知的口吻告诉他们"未来的图景"，正好满足了他们的心理需要。星座通过对他们的性格和行为进行"理性化"评估，预测他们未来的工作、职业和命运，并作出肯定性的判断，从而为青年人采取行动、实施想法和完成心愿提供一种精神支持：

白羊座的你就像一个活跃于人生舞台的斗士，较适合做有挑战性的工作。在现代竞争激烈的商业社会中，你显得十分出色，愈困难、愈有挑战的工作，愈能发挥你工作上的独特能力，而在平静无波的状态下，你特有的大胆、积极的行动力，反而显示不出来，因此，你必须寻找具有挑战性、能自由发挥的职业。需要有敏锐直觉、迅速行动力的采编、大众传播、市场开拓、公关、宣传等冲锋陷阵性质的工作，都非常适合你。③

"就像""适合""愈能""特有""大胆""必须"等带有鼓励性、肯定性的词语是星座语言系统中的常用话语，这些话语都是"模糊性语言"，但正因为其模糊不清，反而更容易让人觉得这些话语所说的性格符合自己的个性。犹豫不决、大胆果断、厌倦平静、喜欢挑战这类词语往往亦是社会学家对于青年性格的总结，星座借助于同样的描述，让青年认识自我，挑战未来。那些对未

① 摘自新浪星座，http://astro.sina.com.cn/jian/20.shtml。
② [美]查尔斯·霍顿·库利著，包凡一、王源译：《人类本性与社会秩序》，北京：华夏出版社，1999年，第131–132页。
③ 摘自新浪星座，http://astro.sina.com.cn/jian/20.shtml。

来缺乏信心的青年更趋向于从星座解说中寻求支持，以期获得职业发展方面的建议。星座使得他们似乎可以根据自己的性格特征，从不同星座的分析中找到对应的求职意向，从而让自己焦躁不安的心得到暂时的慰藉。

二、一种新兴的社交媒介

梅罗维茨指出，媒体所提供的内容是受众平日体验不到的生活模式，受众有机会认识不同角色的行为与情感，借此了解他人的观点，并预测现实生活中他人面临相同情境时的行为与反应。[①] 凭借星座网站提供的实用建议，受众能做出恰当的决定，掌握解决问题的方法，进而成为掌控全局的人。现代人都渴望融入社会、被各类人群接纳，对于试图建立社交圈的青年，星座为其提供了一个特别的途径，只要相信星座，就会有一群与自己惺惺相惜的同类存在，大家聚集在一起，分享星座知识，探讨星座人生，从而形成一种紧密的"社交共同体"。

1. 了解他人的工具

人际交往和群体生活是青年发展与成长的必修课。但是，青年的社会地位具有临时性、不稳定性特征，角色的经常变动让他们对未来发展既有很高的期望，又心怀不安，甚至迷茫无助。在关于星座的网络空间里，诸如"12 星座人际交往方式""如何与水象星座的领导相处"等内容不胜枚举，这些内容对于缺乏人际交往技巧，想要适应群体生活的青年有很大吸引力。借助星座知识，青年人能够轻而易举地将周围的人群按照与自己的关系归纳类型，通过星座解读了解对方的性格特点，以便自己在社交过程中进行甄别、选择。例如在星座话语里，处女座一般被描述成"爱唠叨，有洁癖特别是精神洁癖，敏感，神经质""与处女座的人相处要保持环境整洁，语气温和，不要刺激对方"。这样的人际交往指导话语其实带有普适性，一旦这些话在实际的生活交往中得到验证，社会阅历浅的青年就会将其奉为行动指南和金玉良言，愈加相信星座。

2. 共同的社交媒介

人们的交往必定要有一定的共同议题，不然交流就会出现障碍。比如人们以谈天气、名人明星来和朋友、同事或陌生人交流，从而迅速拉近距离，建立

---

① ［美］梅罗维茨著，肖志军译：《消失的地域：电子媒介对社会行为的影响》，北京：清华大学出版社，2002 年，第 195 页。

友谊关系。而在今天，星座以其时尚摩登、操作简易和神秘气息等特征，得到青年群体的热捧，发挥出积极交往媒介的作用。许多星座迷表示看网站内容时会努力记住每个星座的基本资讯，将从中学到的东西作为聊天话题。

青年将星座文化当作与同学、朋友交往的谈资，通过参与星座对人性、运程的讨论来提升自己的人际交流范围，这也是其积累社会人脉资本的重要渠道。笔者在新浪星座专栏发现，在星座迷的社交部落里，当一人谈论某个星座时，其他人往往都是附和。例如当有人抱怨摩羯男花心时，立刻有女性这样声援："感觉和我的情况差不多，摩羯真是高攀不起，本人天蝎女。"这样两个人在星座部落里便找到了共同话语。而随着年龄增长，进一步的社会化使得青年人意识到人际关系的重要性，迫切的需求促使他们试图通过星座解读掌握社会交往的规则。

3. 简易的爱情指南

爱情是星座文化中的"重头戏"。"星座情缘""星座配对指数"列出不同星座之间的配比度，某个星座适合同哪些星座的人恋爱步入婚姻；某星座和某星座相处出现问题时如何解决；某星座失恋后该如何走出心情阴霾……有网站甚至给出了十二星座144种搭配的"爱情指南"。有了从恋情"开始"到"结束"详尽的解说，处于青春期的青年人便有了"恋爱宝典"。"我是白羊座，最怕看见摩羯座，肯定不和这个座的人谈恋爱"，"水瓶座的男人是人渣"，"金牛的深情你永远不懂"。有了"先入为主"的交往意识，青年们会在不自觉中获得与不同匹配度的人的交往主动权，即与匹配指数高的人交往就能轻松自在、自信热情，而面对指数低的人则在潜意识里有紧张、防卫的倾向。

笔者在百度下载到一张星座配对指数表（见表 5 - 1），表中详细引出了十二星座男女各自配对的匹配指数。在星座迷心中，这些指数像罗盘的指针一样指引着爱情的方向，尚在单身的人赶紧把指数高的圈出来；已在谈恋爱的，对象和自己匹配数高的则沾沾自喜，不高的则暗自心惊：我能和他/她走的长远吗？

表 5-1　星座配对指数表①

		星座女											
		双鱼座	白羊座	金牛座	双子座	巨蟹座	狮子座	处女座	天秤座	天蝎座	射手座	摩羯座	水瓶座
星座男	白羊座	80	70	90	50	100	40	60	40	100	50	90	70
	金牛座	70	80	70	90	50	100	40	60	40	10	50	80
	双子座	90	70	80	70	90	50	100	40	60	40	100	50
	巨蟹座	50	90	70	80	70	90	50	100	40	60	40	100
	狮子座	10	50	90	70	80	70	90	50	100	40	60	40
	处女座	40	100	50	90	70	80	70	90	50	100	40	60
	天秤座	60	40	100	50	90	70	80	70	90	50	100	40
	天蝎座	40	60	40	100	50	90	70	80	70	90	50	100
	射手座	10	40	60	40	100	50	90	70	80	70	90	50
	摩羯座	50	100	40	60	40	100	50	90	70	80	70	90
	水瓶座	90	50	100	40	60	40	100	50	90	70	80	70
	双鱼座	70	90	50	100	40	60	40	100	50	90	70	80

　　恋爱是青年之间的热门话题。大多数青年在恋爱不顺利时，会从星座爱情预测和解读中寻找答案。比如：

　　在处女座的你眼中，常会觉得自己的恋爱障碍重重，自卑的你很喜欢分析所有东西，包括你跟情人的感情。你不会是令人一见钟情的那种类型，你的爱情多是经过漫长的追求才有机会得手的。太过严谨不免令对方怀疑你的真诚，劝你还是豁达一点，别太过斤斤计较。我认识的处女座都有一个共通点，当他们不开心或是要好的朋友不开心时，他们第一样想到的东西就是酒。这么好酒的他们却永远拥有曼妙的身材，简直是一个谜……

　　而且星座还提供更直接的"恋爱攻略"：

---

①　第一星座网，http：//www.dajiazhao.com/qinglv/pd_astro.asp。

如果你单恋的那个人是射手座，那么因为他喜欢精神性的东西，所以如果你去问他一些哲学或思想上的问题，他一定会感到非常高兴。①

与双子座最匹配的人应当富有好奇心，有强壮的体魄和旺盛的精神，自然不做作。如果这个人在你滔滔不绝地说出许多琐碎之事后，不仅不会感到有所负担，还能通过出色的组织能力——予以化解，就是最为理想的配偶了。双子座男性应当选择不甘人后，有时甚至向他提出挑战的有强烈独立精神的女性。双子座女性若与既能接受自己变化无常的情绪，又不会被牵着鼻子走的男性结合，会感到莫大的幸福。②

对于青年来说，爱情既美好又苦涩，既让人心生向往又怕受到伤害，"星座文化"用一种浪漫的语言，不仅迎合了青年的恋爱心理，而且帮助他们化解恋爱中的矛盾、困惑。感情发展遇到瓶颈的恋人们常会寻求星座"支着"，削弱爱情的不稳定性带来的焦虑和恐慌，化解矛盾来把握与恋人不稳定性的感情，而感情正在升温的小情侣们也会借星座来增进对对方的了解，让层出不穷的"星座恋爱秘籍"助自己一臂之力。对即使还未能找到心仪对象的单身族而言，星座让他们深信不是没人爱，而是缘分未到，"星座爱情"及时为各种情感状况提供了一套看似合理的表白、交往乃至分手方案。③

值得注意的是，女性是"星座迷群"的主要传播者和信徒，女性普遍对星座文化持积极的、肯定的态度，日益流行的星座文化更是青年女性分享日常生活经验的场域。大部分的女性倾向于看完星座后与家人、朋友讨论结果，以此互相沟通。这可能是因为女性向往浪漫，感情丰富细腻，更相信感情中缘分的重要性。而"星座爱情"一部分内容就是介绍各星座的恋爱心理、行为，以及各星座间相互匹配的原因，这正迎合女性对缘分的向往。而相比于女性，男性中有不少人对"星座文化"持无所谓、不屑甚至排斥的态度。

---

① 360星座网，http：//www. xingzuo360. cn/xingzuochaxun/72xingquxiangjie/68695. html。
② 360星座网，http：//www. xingzuo360. cn/szpeidui/46474. html。
③ 何华莉：《星座与爱情——对校园星座文化的社会心理学分析》，《中国青年研究》2005年第5期。

三、作为一种新型的娱乐文化

卡茨的"使用与满足"理论把受众看作是有着特定需求的个人，他们的媒介接触活动是有特定需求和动机并得到满足的过程。他还指出要"正确看待媒介在需求满足中所起的作用，必须考虑其他的功能性替代物，包括各种更古老、更方便的方法"。[①] 而当下的"星座热"就是将古老的占星术与现代媒介结合，尤其是新兴互联网媒介对星座文化的火热关注，极大地推动了青年对星座文化的迷恋。例如新浪、网易、搜狐、腾讯等门户网站都开设专门的"星座栏目"，这些栏目里的星座内容包罗万象且更新迅速，为青年与星座文化的接触提供了便利条件，使得星座迅速成为时尚的娱乐文化。

费斯克认为，大众在消费文本或商品时会依照自己所身处的社会环境与生活经验赋予意义，并且能够获得愉悦感。因此，受众的意义生产与愉悦的获得，是来自受众与文本的互动关系，而此意义和愉悦又与受众所处的社会文化脉络有关。[②] 愉悦在观看及阅读媒介文本的过程中产生。受众使用媒体是为了从日常工作或问题中逃脱出来，放松情绪。不少年轻人表示，因为星座信息的内容轻松有趣，看它主要就是为了娱乐。这样的娱乐可以分为以下几个方面：

1. 期待的愉悦

受众根据他们已知的信息，包括从真实世界及虚构世界所知的事件，来推测或议论故事的发展，这种虚构与现实的联结也就成为愉悦来源之一，而其受访者指出，"愉悦不是来自剧情分晓而是来自观看、等待的过程，许多的满足来自一种等待的兴奋"。[③] 星座网站提供大量算命、心理测验，一般来说，这些测验都是通过一些表面看起来与主题相差甚远的问题层层设问，在最终预测、分析出现前受众并不知每个问题有怎样的指涉，这样受众在每回答下一个问题前都会心存期待，猜测下一个问题为何，预测结果为何。美学家朱光潜认为，人

---

① ［英］巴雷特、纽博尔德编，汪凯、刘晓红译：《媒介研究的进路》，北京：新华出版社，2004 年，第 201 页。

② FISKE J. Moments of television: neither the text nor the audience. In SEITER E, BOTCHERS H & KREUTZNER G et al（Eds.），Remote control: television, audiences, and cultural power. New York&London: Routledge. pp. 30 – 49.

③ 黄秋碧：《漫画阅读之游戏、快感经验与社会实践》，台湾世新大学传播研究所硕士学位论文，1998 年。

们总是害怕痛苦，人所能期望的最大幸福就是摆脱痛苦。[①] 星座网站并不像戏剧般有不同情节的高潮起伏，但是其所设定的主题时好时坏，如"中秋佳节的最佳旺财法""注定孤独一生的星座"等，让青年感同身受，借此来体会各种悲喜的遭遇与情感，从而达到宣泄情绪的目的、获得愉悦感。

2. 共鸣的愉悦

星座网站会举很多例子，也经常以名人为例，来叙述某段时期的星座运程或星座情缘，当受众收看到与自身状况类似的情况时，会产生一种共鸣，或是回想起一些过去的经历与经验，从而获得愉悦。受访者在看星座网站的当下，会想到自身的情况或是周围亲友的情况，在逐一比照中与网站所述产生共鸣，因而会产生继续阅读网站内容的欲望。[②] 尤其是各个网站上的许多星座爱情故事，往往都是一些浪漫的、回忆性的故事，这些故事强调缘分天注定，更是容易激发年轻人对于浪漫爱情生活的憧憬。

3. 窥视的愉悦

在视觉文化中，凝视和窥视都是产生生理和心理快感的重要来源。窥视体现在两种行动上：闲聊与挖掘。集体的挖掘带来愉悦，愉悦来自意外、恍然大悟的一刻，非关最后真相为何。青年在观察名人时，与其他人分享他们的资讯，既获得了窥视的快感，也在闲谈中分享谈资。星座网站经常以名人为例来探讨某些主题，如为何某某女星不能嫁入豪门，为何某个男星容易犯桃花运。星座网站通过趣味性的"星座命理"，为青年受众了解名人、明星提供另一个渠道，让他们窥视到名人、明星的私人生活。

Stephenson 更进一步指出，在媒介使用过程中，可能产生"控制的愉悦"。控制的愉悦是一种功能性的愉悦，受众通过接触媒介，达到控制外在世界的作用，感受对外在世界能充分掌握或控制的成就感。[③] 受众接收了星座网站等描述的周遭朋友的个性、境况，会让他们觉得自己能够更清晰地认识及掌控身边人的情况，因此产生控制的愉悦感。

---

① 朱光潜：《悲剧心理学》，北京：人民文学出版社，1987 年，第 42 页。
② 李婧：《算命占星网站之受众研究：一个质化研究》，兰州大学硕士学位论文，2014 年。
③ STEPHENSON W. The Play Theory of Mass Communication. Chicago：University of Chicago Press. 1988：p. 153.

四、星座的话语魔方

星座现象反映了青年社会化过程中认知、情感和信念发展的需要，以及对身心协调问题采取的应对方式。[①] 大学生通过对相关星座的分析了解，更多地了解了未来，使模糊、抽象的未来变得清晰、具体。在这方面的帮助中，星座文化起到的是原则性的指导和降低不确定性的作用，青年们在接收大方向的指导后，会觉得有了总体的把握，"心里有了底"。

1. 含糊其词的心灵鸡汤

他的适应性很好，可塑性也很强，这些个性通过技巧和效率得到了淋漓尽致的发挥。他在生活中充满活力，但这种活力会朝着秩序、控制和平衡的方向发展。无论是在社交、物质还是智慧上，他都非常讲求条理。他看起来可能是一个乐于遵循社会规范、举止得体、颇有道德感的人，是生活富足、思想健全的中产阶级中的一员。[②]

上面这一段针对双子座的描述话语，也可以套用到其他任何星座上。星座性格的描述往往暧昧笼统，语焉不详，让不同星座的人看起来都似乎觉得有道理。例如处女座的女生被描述为具有"追求完美主义"的天性，但是，不是处女座的人就不喜欢完美了吗？

其实，星座是修辞学的产物，通过语言的修辞将读者心目中的自我形象诱发出来。如把水瓶座的个性归纳为两类：不合群的水瓶座可能拒人于千里之外；而其他水瓶座的人则可能是非常多言、热心和友善的。这种语意模糊又两头押宝的赌注，涵盖了大部分人的特征，读者们会容易在"冷淡"或"热心"的归类中找到自己。

星座用模棱两可的、笼统的、一般性的描述语句，说着励志性的话语，用含糊其词的心灵鸡汤把人们喂得心满意足、心情舒畅。人们更倾向于对预测准确的事保留印象，对于大部分持消遣娱乐心态看星座运势的人，当自身经历恰

---

① 周舟：《星座文化下青少年的心理观》，《青年探索》2004 年第 2 期。
② ［英］理查德·怀斯曼著，路本福译：《怪诞心理学》，天津：天津教育出版社，2009年，第 13 页。

巧印证了预测结果时，会惊叹于星座学的"先验性"而记忆深刻；当结果没有被印证时，则会忽略星座预测的结果。

2. 话语转向行为的暗示

青年群体被星座文化贴上了角色各异的标签，通过这些标签他们了解到自己应该具有相应星座的特征，即明确了角色期望，并在这种角色期望下完成角色扮演。当角色冲突产生，即自身实际的特征与星座所期望的不一致时，星座迷们则会暗示自己向星座所期望的角色靠拢。青年为了与该星座群体的大多数保持一致以获得群体认同，也会尽力符合标签的角色期望。

话语有形塑的力量——人们会在认知、暗示行为和强化行为等一系列心理潜意识中向着星座描述的方向靠拢。青年在看了星座预测的分析后，便不自觉地接受了它传递给个人的心理暗示，这种暗示很有可能导致个体在行为时不自主地按预测结果去做，这样一来，行为结果便会更加符合预测结果。社会心理学认为，当人们经常重复一种行为而又不断被肯定后，就更倾向于继续做下去。当行为结果与预测结果相符时，人们会更加相信星座预测，下次还会重复星座行为，一再反复的结果便使人们越来越相信，最后达到角色扮演效果。

3. 行为合理化的"星"依据

对于一些有追求目标却又信心不足的星座迷来说，把"星座"的预测与自己的理想相结合，可以使自己为实现理想的行为找到一个合理化的依据，尤其是星座预测给了他们一种精神和心理上的支撑和行为依据。

当某个愿望不能得到满足或者某件事情没有成功时，大多数人会不自觉地用某些合理的理由解释自己的失败行为，以求得心理的平衡。此时，星座就发挥了很大的作用。比如，以"星座情缘说"作为判断爱情成败与否的原因：在恋爱过程中，当发现自己与恋人的星座相配时心中甚是喜悦；在与恋人发生矛盾甚至最终分手时，也往往会将责任推给星座不配，将原因归于外在的、自己不可改变的"命运的力量"。"星座运程"为青年在遭遇挫折失败时提供了良好的借口，这会导致他们不敢面对困难和推卸责任。

星座文化中简单的性格分类和含糊的话语容易使青年的自我认知及在与他人的交往中出现偏差。星座文化为各类人群贴上的"标签"在青年心中形成心理暗示，并演变成潜意识，青年不自觉地用来判断自我和他人，因而据此做出的人际判断往往简单化，并很容易形成对某一星座群体的"刻板印象"。而在人际交往中越依赖刻板印象，整体的发散性、创造性思维能力就越差。对于正在人生黄金阶段的青年来说，如果只是一味地依靠星座学了解人性、指引前程，而忽略了自我的个性发展，这对成长过程有很大的消极作用。

新媒介的高度发达使得星座文化更为广泛深入地传播。当面对现实和未来发展的诸多不确定性时，青年对投其所好的各类星座文化产品自然更是青睐有加。绝大多数的青年追求星座文化并不是源于信仰，而是出于对娱乐和心灵指点的需求。星座文化用对人的性格、恋爱、职业、财运、人际等方面的预测吸引对未来迷茫的青年，用概括性强、模棱两可的普适性描述，作出肯定与善意鼓励的忠告，像一碗碗充满养分的心灵鸡汤，一次次地抚平现代青年焦虑的心，为他们的精神减压。星座文化为辅助探索人性心理提供了一个渠道，有其积极意义，但如果青年以星座为行为指导，奉星座为指点未来人生的导师，星座就沦为了一种迷信。一味让星座占领自己的精神世界，亦步亦趋地按照"星座开运秘籍"来安排生活，勾画人生蓝图，只可能让未来更模糊不清，甚至迷失自我。

第四节　科幻景观与新媒介技术的想象力

《机器姬》《人工智能》《星际迷航》《阿丽塔：战斗天使》《流浪地球》等科幻电影将人类不断带进一个触及未来的科幻世界和科幻场景中，而在今天，随着科学、技术和媒介的发展，科幻电影中的未来景观似乎离人们越来越近。人工智能、家用机器人扫地、机器人送餐、虚拟现实（VR）、增强现实（AR）、电子游戏、赛博空间、5G、基因重组、全息影像等新技术似乎将只有在科幻电影中才有的全新炫幻景观逐渐带入到人们的生活世界中，科学技术的飞跃发展正不断更新着人们对时间与空间、真实与虚构、人类与非人类、现实与未来的认知，使得人们认识到那些原来只存在于科幻电影中的、并不现实的景观是可能存在于当代人的生活世界中的，这就是技术发展的结果。

从芒福德所划分的始生代技术时期、古生代技术时期、新生代技术时期，再到如今的信息技术时期，技术的发展不断丰富着人类的生活和人的个性，也越来越让人类对技术产生一种依赖——一旦遇到问题或者麻烦，总是希望通过新的技术解决这些问题。当然，新技术的产生和人类对未知世界的好奇相关，人类正是通过新的技术发明不断征服未知的领域。芒福德甚至认为，人类对未知领域的征服之战有时是通过魔法来实现的，人类跨出去第一步总是很难，但借助于魔法，奇迹就变成了现实："在幻想和真实的知识之间，在戏剧和技术之间，有一个中间站：这就是魔法。只有通过魔法，人类才开始了对外部环境的普遍征服。若教会所提供的秩序，这场征服之战也许会是不可思议的；但若无魔法师们大胆的想像力，第一步就难以跨出来。因为魔法师们不但相信奇迹的存在，而且大胆地促使奇迹实现：他们努力寻访千载难逢的机会，自然科学家跟随其后，找到了有规律可循的线索。"①

芒福德认为，没有人能搞得清楚魔法何时变成了科学，经验如何变成了系统的实验，炼金术怎样变成了化学，星象学如何变成了天文学。所以，在他看来，有关想象的游戏都是在玩弄技术的可能性。

以芒福德的眼光来看，今天的虚拟现实、全息影像、沉浸式体验和3D科幻电影都是一种现代魔法——借助新技术让那些令人难以想象的奇迹或无法实现的景象变成现实。对于邓丽君的粉丝来说，如果能够再一次在舞台现场聆听邓丽君的歌曲，那该是一件多么幸福的事，今天的全息影像则让梦想成真；VR的沉浸式体验可以让人重返大森林，真切地感受远古人类的生活图景，总之，日新月异的技术让奇迹变为现实。

在《新媒体批判导论》中，英国学者李斯特等人提出了"技术的想象力"一说。李斯特等认为，正是新技术使得人类对未来的各种乌托邦愿景能够在现代技术理性主义中复活。新媒体是当代新技术最重要的组成部分，VR/AR、全息影像、人工智能、视频直播等都可以纳入新媒体或者新媒体文化的范畴，今天的技术进步在某种程度上就表现为新媒体技术日新月异的飞速发展。所以，李斯特认为在今天，跨越新媒介技术，抵达新的、未来的社会实践处处反映在新媒介的技术想象力上：

当技术的想象这一概念被运用于技术，特别是媒介技术的分析之时，我们注意到，对社会现实的不满（经常是性别化的）以及对更美好之社会的期许被投射于技术之上，因为它们有能力承载这种潜在的完整性。

---

① ［美］刘易斯·芒福德著，陈允明等译：《技术与文明》，北京：中国建筑工业出版社，2009年，第37页。

现代（19 世纪和 20 世纪早期）"社会的想象力"是扩张主义和乌托邦的，它引导我们探索新的疆界，以发现疆界之外更美好的世界。但由于真正的地域和疆界的逐渐消失，新媒体所承诺的赛博空间和虚拟生活之地成为新的乌托邦。我们只需跨越新技术边境即可到达。①

李斯特认为，这种技术的想象力扎根于精神分析理论，最初应用于电影批判，现在则拓展到新媒介技术的研究之中，即在新媒介技术研究中有一种跟新兴的媒介技术相关的"'流行的'或'集体的'想象力"。3D 影像、5G 手机、VR/AR……任何一种新媒介技术出现，此类流行的或者集体的想象就会通过各种关于新媒介技术的叙述建构呈现出来。比如有一段时间，人们讨论最多的是5G 这种新媒介技术。"5G 时代的到来绝不只体现在用几秒就能下载一部高清电影，它还将编织起由物联网、智能汽车、无人飞机、远程医疗、虚拟现实所构成的未来世界。""我们在憧憬着未来时，未来却已经到来，在不经意间，新的事物就已经诞生。过去未曾想象到的情景如今已成为普遍现象。5G 的到来不仅会实现我们的憧憬，同时也会带来更多现在无法想象到的可能性。""5G 的出现，将会让人们的生活进入到一个新的时代，更加智能，更加科幻，更加'未来'的生活。""基于未来 5G 移动网络的业务体验将不受地域、时空的限制迅速交互传播，VR 漫游沉浸式体验所创造的身临其境的交互信息将取代文字、图片，成为下一代社交平台的主要信息载体。"以上各种关于 5G 技术的叙述话语便是一种流行的、集体的"技术的想象"，在这种技术的想象中，即将到来的5G 被描述为一种无所不能的新媒介技术，伴随着这样的技术想象，人们才能够清晰地勾勒出一个科幻的未来景观。李斯特认为这种对新媒介技术的集体想象往往是在新旧对比中产生的，体现了一些拥护新媒介技术者的狂热情绪，"当一种新媒体被文化接纳的期间，它也毫不逊色于现有的媒介。在与旧形式的对比中，会出现对新媒体欣欣的拥护以及对其潜能（至少部分潜能）的狂热"。②

不过，关于新媒体技术的想象有乐观的和悲观的两种倾向。上述关于 5G 的新媒体叙述话语是一种欢欣雀跃的乐观叙事，也可以说是一种乌托邦叙事，即

---

① ［英］马丁·李斯特等著，吴炜华、付晓光译：《新媒体批判导论》，上海：复旦大学出版社，2016 年，第 80、84 页。

② ［英］马丁·李斯特等著，吴炜华、付晓光译：《新媒体批判导论》，上海：复旦大学出版社，2016 年，第 80 页。

强调新媒介技术将为人类带来一个更加美好的未来图景，万物互联、生活便利、共享控制、人机互动、无人驾驶等都是对这种新媒介技术乐观叙事的表征。另一种关于新媒介技术的想象则有悲观的倾向。在一些人看来，新媒介技术的飞跃发展亦将人类带入了一个悖论的新困境中——虽然新媒介技术改善了人类的某些方面，使得人类的生活变得更加快捷、便利和丰富，但是也导致了诸多新问题，如大数据和人脸识别技术的普及导致个人信息面临随时会被泄露的风险；赛博空间模糊了现实与虚拟空间，让一些人身陷其中难自拔；人工智能技术则直接威胁以人类为主体的身份认同。对于技术至上主义，波兹曼很早就发出了这样的告诫："技术傲慢始终是技术垄断论的严重危险，因为技术垄断助长技术的傲慢。技术垄断论还助长麻木，使人看不到获取新技能的过程中可能会丢失的技能。"①

"对普通人而言，对 5G 技术的渴望也许只是'盼着换一部手机'。对电信行业而言，对 5G 技术的焦虑是在即将冻结的第一版 5G 标准里，自己的提案能有多少被写进去。2018 年堪称 5G 元年，随着标准冻结、规模试验在各国展开，5G 正式商用已进入倒计时。"②

就现实而言，关于 5G、人工智能、赛博空间等新媒介技术的想象是不纯粹的，其背后有个人的、企业的、国家的利益博弈。因而，每个个体、企业和国家对于新媒介技术的态度是复杂多样的。从代际角度而言，年轻人普遍容易接受新媒介技术，热衷于网络直播、短视频、美颜拍照、电子游戏、VR 等当下流行的新媒介技术；年长的一代却普遍排斥新媒介技术，一些年纪大的人甚至拒绝使用电脑和手机，他们习惯于纸媒和电视主导的时代。从企业的角度来说，一种新媒介技术出现后，企业最关心的是自己的企业是否主导了该新兴技术。比如在 5G 技术话语的争夺战中，全球各大企业在参与过程中逐渐形成了金字塔的等级体系："在金字塔的顶端是 AT&T、中国移动、韩国的 SK 等运营商，其次是能够提供基站、终端、传输设备、核心网等的设备厂商，接下来是生产芯片、基站的某一个模块的元器商，再往下是元器件商的上游供应链，以此类推，大家关联在一起，形成一个闭环产业链。这些产业链中的不少企业为了不被别

---

① ［美］尼尔·波兹曼著，何道宽译：《技术垄断——文化向技术投降》，北京：北京大学出版社，2007 年，第 70 页。

② 《5G 启幕未来》，《中国新闻周刊》，2018 年 5 月 28 日，第 14 页。

人甩在身后，都参与到了 5G 标准的争夺上。"① 从国家层面而言，在新媒介技术叙述的话语背后，存在着全球不同国家和地区对于新媒介技术及其话语的争夺。比如在 5G 技术的争夺战中，美国、中国、日本、韩国和欧洲等全球不同国家和地区都投入了大量人力、物力和财力。每个国家都希望自己能在这场新媒介技术争夺中获得胜利。美国总统特朗普宣称 5G 关乎美国的繁荣和未来，他反复呼吁"美国必须赢下 5G 竞赛这一仗，确保 5G 网络不被敌人控制"。而中国也不甘示弱，强调必须赢得 5G 的技术竞赛。"科技强国""民族复兴"，中国关于 5G 的新媒介叙述话语与一雪百年耻辱、实现中华民族伟大复兴的民族主义话语紧紧勾连在一起。

因而，各种关于新媒介技术的想象不仅充满着自由、便利、共享、万物互联的现代自由主义话语，还包含着针锋相对的竞争、独占和毁灭对手的话语权争夺。当然，作为人类的我们不能单纯地从个人使用新媒介技术的便捷性或从狭隘的企业乃至国家主义的角度看待新媒介技术，而应该站在一个更高的人类命运共同体的立场看待新兴的媒介技术。其实，无论是对新媒介乐观的未来想象，还是对旧媒介的怀旧叙事，技术的发展总是联系着人类整体的命运。

对此，同样存在着两种截然不同的想法。一种想法强调，人工智能机器人将使人类灭亡，人类终将被有生命的智能人取代，但人类不要为此难过。莫拉维克在《神童：机器人和人类智力的未来》中认为："我们正在建造的东西是我们的孩子、我们的后代，它们可以将我们的能力继续下去……"因而，人类应该为它们的出现感到骄傲。凯文·凯利和凯瑟琳·海耶也持类似看法。凯文·凯利认为，在人类及技术元素的长期发展趋势中，人类渐渐由创造机器到不得不向机器学习。随着社会进步，人类本身也会倾向于远离人类自身，"令自己变得更像机器"；② 凯瑟琳·海耶也认为，在智能人取代人类之后，尽管人类形式的唯一性被抛弃了，但后人类的完美的身份和交流方式以及长生不死的结合体都是"人类自身的延续"。另一种想法则倡导人类需要回归地球，批判性地看待科技远景，例如，苏·卡利·詹森就认为，西方的科学成就已经转化具有男性话语的、否定肉体和死亡的"超凡隐喻"，她认为这是不对的，人类应该重返地球，从人本主义的角度看待未来："我们需要把我们大家的命运置于地

---

① 《5G 启幕未来》，《中国新闻周刊》，2008 年 5 月 28 日，第 17 页。
② ［美］凯文·凯利著，张行舟等译：《技术元素》，北京：电子工业出版社，2012 年，第 274 页。

球，而不是恒星。我们需要找到更接近于我们家的隐喻：重返地球，重返我们不断衰老的、辛苦劳作的、不完美的和终将死亡的肉体。"①

这里，我们赞同荷兰学者约斯·德·穆尔的观点，他从人类进化论的角度思考了新技术与人类之间的关系。在他看来，一方面，技术为人类进化做出了贡献，将人类从其动物起源中提升出来；另一方面，技术确实在促使人类超越自身，走向后人类。因而，人类必须意识到，"人类世界不是猿人世界，后人类生命世界也将不同于人类世界"。②

---

① ［美］苏·卡利·詹森著，曹晋译：《批判的传播理论：权力、媒介、社会性别和科技》，上海：复旦大学出版社，2007年，第216页。
② ［荷兰］约斯·德·穆尔著，麦永雄译：《赛博空间的奥德赛——走向虚拟本体论与人类学》，桂林：广西师范大学出版社，2007年，第262页。

第六章

媒介时代的性别图景

…… ……

第一节　女性与大众媒介

在《爱欲与文明》中，马尔库塞指出，在弗洛伊德看来，"人的历史就是人被压抑的历史。文化不仅压抑了人的社会生存，还压制了人的生物生存；不仅压制了人的一般方面，还压制了人的本能结构。但这样的压制恰恰是进步的前提"。① 文明的历史不仅是人被压抑的历史，而且经常被看作是在父权制下，男性压抑女性的历史。

恩格斯根据芬兰人类学家巴霍芬的考察，认为原始的人类社会是母权制的，那时妇女在社会中占据绝对主导位置，"在一切形式的群婚家庭中，谁是某一个孩子的父亲是不能确定的，但谁是孩子的母亲是知道的。即使母亲把共同家庭的一切子女都叫做自己的子女，对他们都担负母亲的义务，但她仍然能够把自己亲生的子女同其余一切子女区别开来"。② 但是母权制社会很快被推翻，随着财富的增加，丈夫在家庭中的地位开始比妻子更重要。但在这点上，弗洛伊德、马尔库塞等人的看法却有所不同，他们认为人类最初就是男性社会，最早的人类集体中由一个人对所有其他人实行强制统治，这个人就是"父亲"："成功地统治着其他人的人就是父亲，他占有他所渴望的女人并使部落的其他成员都俯首帖耳。"而正是原始父亲的这种作用"预示了以后出现的、支配文明进步的、盛气凌人的父亲形象"。③ "父亲"维护着部落的秩序，不过，后来因为父亲的专制导致了仇恨，儿女们开始为了自身利益而弑父，这导致了母权制社会的重新出现。母权制社会并没有维持多久，父权制社会又开始复辟，新的父亲并没有继承原始父亲那种全能特制，他们人数太多，而且生活在比原始部落大得多的集体中，他们不得不相依为命，接受社会机构的约束，人类由此摆脱了野蛮，

① ［美］马尔库塞著，黄勇、薛民译：《爱欲与文明》，上海：上海译文出版社，2005 年，第 7 页。
② ［德］恩格斯著，中共中央马克思、恩格斯、列宁、斯大林著作编译局译：《家庭、私有制和国家的起源》，北京：人民出版社，1972 年，第 38 页。
③ ［美］马尔库塞著，黄勇、薛民译：《爱欲与文明》，上海：上海译文出版社，2005 年，第 46 页。

进入了文明时代：

> 根据弗洛伊德的假说，在向文明发展的先后秩序中，原始的父权制专制必定先于母权制阶段，因为传统上与母权制相连的低度压抑性统治和某种性自由在弗洛伊德看来乃是推翻父权制专制的结果，而不是"原始"的自然状态。在文明的发展过程中，自由只有作为解放才是可能的。而解放随统治而来，同时又导致对统治的重新肯定。母权制被一种父权制的反革命所替代，而后者又由于宗教的体制化而得到了巩固。①

　　总之，无论在弗洛伊德还是在恩格斯看来，文明历史发展的结果就是男性占据统治地位，妇女被排除在社会结构和世界历史之外。恩格斯说："母权制的被推翻，乃是女性的具有世界历史意义的失败。丈夫在家中也掌握了权柄，而妻子则被贬低，被奴役，变成丈夫淫欲的奴隶。"② 家庭、国家的建立都是以男性为中心的，有学者指出，在西方，"历史"一词本身即包含了男性中心主义思想："历史在英文中被写作 history，它的构成便是 his-story。历史便简单不过地解释为'他的故事'——关于男性的故事。"③ 但是这种男权制、父权制的社会结构并不稳定，女性经常要反抗男性对她们的统治。所以在古代社会中，常用严厉的法律制度和道德规训约束女性行为。

　　到了 18 世纪和 19 世纪，随着资产阶级的兴起，各种女性解放运动开始发展起来，她们要求获得和男性相同的政治、经济、婚姻和受教育的权利，这被称为"女权运动"。不过，女权运动虽然提高了女性地位，但是并没有从根本上削弱父权的统治地位，因为早期的女权运动与男性的启蒙革命目标一致，都是为了推翻封建专制，建立资产阶级社会而努力。在这个过程中，女权运动本身便是在男性的支持下得以开展的，这没有改变女性在社会秩序中的根本地位。马特拉特认为："正是在日常家庭生活中，基本的性别歧视被表现出来——即公共与私人、生产与再生产的分离被表现出来。公共机构与生产领域被指派给男

---

　　① ［美］马尔库塞著，黄勇、薛民译：《爱欲与文明》，上海：上海译文出版社，2005 年，第 49 页。

　　② ［德］恩格斯著，中共中央马克思、恩格斯、列宁、斯大林著作编译局译：《家庭、私有制和国家的起源》，北京：人民出版社，1972 年，第 54 页。

　　③ 陈龙：《媒介批评论》，苏州：苏州大学出版社，2005 年，第 317 页。

性，私人生活和再生产领域被指派给女性。等级制度的价值观通过赋予男性的时间（由行为、改革和历史所规定）以肯定价值、赋予女性的时间以否定价值的方式得以表达，女性的时间尽管具有潜在的巨大价值，但在我们的社会中却遭到绝对歧视，人们已经习惯把它看作平凡的日常生活、重复和单调的时间来理解和度过。"① 资本主义的兴起被认为反而延续和加深了男性和女性劳动的等级分工，在资产阶级的现代大工厂里，男性待遇和报酬优厚，女性则是报酬低廉。恩格斯也认为，现代大工业虽然给妇女并且是无产阶级妇女开辟了一条参加社会生产的途径，但是如果她们仍然履行自己对家庭的义务的话，那么她们仍然会被排除在公共的生产之外，现代家庭"建立在公开的或隐蔽的妇女的家庭奴隶制之上"②。

因此，现代女性主义运动的矛头就指向了现代生产制度，她们不仅希望获得平等的政治参与和教育权利，也希望在社会经济和日常生活中获得平等权。莫斯可在《传播政治经济学》中指出，近年来就有一些女权主义者主张"家庭薪酬"，要求女性在家庭中的劳动同样需要得到薪酬。③ 不仅如此，20 世纪 70 年代之后的女性主义者更侧重于从社会、文化和意识层面，探讨女性不平等的根源，女性的不平等不仅是政治和经济问题，更重要的是，隐藏在文化中各种潜在的男权中心思想，使得女性处于不平等位置。女性主义的目的就是要发现隐藏在文化深处的性别歧视。当然，女性主义理论在这一时期得到了发展，多米尼克·斯特里纳蒂将女性主义理论分为三种类型：自由女性主义、马克思主义女性主义和激进女性主义。自由女性主义强调理性精神，要求"国家应该采取行动确保所有人有平等机会追求这个目标及相关的东西。因此大多数女权主义者集中力量创立和修改法律来增加女性的知识增长和事业成功的机会。早期的自由主义者为女性的选举权和财产所有权而工作。当代自由主义学者为女性

① ［英］米歇尔·马特拉特：《女性与文化工业》，［英］奥利弗·博伊德－巴雷特、克里斯·纽博尔德编，汪凯、刘晓红译：《媒介研究的进路——经典文献读本》，北京：新华出版社，2004 年，第 509 页。

② ［德］恩格斯著，中共中央马克思、恩格斯、列宁、斯大林著作编译局译：《家庭、私有制和国家的起源》，北京：人民出版社，1972 年，第 70 页。

③ ［加拿大］文森特·莫斯可著，胡正荣等译：《传播政治经济学》，北京：华夏出版社，2000 年，第 61 页。

的平等工资和就业机会等问题而斗争。"① 马克思主义女性主义则把女性受压迫的原因归咎于资本主义制度，而推翻资本主义制度，女性地位就会得到彻底改变。恩格斯在《家庭、私有制和国家的起源》中就曾浪漫化地构建了一幅资本主义终结之后的两性之间的新图景：

> 这样，我们现在关于资本主义生产行将消灭以后的两性关系的秩序所能推想的，主要是否定性质的，大都限于将要消失的东西。但是，取而代之的将是什么呢？这要在新的一代成长起来的时候才能确定：这一代男子一生中将永远不会用金钱或其他社会权力手段去买得妇女的献身；而妇女除了真正的爱情以外，也永远不会再出于其他某种考虑而委身于男子，或者由于担心经济后果而拒绝委身于她所爱的男子。这样的人们一经出现，对于今日人们认为他们应该做的一切，他们都将不去理会，他们自己将知道他们应该怎样行动，他们自己将造成他们的与此相适应的关于各种行为的社会舆论——如此而已。②

激进女性主义则是从弗洛伊德那里得到启发，认为人类社会结构由男性占据主导和支配地位，因此，只有完全颠覆男权制度的控制，女性才能获得完全独立。20 世纪 80 年代以后，受其他社会理论影响，出现了后殖民女性主义、后结构女性主义等，女性主义理论朝着多元化方向发展。

　　女性主义的理论和实践多种多样，有强调女性的本质主义，认为女性与男性有先天差别，但是多数女性主义理论强调性别是由文化和社会建构的，"性身份/认同（sexual identity）并非一种自然状态的反映，而是一个再现的问题"③。巴特勒甚至将男性、女性之间的性别差异看成是一种社会和文化建构，即便是生理性别也不是自然化的结果，而是被生产的或被生成的。④ "性别再现" 自然要借助于各种大众媒体，Sue Thornham 在《女人、女性主义与传媒》（Women，

---

　　① ［英］H·莱斯利·斯蒂夫斯：《女权主义理论与媒介研究》，［英］奥利弗·博伊德 - 巴雷特、克里斯·纽博尔德编，汪凯、刘晓红译：《媒介研究的进路——经典文献读本》，北京：新华出版社，2004 年，第 482 页。

　　② ［德］恩格斯著，中共中央马克思、恩格斯、列宁、斯大林著作编译局译：《家庭、私有制和国家的起源》，北京：人民出版社，1972 年，第 80 页。

　　③ ［澳］Chris Barker 著，罗世宏主译：《文化研究：理论与实践》，台北：五南出版社，2012 年，第 326 页。

　　④ ［法］朱迪斯·巴特勒著，宋素凤译：《性别麻烦——女性主义与身份的颠覆》，上海：上海三联书店，2009 年，第 191 页。

Feminism and Media) 中专门讨论了女性主义与媒介文化的关系，她提出应从女性与媒介，女人、女性主义与媒介以及女性在女人与媒介中的位置等三个方面讨论女性主义。① 马特拉特也指出性别歧视不仅通过实际生产，也通过现代大众媒介体现出来，经过教堂、学校和大众媒介的传播，男性和女性的社会分工在现实生活中得到加强。在报纸、电视和电影等大众媒介的再现过程中，女性经常被再现为听话、顺从、纯洁、文雅、拘谨；相反，男性则是主动的、反抗的、高雅的和大胆的。其至在媒体和通俗文化方面，男性被认为应该对高雅文化负责，而女性则是与以大众传媒为主的通俗文化相一致。② 具体如表 6 - 1 所示：

表 6 - 1

高雅文化（艺术）	大众文化（通俗文化）
男性	女性
生产	消费
工作	休闲
理智	情感
主动性	被动性
写作	阅读

在讨论女性主义与大众媒介的关系上，塔奇曼的"符号灭绝"（symbolic annihilation）理论十分有名。塔奇曼通过调查研究并采用内容分析的方法，描述了女性在大众媒介再现过程中被贬低的情况。她调查了美国 20 世纪 50 年代一些典型家庭，主要是一些住在城郊别墅中的中产阶层家庭——通常由父亲、母亲和两个孩子组成，这是美国人心目中的理想家庭结构。通过调查她发现大众媒介对于女性的描述相对较少，虽然在 20 世纪 50 年代，女性人口在美国已占 51%，并且占到劳动力总数的 41%，但是大众媒介并没有给予足够的重视，"她们被符号化为像孩子似的需要保护的装饰物或被摈弃到家庭的保护性限制

① THORNHAM S. Women, feminism and media. Edinburgh: Edinburgh University Press, 2007: p. 5.

② ［英］多米尼克·斯特里纳蒂著，阎嘉译：《通俗文化理论导论》，北京：商务印书馆，2003 年，第 212 页。

中。总之，女性遭到了符号灭绝"。① 与此相反的是，男性占有和支配了电视等大众媒介的主要空间。根据塔奇曼对美国肥皂剧所做的内容分析，男性在电视荧幕上占绝对主导地位，在 1952 年，黄金时段的电视剧中 68% 的人物是男性。到了 1973 年，74% 的电视剧角色是男性。而且在节目中，数量上占据少数的女性被描绘为能力上也不如男性，在职业上往往男性是医生，女性是护士；男性是律师，女性是秘书；男性在公司工作，女性照看时装店。男性不仅单身人数比较多，而且通常出现在家庭之外的环境中，女性多是待在家庭里，而且即使这样"人们也会发现在家庭中女性角色常被轻视"。② 塔奇曼还指出，在电视媒介的暴力场景中，女性通常都是受害者。塔奇曼又研究了广告和报纸媒介，她认为在这些媒介中，女性没有得到很好的再现，电视广告和杂志都把女性"贬低化"："在带画外音和单一性别（全部是男性或女性）的广告中，商业节目忽视的职业或迅速将女性刻板模式化。在它们对女性的刻画中，广告将女性放逐为家庭主妇、母亲、操持家务者或性对象，并限制女性在社会中发挥作用。"③

　　总之，塔奇曼认为，以电视为代表的大众媒介忽视女性存在，这反映出一个社会的主导价值观，资本主义社会是男权社会，女性以附属的、边缘的和被动的形象出现。但是也有学者认为，女性在现实生活中的形象是多种多样的，大众媒介并不能真实再现女性在社会生活中的全部形象，它只是为消费者提供了一个幻想的、替代的世界，而不是女性实际生活的世界，大众媒介按照象征性原则歼灭了女性，从而制造了女性的刻板印象，这种媒介再现歪曲了现实，阻碍了人们对于女性群体真实状况的进一步了解。

---

① ［美］盖耶·塔奇曼：《大众媒介对妇女采取的符号灭绝》，［英］奥利弗·博伊德－巴雷特、克里斯·纽博尔德编，汪凯、刘晓红译：《媒介研究的进路——经典文献读本》，北京：新华出版社，2004 年，第 501 页。

② ［美］盖耶·塔奇曼：《大众媒介对妇女采取的符号灭绝》，［英］奥利弗·博伊德－巴雷特、克里斯·纽博尔德编，汪凯、刘晓红译：《媒介研究的进路——经典文献读本》，北京：新华出版社，2004 年，第 503 页。

③ ［美］盖耶·塔奇曼：《大众媒介对妇女采取的符号灭绝》，［英］奥利弗·博伊德－巴雷特、克里斯·纽博尔德编，汪凯、刘晓红译：《媒介研究的进路——经典文献读本》，北京：新华出版社，2004 年，第 505 页。

第二节　凝视的力量：视觉影像中的"女性形象"

"视觉凝视"普遍存在于电影、电视和新媒体的观看实践中。弗洛伊德将窥视欲望称为"视觉力比多"，并视其为性本能的一种形式，性的本能受到压抑，便会转化为一种看与被看的视觉凝视。在弗洛伊德看来，视觉凝视是父权制社会的产物，男性是观看的主体，主导着整个观看机制。当然，看与被看的关系并非固定的，特别是在不同媒介环境下，视觉凝视的主体随时可能会发生变动。

一、视觉力比多：窥视欲望的起源

弗洛伊德的精神分析学探讨人的本能和主体形成过程，身体和性意识研究是其中的核心。弗洛伊德将人的心理结构分为本我、自我和超我："其中本我是最古老、最根本、最广泛的层次，这是无意识的领域、主要本能的领域。本我不受任何构成有意识的社会个体的形式和原则的束缚。它既不受时间的影响，也不为矛盾所困惑，它不知道'任何价值、任何善恶、任何道德'。"[1] 本我就是人的本能，这种本能包括性本能和死亡的本能，追求的是一种快乐原则。自我在弗洛伊德看来就是那些经常被称为理性和常识的东西，它们与含有感性的本我形成对比，并且"自我企图用外部世界的影响对本我施加压力，努力用现实原则代替本我中自由地占支配地位的快乐原则。知觉在自我中所起的作用，在本我中由本能来承担"。[2] 自我就是我们在日常生活中的常态，它摆脱了本能的快乐原则，努力保持和现实生活的一致性，弗洛伊德认为自我并不与本我明显地分开，它的较低级的部分并入本我。超我则是在自我发展过程中出现的，

---

① ［美］马尔库塞著，黄勇、薛民译：《爱欲与文明》，上海：上海译文出版社，2005 年，第 50 页。

② ［奥地利］弗洛伊德著，林尘、张焕民、陈伟奇译：《弗洛伊德后期著作选》，上海：上海译文出版社，1986 年，第 173 页。

产生于儿童对父母的依赖，儿童一开始由父母教育，接着由学校或其他权威机构来约束他，这种约束投射到他的自我，使其变为一种"良心"：

当一个孩子成长起来时，父亲的角色由教师或其他权威人士担任下去，他们的禁令和禁律在自我典范中仍然强大，且继续发展，并形成良心，履行道德的稽察。良心的要求和自我的现实行为之间的紧张状态被体验成一种罪恶感。社会感情在自我典范的基础上通过与他人的自居作用而建立起来。①

本我、自我和超我构成了一个完整的人类心理结构。本我则是人的自然本能，它通常被自我所遮蔽，自我就是人们通常所呈现出的一面，它又服从于超我的强制规则。但是自我、本我、超我之间始终存在着深刻矛盾。弗洛伊德指出，从道德角度来看，本我是完全非道德的，自我是力求道德，而超我能成为超道德。在个体的发展过程中，自我的重要功能是保护个体本能，如马尔库塞所说，自我本身也保留着从本我中发展出来的胎记，譬如人们吃饭、睡觉和进行正常的性活动，这都是表明，自我的结构中包含了本我成分。但是个体自我总的来说是利用知觉和判断，不断压抑人的本能，将本能压抑到意识之外，譬如性本能是弗洛伊德所最为看重的本能之一，但是这种性本能在文明的社会秩序中，却始终被压抑起来，只能屈从于生育功能，在特定的社会规范中得到实现："本来，性本能对其主客体都没有任何外来的时空上的限制，性欲本质上是'放荡不羁的'。性本能的社会组织实际上把所有无助于生育功能的性本能表现都视为性反常行为而予以禁止。假如没有那些严厉的约束，这些行为可以抵制升华，而升华乃是文化发展的基础。"马尔库塞指出，弗洛伊德实际上看出性反常行为似乎拒绝现实自我对本能，也就是快乐自我的全面奴役。②

本能的各种冲动，即弗洛伊德所说的"力比多"被压抑了。这种压抑往往表现为两个方面：一方面，通过移情和升华的方式转移压抑。譬如通过工作、学习和艺术创作来转移受压抑的本能欲望，在弗洛伊德看来，文学、绘画、诗歌和电影艺术都是艺术家将他们的本能欲望投射到了作品之中。弗洛伊德指出：

---

① ［奥地利］弗洛伊德著，林尘、张焕民、陈伟奇译：《弗洛伊德后期著作选》，上海：上海译文出版社，1986年，第186页。

② ［美］马尔库塞著，黄勇、薛民译：《爱欲与文明》，上海：上海译文出版社，2005年，第36页。

"在极少数人类个体身上表现出来的那种趋向于更完美境界的坚持不懈的冲动，可以很容易地理解为一种本能压抑的结果。这种本能压抑构成了人类文明中所有最宝贵财富的基础。"① 伟大的作品都可以说是由于本能受到了压抑，这种压抑被转移和升华为一种特别的艺术理想；另一方面，本能虽然被压抑，但经常通过潜意识的方式表现出来，譬如做梦、下意识行为和犯罪行为，精神病人、怪异行为者则是将这种本能完全表露出来，即使是一些看起来不小心的举动，譬如打碎玻璃或者做错事，往往也是该个体"潜意识"的表现，弗洛伊德将这些"反常举止"追溯到童年时代的压抑，并通常伴随着绝望的俄狄浦斯情结：

弗洛伊德将俄狄浦斯情结的出现作为儿童主体形成的关键标志。正是在这一时刻，个体成长为具有性别差异的主体。在俄狄浦斯阶段，原本只与母亲发生双重、互涉关系的儿童（男孩和女孩），开始与父亲和母亲构成了三方关系。在这个时期，男孩将对母亲的欲望驱入无意识之中，通过认同于父亲而避免了来自父亲的阉割威胁，从此学习着在社会中担当起"男性"的角色，而对于女孩子来说，她则因认识到自己"被阉割"的"事实"，而放弃了对父亲的欲望而认同于母亲。在弗洛伊德对主体的无意识的建构过程的阐述中，女性被建构为缺失了菲勒斯的"非男性"。②

由于先天"被阉割"，女性似乎一开始就丧失了与男性平等对话的机会，男性在其成长过程中，逐渐摆脱了母亲，而女性没有摆脱她与母亲的关系。然而，男性虽然摆脱了与母亲的关系，转而认同父亲，但他对母亲的依恋和认同隐藏在潜意识之中，而对父亲的态度也充满了矛盾，既仇恨又认同。弗洛伊德指出，"对父亲的态度充满矛盾冲突和对母亲专一的充满深情的对象关系在一个男婴身上构成了简单明确的奥狄帕斯情结的内容"。③ 俄狄浦斯情结随着成长并没有消失，只不过压抑在潜意识之中，或者说如弗洛伊德所说的那样，对一个深情爱着的对象经过替代与自居作用而转变成攻击与敌视的态度，对母亲的本

---

① ［奥地利］弗洛伊德著，林尘、张焕民、陈伟奇译：《弗洛伊德后期著作选》，上海：上海译文出版社，1986 年，第 45 页。

② 潘知常、林玮主编：《传媒批判理论》，北京：新华出版社，2002 年，第 260 页。

③ ［奥地利］弗洛伊德著，林尘、张焕民、陈伟奇译：《弗洛伊德后期著作选》，上海：上海译文出版社，1986 年，第 180 页。

能欲望转变为对其他女性的占有、支配和敌视的欲望，这就是男性和女性在父权制社会秩序下的基本结构。

"窥视欲望"在弗洛伊德学说中是本能欲望的一个重要方面，弗洛伊德将这一欲望称为"视觉力比多"。这种欲望也是性本能的一种形式，性的本能受到压抑，但会转化为一种看与被看的视觉方式。古希腊的哲学家柏拉图、亚里士多德都很强调视觉的重要作用，拉康的镜像理论也强调个体最早是通过镜像来认识自我的，他说："一个尚处于婴儿阶段的孩子，举步趔趄，仰倚母怀，却兴奋地将镜中影像归属于己，这在我们看来是在一种典型的情境中表现了象征性模式。在这个模式中，我突进成一种首要的形式；以后，在与他人的认同过程的辩证关系中，我才客观化；以后，语言才给我重建起在普遍性中的主体功能。"① 拉康指出，镜子阶段的功能在于建立了机体和它的实在之间的关系，或者说是建立了内在世界（Inenwelt）与外部世界（Unwelt）的关系。而在看与被看、窥视和被窥视中，看的主体都是男性，女性始终是作为被观看和欲望的对象，即便是女性窥视和观看女性，这个女性往往也是带着男性的眼睛去观看自己和其他女性。

有学者认为，弗洛伊德和拉康的有关主体如何建构意识、无意识的观念，对女性主义传媒批评，尤其是媒介生产出它的受众这一分析无疑具有启发性。② 从 20 世纪 70 年代开始，精神分析学说就被大量地运用来解释电影、电视剧和广告媒介，涌现出了劳拉·穆尔维、克里斯蒂安·麦茨、帕特里克·富瑞、斯拉沃热·齐泽克等学者，他们运用精神分析学说阐释好莱坞电影和电视节目，认为电影、电视和广告等大众媒介完全是父权制度的产物，是男性集体无意识的表现，男性在这些媒介之中，总是占有主体地位，是主体、控制者、观看者和欲望者；而女性在这些媒介中则是居于客体位置，是客体、从属者、被观看的对象。

二、父权社会体制下的"观看癖"

劳拉·穆尔维是电影批评中最早运用精神分析学说解读女性主义电影的一

---

① ［法］拉康著，褚孝泉译：《拉康选集》，上海：上海三联书店，2001 年，第 90 页。
② 潘知常、林玮主编：《传媒批判理论》，北京：新华出版社，2002 年，第 263 页。

位女学者。其在 1975 年发表的《视觉快感与叙事电影》一文中强调精神分析有助于人们揭示电影机制，有助于人们理解电影曾经是什么，以及电影的魔力是如何发挥作用的。让人们知道"电影是如何反映、揭示，甚至是利用直接的、社会的、建构的有关性别差异的阐释作为其出发点，因为正是这一阐释控制着形象、色情的看的方式以及奇观（spectacle）"。① 另外，精神分析也可以成为一种影像研究的基础理论，阐明父权社会的无意识是怎样构成电影媒介的形式和深层结构。

穆尔维研究了好莱坞电影的内容和放映机制，她指出好莱坞电影不过再现了父权制社会中男性和女性之间不平等的社会秩序："好莱坞风格（包括一切处于它的影响范围之内的电影）的魔力充其量不过是来自它对视觉快感的那种技巧娴熟和令人心满意足的控制，这虽然不是唯一的，但却是一个重要的方面。在丝毫没有受到挑战的情况下，主流电影把色情编码成主导的父权秩序的语言。"② 好莱坞电影正是通过观众的观看机制重新建构了一套以男性为中心的社会秩序。电影能够提供诸多快感，其中之一便是"观看癖"（scopophilia）。电影本来就是一门观看的艺术，穆尔维分析了"观看癖"的形成和本质，她指出好莱坞主流电影，往往无视观众的存在，有意识地描绘一个密封的世界，而这样做的目的实际是激发电影观众的"窥视的幻想"，电影在一个封闭的世界里突然展现出来，便很容易激发观众的窥视欲望："电影院中的黑暗（它也把观众们隔绝开来）和银幕上移动的光影图案的耀眼光亮之间的极端对比，也有助于催生单独窥视的幻觉。虽然影片确实是放映出来给人看的，但是放映的条件和叙事成规给观众一种幻觉，仿佛是在看一个隐秘的世界。此外，观众在电影院中的位置公然地就是要压抑他们的裸露癖，并且把这种压抑的欲望投射到银幕上的表演者。"③ 在穆尔维看来，好莱坞主流电影不仅制造了一个激发观众窥视欲望的影院空间，而且她认为电影院里的观看环境与拉康的"镜像理论"很相似，能够进一步发展"观看癖"自恋的一面。拉康认为儿童在镜子面前第一次欣喜地认出了自己，而且"他认为他的镜像比他所体验到的自己的身体更完

① ［美］劳拉·穆尔维：《视觉快感与叙事电影》，吴琼编：《凝视的快感——电影文本的精神分析》，北京：中国人民大学出版社，2005 年，第 1 页。

② ［美］劳拉·穆尔维：《视觉快感与叙事电影》，吴琼编：《凝视的快感——电影文本的精神分析》，北京：中国人民大学出版社，2005 年，第 3 页。

③ ［美］劳拉·穆尔维：《视觉快感与叙事电影》，吴琼编：《凝视的快感——电影文本的精神分析》，北京：中国人民大学出版社，2005 年，第 6 页。

全、更完善"，现在银幕上的男性英雄加强了观众的这种感受。另一位电影学者卡普兰（E. Ann. Kaplan）就指出，男性观众从银幕上的男性英雄身上得到的是他更完美的"镜中自己"（mirror self），含带着主宰及操控的意味。相对来说，女性观众得到的只是无力的如牺牲品般的形体，离理想愈来愈远地加强了自身的无价值感。[1] 劳拉·穆尔维则认为，镜像理论中的自我和形象之间漫长的爱恋/失望，在电影中强烈地表现出来，并在电影观众身上得到了确认：

不同于银幕与镜子之间的外在的类同（例如，把人的形体框在它周围的环境中），电影有着强大的魅惑结构，足以造成自我的暂时丧失，而同时又强化了自我。自我接着感觉到的那种忘记了世界的感觉"我忘记了我是谁，我在哪里"，让人怀旧地回想起镜像确认的前主体时刻。同时，电影在创造自我理想方面的特点特别表现在它的明星制度之中，当明星在施行相似与差异的复杂程序时（妖艳的人体现了普通人），他们既是银幕现场的中心，又是银幕故事的中心。[2]

电影引起了观众的窥视欲望与自恋情结，这种窥视和自恋都可以追溯到弗洛伊德所强调的儿童时代的窥视活动和自恋情结中，因为儿童对于隐私以及被禁止看的东西都有着强烈的看的欲望，儿童想把一切事情弄清楚。劳拉·穆尔维认为电影看起来好像发展出了一种特殊的"现实幻觉"，在这个"现实幻觉"中，"力比多和自我之间的这种矛盾找到了一个极其和谐的、相辅相成的幻想世界"，这个世界看起来创造了一个和谐的、想象的快感世界，但是这个快感世界并不和谐，因为这是一个受父权制统治的"幻想世界"。穆尔维强调，语言诞生的欲望使超越本能和想象有了可能，但是"它的参照点在不断返回到它诞生的那一创伤时刻，即阉割情结"。穆尔维的意思是，银幕所创造的世界给观众提供了无限快感，但最终却将观众不断地带回到个体童年的某个创伤记忆阶段，这在美国大导演斯皮尔伯格的电影中似乎已经得到印证，在斯皮尔伯格充满想象力的电影中，总是有大白鲸、变异的蜘蛛等形形色色的怪物出现，这些怪异

---

[1] ［美］E. 安·卡普兰著，曾伟贞译：《女性与电影：摄像机前后的女性》，《新青年》，新闻传播资讯网。

[2] ［美］劳拉·穆尔维：《视觉快感与叙事电影》，吴琼编：《凝视的快感——电影文本的精神分析》，北京：中国人民大学出版社，2005 年，第 6 - 7 页。

事物往往是人类所无法控制的，据说斯皮尔伯格电影中的这些怪物，其实源于斯皮尔伯格的童年记忆。

而且穆尔维强调，银幕为观众提供观看的快感世界本身其实就是不平等的世界，因为男性观众和女性观众并没有拥有平等的观看权。在观影的文化实践中，观看和偷窥的快感都属于男性，男性作为看的承担者出现，掌握着观看和窥视的绝对主导权，而女性是作为看的对象，也就是形象出现。①

男性占据了观看的主体位置，女性只是一个被看的对象。穆尔维指出，在电影的观看世界里，男性始终控制着电影的幻想。在银幕上，男主人公掌握着叙事节奏，女主人公总是处于被动的地位。观众则往往通过认同电影中的男主人公来实现对女性的控制，当观众与男主人公认同相同时，"观众就把自己的视线投射到他的同类身上，他的银幕的替代者"。男性主人公总是左右着银幕，而且摄影机的技巧、运动和安置以及电影剪辑等手段都是按照有利于男主人公控制这个幻想世界而设置的。

尽管电影院也有女观众，但是在穆尔维看来，这些女观众也认同了父权制的社会秩序，她们不是用女性，而是用男性的眼光看待电影中的女性形象，同时用男性的眼光来理解自我的形象。穆尔维指出，这是由于女性观众没有男性生殖器而构成的"阉割焦虑"："女人的欲望是从属于她作为流血的创伤的承担者的形象，她只能联系着阉割而存在，但却不能超越它。她把自己的孩子变成她想拥有菲勒斯愿望的能指（她把这看做进入象征秩序的条件）。她活着体面地屈从于那个名称——父和父法之名，否则她就只能在她那半明半暗的想象中挣扎着保住她的孩子。因此，女人在父权文化中是作为另一个男性的能指，两者由象征秩序结合在一起，而男人在这一秩序中可以通过强加于沉默的女人形象的控制语言来保持他的幻想和着魔，而女人却依然被束缚在意义的承担者而不是创造者的地位。"② 安妮特·库恩在研究好莱坞电影的一篇文章《快乐机器》中也指出，经典好莱坞电影叙事有一种挽救妇女的倾向，电影中的女性往往是作为一个麻烦者出现，但电影最终总是让这些女性回到她原来的位置，通过恋爱、结婚和其他方式接受正常女性的角色，重新回到家庭，也就是回到父

---

① ［美］劳拉·穆尔维：《视觉快感与叙事电影》，吴琼编：《凝视的快感——电影文本的精神分析》，北京：中国人民大学出版社，2005 年，第 8 页。
② ［美］劳拉·穆尔维：《视觉快感与叙事电影》，吴琼编：《凝视的快感——电影文本的精神分析》，北京：中国人民大学出版社，2005 年，第 2 页。

权制的社会秩序中，如果不是这样，那她将因违规行为而直接受到排斥、剥夺合法权利甚至死亡的惩罚。①

电影的幻想机制符合了父权制社会秩序，男性占据着绝对主导位置（在银幕和电影院里），是观看的主体，女性则是客体、附属，是男性欲望的投射对象。不过，穆尔维也指出，男性其实也患有"阉割焦虑症"，因为女人先天的被阉割，她始终想进入父权制的社会秩序之中，这对男性造成了威胁，使得男人面临着被阉割的危险："女人作为影像，是为了男人——观看的主动控制者的视线和享受而展示的，它始终威胁着要引起它原来所指称的焦虑。男性无意识地有两条逃避这一阉割焦虑的道路：重新扮演那原始的创伤（探究那个女人，把她的神秘非神秘化），通过对有罪的对象的贬抑、惩罚或拯救来加以平衡（这一通道典型地表现在'黑色影片'所关心的事情中）；或者是另一种彻底否认阉割的通道，就是用物恋对象来替代，或者把再现的人物本身转变为物恋对象，从而使它变为保险，而不是危险（由此出现了对女性的过高评价，对女性明星的崇拜）。"② 女性先天缺乏阳物，这使得男性从一开始就确立了优势位置，但另一方面，有学者指出，缺乏阳具的女性不时提醒男性有被阉割的威胁，这就造成了男性的焦虑症。③ 而且妖娆、艳丽的女性又时常颠覆男性的主导位置，她们利用自己的被关注反过来控制男性，让男人们迷恋美丽的女性，而忘掉其自身的主体位置。所以色情电影中展现出来的男性变态、虐待狂倾向，在穆尔维看来，其实是男性担心被阉割的体现。为了维护男性权威，男性反过来惩罚、贬低和虐待女性。

作为一位具有批判精神的女性主义学者，詹森将女性的这种从属地位归咎于资本主义的父权制社会，并对之进行了猛烈批判。詹森认为在今天的大众传媒中，女性并没有得到平等对待，相反，在大众传媒中，女性被"重新社会化，甚至在某种意义上，是被'再创造'"，这种大众媒介对女性的再创造不是为了女性自身，而是为了适应男权社会："现在，美国大众媒介培养的理想的企业妇女形象，用半色情的辞藻来说是一个'娇娃'，同时又把妇女塑造成'女杀手'

① ［美］安妮特·库恩：《快乐机器》，［英］奥利弗·博伊德－巴雷特、克里斯·纽博尔德编，汪凯、刘晓红译：《媒介研究的进路——经典文献读本》，北京：新华出版社，2004年，第532页。

② ［美］劳拉·穆尔维：《视觉快感与叙事电影》，吴琼编：《凝视的快感——电影文本的精神分析》，北京：中国人民大学出版社，2005年，第11页。

③ 陈龙、陈一：《视觉文化传播导论》，上海：上海三联书店，2006年，第207页。

（killer woman）——一个残暴无情的工具，屠戮成性，对传统女性的、人文主义的价值观不屑一顾。”她认为这种女性形象是根据成年男人们的性幻想要求而塑造出来的："这种性欲极其旺盛的混合体妇女，应该具有女性的身体，而且这个身体追随流行季节的指引，通常有人工植入的硕大假胸，同时还要通过严格的健身活动或者是近乎厌食症般的节食来达到塑造身体曲线的目的。然而，她的思想却完全被男性气质的文化价值观所殖民。"① 在詹森看来，资本主义社会中的女性始终生活在男性阴影下，即便是"理想的企业妇女形象"，她们的思想被男性气质的文化价值观所"殖民"，而且她们在家庭中依然要扮演被驯服的角色和形象——"妻子、母亲、女儿或者是邻家女孩"。即便是那些在大众媒介中作为杀手出现的职业女性，也要比男性付出更多的代价，更不用说侍女、娼妓等社会地位低下的女性了。

詹森认为所有解放传播理论都对女性主义表达了友好的姿态，但在大众传播领域的实践活动中，却"没有一个作者直接深入地研究过女性主义对父权控制的语言、思想结构或话语实践的批判。没有人考虑过最近理性主义和经验主义的女性主义认识论批判对对话理论意味着什么；女性主义研究将如何重建理性模式和话语规则，或者女性主义理论如何解构了社会契约理论；综合性的对话理论又将如何应对公共与私人领域的社会性别化以及优质辩论概念的社会性别化；以及笛卡尔的精神——肉体双重论如何制约当代传播、信息和交流的概念"。②

三、"多样的性别立场"与"对抗性的凝视"

跟穆尔维一样，卡普兰也从精神分析学的角度思考女性与电影的关系，在《女性与电影：摄像机前后的女性》中，卡普兰认为使用心理分析学作为工具解读电影对于女性特别重要："因为它破解了资本主义父权制度中社会形成的秘密。如果我们同意商业电影（尤其是本书所专注的通俗剧的类型）采用的形式是在某些方式上满足了19世纪家庭组织（即生产恋母情结创痛的组织）所制造

---

① ［美］苏·卡利·詹森著，曹晋译：《批判的传播理论：权力、媒介、社会性别和科技》，上海：复旦大学出版社，2007年，第45页。
② ［美］苏·卡利·詹森著，曹晋译：《批判的传播理论：权力、媒介、社会性别和科技》，上海：复旦大学出版社，2007年，第85页。

出来的欲望及需要；那么心理分析学用来检视这些反映在电影中的需要、欲望及男性——女性配置，就变得是一个极端重要的工具。好莱坞电影中的符号传递着父权制度意识形态的讯息，它们隐藏在我们的社会结构中，并使女性依特定的方式存在——这些方式则正巧反映了父权制度的需要及其潜意识。"① 在她看来，正是在好莱坞通俗剧里，女性遭受到了压迫，成为男性的欲望对象，而且这个过程看起来是自然而然的，仿佛女性天生就是男性的附庸，必须受到男性的支配。

不过，当卡普兰考察女性主义与电视的关系时，她认为由于电视和电影在结构、节目形态以及播放机制等方面的差异，女性与电视的关系，跟女性与电影的关系其实是不同的，主宰好莱坞叙述的理论特别是关于女性主义的理论，若用在电视研究上是有点问题的。卡普兰强调，与电影相比，电视更是一个综合系统。电影中的女性是观众视觉观看中的大明星，但电视里的女性形象则是多种多样的，所以她认为在讨论电视与女性关系时，"我们需要了解，电视综合系统如何被用于任何一个电视节目类型，用来表现女人的身体——我们要看到，在不同的女性表现方面究竟有哪些可能性，要看到电视系统的局限性如何限制了女性在电视上的形象"。②

在卡普兰看来，作为一个综合系统，电视具有非中心化的特点，电视节目往往是片段的，24 小时不断流动，在这样快速短小的片段节目里，观众也处于碎片化状态。卡普兰关于电视文本不断流动的描述与雷蒙·威廉斯的观点很相似，威廉斯也将"流"视为电视最主要的特征。卡普兰认为电视要比电影的情形更为复杂，在电视的综合系统里，女人并没有成为电视的特殊观众，这就不能像好莱坞电影那样"把女人视作缺席或缺失"：

电视节目，包括音乐电视所建构的，不是好莱坞电影的男性凝视，而是一连串凝视目光，包含不同的性别含义。这意味着，这个系统本身，就其运作的模式来看，并不具有特定的性别。但是，通过它的"节目片段"——无论是肥皂剧、犯罪片、新闻，或早间节目——人们会发现存在着各种"凝视"，这种

---

① ［美］E. 安·卡普兰著，曾伟贞译：《女性与电影：摄像机前后的女性》，《新青年》，2006 年 6 月 4 日，新闻传播资讯网。

② ［美］E. 安·卡普兰著，牟岭译：《女性主义与电视》，罗伯特·艾伦编：《重组话语频道：电视与当代批评理论》，北京：北京大学出版社，2008 年，第 245 页。

目光表明，它是针对某类男性或女性"假想存在"的（imaginary）。此外，也有一种不带性别色彩的针对性，于是无论是男性还是女性观众，都能够进行多方面的认同，这取决于节目的内容。①

为了更好地解释电视和女性的关系，卡普兰引入了后现代主义理论，她认为电视节目特别是音乐频道充斥了多样的性别立场，这种多样化反映了当下性别角色的多样性，后现代主义的非连续、碎片化的理论更适合解释电视中的性别关系。特别是在摇滚视频中，卡普兰认为很难说清楚是谁在叙述文本，由此，也很难说清占主宰地位话语的究竟是男性的还是女性的。卡普兰还以麦当娜的摇滚音乐为例，进一步阐释了后现代主义主宰下的女性电视节目特征，她考察了麦当娜在其摇滚音乐中，如何通过自身丰富多样的表演，通过多变的符号颠覆既定的性别和社会符码。对此，费斯克也有相同的观念，在《解读大众文化》中，费斯克称赞麦当娜利用她的独特方式颠覆了父权制的观看形式："麦当娜深知看的重要性。这是个复杂的概念，因为这个概念包括了她看上去像什么、她如何看（如何注视别人，尤其是镜头）、别人怎么看她……但麦当娜从男性手中夺回了控制权，展示了女性对看（在所有三层次含义上）的控制对她们赢得对其在父权社会中的意义的控制而言至关重要。"② 费斯克还认为在美国肥皂剧中，女性常常用自己的方式颠覆传统的男性和父权制社会。费斯克赞同莫德斯基的观念，将电视肥皂剧中的特写视为女性文化的表现："特写是女性文化的重要表现模式，原因是：特写为女性'看人'的技巧提供了练习机会，而且特写是女性领会所言之意与言外之意之间差距的一种方式。男性用语言来实现对世界上各种意义的控制，而女性则在特写中对此提出质疑，并从溢出的信息中找到了快乐。特写也增强了女性介入屏幕人物生活的愿望。"③

对于穆尔维认为男性不仅在好莱坞银幕世界上占据主体位置，而且在观众席上也占据主导位置的看法，贝尔·胡克斯提出了不同看法。胡克斯认为穆尔维忽视了女性的能动性，并严厉批判了以好莱坞为代表的美国电影。胡克斯认

---

① ［美］E. 安·卡普兰著，牟岭译：《女性主义与电视》，罗伯特·艾伦编：《重组话语频道：电视与当代批评理论》，北京：北京大学出版社，2008 年，第 248 页。

② ［美］约翰·菲斯克著，杨全强译：《解读大众文化》，南京：南京大学出版社，2006 年，第 88 - 89 页。

③ ［美］约翰·菲斯克著，杨全强译：《解读大众文化》，南京：南京大学出版社，2006 年，第 266 页。

为美国电影其实代表了一种白人的影像霸权："当大多数美国黑人第一次有机会看电影和电视时，他们完全意识到大众媒体是一种重复生产和维护白人至上观念的知识和权力体系，观看电视或主流电影，介入其中的形象就是在从事对黑人再现的否定。"① 胡克斯敏锐地意识到好莱坞电影不仅维护男性霸权，而且维护白人父权制秩序。为此，胡克斯呼吁黑人观众在观看时有必要采取一种对抗性的注视，以颠覆和摆脱白人的视觉霸权，从而重新书写黑人的影像观看史。胡克斯强调黑人们这种批判性的、质疑性的观看是有必要的。在穆尔维看来，女性在好莱坞银幕上的地位是被动的，她们承载着男性的目光，但是胡克斯进一步指出，这个男性不是所有男性的目光，而是白人男性的目光。在美国种族主义的社会现实环境中，地位低下的黑人男性其实没有权力凝视白人女性，美国现实社会中已经发生了多起因黑人男性观看白人女性而被谋杀的媒介事件。所以，为了反叛白种人的影像霸权，胡克斯建议黑人可以通过"斥责电影和电视中种族主义的再生产，谴责对黑人存在的否定。在黑人男性因为注视白人女性遭到谋杀/私刑的真实的生活境遇中，在黑人男性的注视总是屈从于强势的白人他者的控制和/或惩罚时，电视荧幕或黑暗歌剧院里的隐私领地也可以释放出被压抑的注视。在那里，他们可以'注视'白人女性，而不必受到统治结构对注视的监督、阐释和惩罚"。②

不过，笔者认为胡克斯所说的"对抗性的注视"仍然是一种建立在想象基础上的仪式抵抗，而非现实的对峙和反叛，这种在电影院里的"对抗性的注视"到底能有多大力量是令人怀疑的。其实胡克斯还介绍了黑人反抗白人影像霸权的另一种途径，即黑人亲手制作一些供黑人自己观看的电影，通过自我书写来对抗好莱坞电影白人至上的、父权制的影像霸权。

① ［美］贝尔·胡克斯：《对抗性的注视：黑人女性观众》，陈永国主编：《视觉文化研究读本》，北京：北京大学出版社，2009 年，第 377 页。
② ［美］贝尔·胡克斯：《对抗性的注视：黑人女性观众》，陈永国主编：《视觉文化研究读本》，北京：北京大学出版社，2009 年，第 378 页。

第三节　错位的女性主义

2006 年 4 月 26 日，侯咏导演的《茉莉花开》由于资金问题苦等三年后，终于在全国各地上映，影片根据苏童的小说《妇女生活》改编而成，影片把注意力集中于女性人物，以一部彻底的女性主义电影著称，本节即以之为例，思考其到底能否称得上是女性主义电影。

一、《妇女生活》：妇女解放的反思

我们先从电影的底本苏童的小说《妇女生活》谈起。作为一位先锋作家，苏童以善于描写女性著称。在《妻妾成群》《红粉》等小说中，苏童塑造了一批个性各异的女性群像，如《妻妾成群》中的颂莲、《红粉》中的秋仪和小萼，并且女性形象都是反叛性的。然而，苏童塑造各种叛逆的女性形象，却不是迎合妇女解放的宏大叙事潮流。"五四"以来，中国文学被纳入现代性的宏大叙事框架中，流行的是"革命""改革""新"等词汇，现代性的宏大叙事许诺人们一个光明未来，各种社会问题似乎只要借助于革命、改革、发展就能全部解决。妇女解放运动便是在此历史语境中蓬勃开展的，该运动强调女性只要勇敢地从父权制压迫的传统中走出来，跟上时代步伐，就将赢得个人幸福，实现自我价值。苏童小说中的很多女性就是这样，她们受时代环境影响，要实现自我价值，于是勇敢地和过去的生活决裂。不过，在苏童小说中，时代变迁并没有让女性得到真正解放，相反，那些追随时代潮流反叛家庭、追求自我解放的女性，并没有得到时代所许诺给她们的个人幸福，她们不是被时代抛弃，就是无法适应新的生活环境。总之，她们最终都被迫回到了其要反叛的世界里。《妇女生活》就是这样一部作品，在这个完全属于女性的世界中，男性失去了中心地位，三代女性家庭由于各种原因都失去了男人，但在一个完全属于女性的世界中，苏童提出了这样的疑问，女性真的解放了吗？

《妇女生活》由三代女性故事组成：娴的故事、芝的故事和箫的故事，她

们共同组成"妇女生活"。苏童以"妇女生活"为题，显然意指所有中国妇女，故事中三位女性的命运基本上是重复的，第一个出场的娴的家中就没有父亲，因而可以推测，娴将重复其母亲的命运，小说的结尾依然如此。箫的孩子一出生父亲便与母亲离婚，可以预见，这个孩子的命运依然如故。每个女人的命运都重复了前一个女人的命运。这个开放的故事结构似乎告诉读者，女性命运永远如此。甚至这个开放结构也意味着这样的女性生活没有开始和终点，无论在什么时代里都一样。苏童有意识地选择20世纪30年代、50年代和80年代作为故事的历史背景，按照一种历史变迁的线性模式叙述故事，但通过故事内容我们发现，苏童嘲讽的正是现代性的宏大叙事模式，因为社会时代的历史变迁，并没有像启蒙者许诺的那样带来进步和幸福。相反，历史时间虽然不停前进，但女性的生活形态却停滞不前，毫无进展。芝的命运不比娴更好，她勇敢地和资产阶级家庭决裂，投入工人阶级家庭，完成了从旧社会向新中国妇女的身份转变，但她从一开始就不适应工人阶级家庭的生活，工人阶级家庭也不能忍受她，而工人阶级家庭也不比资产阶级家庭生活得更崇高，真实的历史依然是庸俗琐碎的日常生活，洗衣、做饭是家庭生活的主调和主要矛盾所在。最终，芝忍受不了工人阶级的生活方式，回到了资产阶级的母亲家中。其母娴年轻时也是这样，怀着明星梦，离开照相馆，可历史却跟娴开了个玩笑，孟老板抛下了有身孕的她，携资逃到香港。娴不得不怀着身孕回到她所厌恶的家中。其实，在苏童另一篇著名小说《妻妾成群》中，他塑造了一个名叫颂莲的知识女性，这个具有强烈反叛气质的知识女性，却是从现代出走，毫不犹豫地踏入了妻妾成群的陈家，并很快融入那个充满腐朽气息的传统家庭中，与其他妻妾争风吃醋。这些故事说明了真正主导女性生活的不是改革、现代性之类的宏大叙事，而是日常生活，婚姻、家庭、生育、物质才与女性的命运休戚相关。

在苏童看来，男性仍然在社会与日常世界里占据着主导位置，女性生活的日常生活结构几千年来没有大的改变，所以女性命运没有本质变化。尽管苏童对男性充满了厌恶，在他的小说中，男性总是不值得信任，他们形象猥琐、充满情欲和缺乏道德意识，但是女性的社会与家庭反叛仍然要借助于男性。《妻妾成群》中的所有女性被垂死的老头陈佐千控制，知识女性颂莲也不例外。在《妇女生活》中，娴的全部希望寄予孟老板，芝则寄予工人邹杰，箫则寄希望于小杜，所有女性都没有摆脱对男人的依赖，男人的道德行为决定了她们最终的命运。娴弥留之际还沉浸在与孟老板短暂欢情的往事中，这在侯咏的电影里也有所流露，仿佛只要她不生育，只要孟老板带她到香港，她就不会有悲惨的人生境遇。娴在舞台上的短暂辉煌也是通过男人的目光来实现的，她知道孟老板有妻室，却顾不上，她必须依靠孟老板塑造完美的自我。一旦遭遇男人的抛弃，她便对自我丧失信心，以致产后的一天，她对着镜子竟几乎认不出自己。拉康的镜像理论认为镜子对自我的确立十分重要。娴面对镜子时却不认识自己，这意味着什么呢？或许意味着在一个成年女性的世界中，自我不是由镜子和我共同确定，而是由男性决定。当男性离开时，女性也就失去了自我，尽管在《妇女生活》中，男性是隐蔽的，却仍然占据着主导地位，是真正的主体。

如果仅将女性的所有悲剧归咎于男人，那么苏童小说和"五四"以来大量的妇女解放小说并无太大差别。但苏童与众不同的地方是，他看到女性悲剧并不完全归咎于男人，而且更与女性自身有着密切关系，苏童小说最重要的意义在于他将目光投射到女性与女性的关系，探讨女性复杂的心理和身体构造对于女性社会命运的影响。女性的悲剧其实从出生就开始了，她们在很小的时候就意识到要离开原生家庭。在《妇女生活》中，三位女性都是到了青春期就想离开家庭，这似乎是一个寓言。苏童的另一篇小说《另一种妇女生活》描写了一个姐妹两人相依为命的家庭，姐姐取代死去的父母照顾妹妹，并且竭力希望妹妹永远不出嫁，但妹妹最终还是离开了家。但男人不存在这个问题，男人在青春期虽也想离开家庭，但男人离家的目的是更好地发展家庭，而不是寻找另一个家。所以女性更容易反叛家庭，也更容易失去自我。男人的目光始终是向外的，他们很少把目光停留在家庭成员之间的复杂关系中。但女性不同，女性是家庭的产物，她必须认真处理家庭关系：一方面，她离开了熟悉的家，要在一个陌生的家庭中确立自我；另一方面，对于女性而言，原来的家已不属于她了，而被称为"娘家"，她与父母的关系也发生了微妙变化。苏童的《另一种妇女生活》实际上主要探讨了母女之间的复杂关系。苏童颠覆了长期以来文学对于母女关系的塑造成规，母亲不再意味着善良、慈祥、疼爱，相反，母亲和女儿之间总是冷冰冰的，甚至充满仇恨。在《妇女生活》中，三位女性的共同经历是离家、回家。但当她们再回家时，家庭虽然接纳了她，但并不欢迎她们。娴第一次怀孕回到家时，她的母亲却说："谁让你回来的？"母亲并不欢迎她回来。娴说："这是我的家。"可当她想进入自己房间时，房间却已被一个男人占领，母亲已不把她当作家庭成员了。娴对女儿芝也毫无感情，她很少给婴儿换尿布，也很少给婴儿哺乳，她甚至希望女儿死掉："她可能活不长，没有必要去履行母亲的义务。"张爱玲的小说也曾经描写了这样的情况，《倾城之恋》中白流苏因为离婚回到娘家，但是娘家所有的人都将其看作是"多余的人"，就连她母亲也这样看她，所以白流苏不得不重新寻找自己的家。苏童拆解了传统文学中母亲和女儿之间的温情关系，母亲偷窥女儿的房事，女儿不喜欢母亲的衣服，反正，母女之间矛盾重重。然而，女性离开母亲的家也没有幸福可言，她必须学会处理和新家庭的关系，在新家中找到合适的位置，但找到合适的位置很困难，要经过激烈斗争。《妻妾成群》中，颂莲与其他女性争权夺位，在《妇女生活》中，芝无法与婆婆相处，回到原生家庭中，可她与母亲又矛盾重重。总之，无论是在原生家庭中，还是在新家庭中，女性确立自我是一个痛苦的斗争过程，而女性面临的这些问题，时代并没有帮她们解决。女性和男性还有一点不同的是，都要经历生育，这是自然的安排，时代似乎不能解决，许多女权主义者强调要做独立女性，就不要生育。生育本身就是欢乐与痛苦并存的过程。在《妇女生活》中，生育总是对于女性命运的转变起着关键作用，生育使娴的风光生活终结了；对于芝，不孕是她非正常生活的开端；对于箫来说，生育使她放弃了对男人的惩罚。

"女人永远没有好日子"，箫的一句话道出了苏童小说的主题。苏童否认女性反抗的价值，因为在他看来，女性的反抗是徒劳的，小说中每个女性几乎都在年轻时反抗过，但是最终都失败了。《妇女生活》所描写的女性横跨大半个世纪，但是女性之间似乎根本没有"进化"的痕迹，她们相互猜忌、倾轧、自我折磨的品性如出一辙。苏童的女性书写是苏童历史观的表征，即不相信宏大叙事能够改变人类本质生活。

二、《茉莉花开》：暧昧的女性意识

20世纪90年代，侯咏通过一位香港朋友阅读了《妇女生活》，当时就萌生了将其拍成电影的念头，但这个想法直到2003年才得以实现。由于资金问题，改编后名为《茉莉花开》的电影，出品十分不顺畅，直到2006年4月26日才在全国各地上映。不过，电影放映后备受关注，获得第7届上海国际电影节评委会大奖、电影频道传媒大奖——最佳剧情片、第24届中国电影金鸡奖最佳女主角奖。引起关注的原因，乃是影片对于不同时期女性命运的关注，这部由男性导演的影片因此被称为一部女性主义电影。导演侯咏也反复强调了电影的女性主义主题："女性的独立意识，实际上就是对自己命运的把握，这是这个影片的主题。最终意识到自己的命运不应该托付给某件事、某个男人，或者是自己的某一种期望。女性只有明确的这种自我意识，摆脱依赖心理，才能掌握自己、掌握自己的命运。"① 但侯咏坦言，最初他对女性主义并无深刻认识，电影被打造成女性主义电影实际上有一个过程："我是后来发现的，可能原来自身有这种东西没有发现，也没有关注到"，而在拍摄时，他更遵循一种直接感受：

> 我拍的时候不想那么多，就是直接拍一种感受。前期在拍之前的一种设想，到后来拍完以后，不断采访，不断理这种思路，包括出这种书的时候作一些文案方面的东西，又把思路一步一步理清晰了。②

　　既然是在不断创作、交流和思考的过程中逐渐形成了一部所谓女性主义电影，摸索过程势必包含了多种想法，这也决定了这部女性主义电影中的女性主义缺乏一个稳定内涵。侯咏的女性主义到底包含哪些内容？电影赋予三位主要女性以何种形象，情节与角色处理是否遵循原著？

　　比较电影与小说可以明显地发现，同为 20 世纪 60 年代出生的侯咏虽然很喜欢苏童作品，但他立意将电影打造成一部符合女性主义思想的"女性启示录"，所以他无意恪遵原著，对原著主题、角色和情节都作了大规模的改动，"但我们不能像原小说那样仅仅是重复，表现三代女性像一个女人一样具有同样的凄凉人生，这样会让影片的基调沉沦下去，使观众感到心如死灰，这是我们要扭转的格局"③。侯咏不满意苏童小说让女性命运不断重复，认为这样的描写太消极，他要用影像技术改变女性命运，将苏童小说中的女性从"女人永远没有好日子过"的悲观论中解放出来，赋予女性以不依赖于男人、独立自主的性格特征。虽然侯咏亦像苏童那样将三位女性看作是一个女人，代表着整个女性群体，但他让三位女性"作为一个女人一生的三个时期来看待，也就是说，把三代女性的命运看成是发生在一个女人身上的三段人生经历，同时也代表着整个女性群体"④。茉代表一个女人天真的少女时代，莉代表女性自我意识的成长

① 侯咏编著：《茉莉花开时》，北京：中央编译出版社，2006 年，第 220 页。
② 见 2006 年 5 月 12 日侯咏与腾讯 QQ 网主持人的对话，http://ent.qq.com。
③ 侯咏编著：《茉莉花开时》，北京：中央编译出版社，2006 年，第 216 页。
④ 侯咏编著：《茉莉花开时》，北京：中央编译出版社，2006 年，第 216 页。

阶段，花则代表女性自我意识的成熟阶段。在苏童那里，妇女生活是凝固不变的，但在侯咏电影里，妇女生活遵循从不成熟到成熟的线性逻辑发展。这样，侯咏颠覆了苏童的叙事模式，回到了"妇女解放"的宏大叙事上，让电影变成了一部"女性启示录"。

但颇有意味的是，影像实践并没有完成导演的意图，影片所展现的主要世界，实际上不在于女性依附于男性的内容上。茉、莉和花三代女性最初的反叛，均不是针对男权世界，而是针对由母亲控制的家庭生活，为了反叛家庭，她们都把希望寄托在男性身上，所以，男性似乎并不是女性悲剧的根源，相反倒成了改变女性命运的救星。其实在这部具有强烈女性主义色彩的影片中，男性根本没有占据主体和支配地位，相反，女性倒是主体和支配者，几个男主人公，除了孟老板具有强烈的控制力量外，其他几个男性在女性面前都是被支配者。尤其是邹杰，虽然他英俊帅气，富有男子汉气概，但他完全被莉掌握，莉主动接近、引诱他，与他结婚，逼他离开家搬到自己家住，在他们交往的整个过程中，莉才是支配者，邹杰的自杀，更表明男人在女性咄咄逼人的气势下彻底沉默了。小杜虽主动提出离婚，但在影片中，小杜的声音始终苍白微弱，他在花跟前始终是低着头。通过邹杰和小杜让人觉得，在这部影片中，女性并不存在依附于男性的问题，倒是男性需要反抗女性压迫。总之，在影片中，反而是男性仿佛被阉割了，成了被动的、依附于女性的客体。

导演侯咏似乎也意识到这点，但整部影片就是要成为一部"女性启示录"，呼唤女性摆脱对男性的依赖，做自己的主人。可如果男性对于女性的压迫并不存在，怎么办？于是侯咏巧妙地安排了"雨中生产"这一镜头，展现花离开男人后的坚强、自立，并最终掌握了自己的命运。因此，似乎只有花生产的场景真正符合导演的女性主义立场，侯咏对"雨中生产"的场景也相当满意，因为它有力地体现了导演的意图，表现了女性自我意识的觉醒。侯咏说：

在最后雨中产子的场景里，我特意选用德国一个教堂的唱诗班来完成配乐。但我并不想由此表现女性生产这个光辉时刻的伟大，我认为更重要的是女性应该如此坚强地来面对自己的人生，这样人生就不会有悲剧了。①

---

① 见 2006 年 5 月 12 日侯咏与腾讯 QQ 网主持人的对话，http：//ent. qq. com。

有人质疑这个情节太突兀，极不真实，但侯咏解释说："我为什么要安排这个？我是要把这场具有强烈的象征意义，我让这个瓢泼大雨象征着女人所面临的一切艰难困苦，然后我让生孩子这个行为象征着一个女性所必须做的，所要完成的一个事情。"① 这个情节被象征化为女性摆脱男性，建构和确立主体的过程，大雨和生育都成了一种刻意而为的象征场景，意味着女性终于摆脱了男性束缚，成长为坚强不屈的"主体"，并且通过生育方式，诞生了一个象征未来的"新女性"。

影片对小说结尾的改动甚至得到了原作者苏童的称赞，影像的强大效果使"生产场景"打动了许多观众，以至有许多观众通过网络给导演留言说："喜欢你的《茉莉花开》，看完后我开始想我的妈妈。"侯咏也说："很多这种观念，看完这个片子最大的感受就是一定要听母亲的话，要对母亲好，今年马上就到母亲节了，我一定要回家看看，而且这个时候也是我的生日，我不能像以往一样，只是等着别人给我送礼物，我一定要给我母亲送礼，要回家陪她。"② 电影在北京师范大学放映时，特地举行了一场女性专场，贴出"男宾一概请止步"的告示，同时，银幕又特意打出"献给母亲"四个字。

但纵观影片，我们发现除了"雨中生产"这个场景让人感动地想起母亲，以及电影的结尾部分将茉和花之间关系改编为互相体贴的"祖孙情"之外，就整部影片而言，影片中的母亲形象不仅不能让人感动，而且让人对母亲这一角色产生怀疑。因为在绝大部分情节中，女性首先都是因为要反叛母亲的家庭统治才离开，母女之间缺少传统的那种互爱美德，互相之间充满仇恨、嫉妒和伤害。譬如茉故意与母亲的情人理发师老王通奸，莉的母亲偷窥女儿房事。这样一部"女性启示录"不是让女性摆脱对男性的依附，却把重点放在了母女之间的家庭恩怨上。对此，侯咏也很困惑，他显然意识到"女性意识"和"母性意识"并不是一回事，"这可能是我的一种潜意识在这个影片当中的一种表现。我拍的时候，虽然在影片的前面字幕上打的献给母亲，不是说献给我自己的母亲，而是说献给所有的母亲和将会成为母亲的人"。但随即他又说："可是我的重点并没有在母性身上，歌颂母亲的伟大。"他承认在创作这个题材时，开始没有注意"母性意识"。"在这部影片的创作过程当中，因为要创作这个题材，所

---

① 见 2006 年 5 月 12 日侯咏与腾讯 QQ 网主持人的对话，http：//ent. qq. com。
② 见 2006 年 5 月 12 日侯咏与腾讯 QQ 网主持人的对话，http：//ent. qq. com。

以对这方面开始比较关注，这个东西就越陷越深。昨天晚上我才意识到，我觉得这个影片，母性的这种思想其实是被忽略了。"① 影片中的母亲形象并不高大，这是侯咏最困惑之处，"献给母亲"几乎成了对母亲角色的一种嘲讽。

所以，这部电影女性主义立场的暧昧性，最突出的表现便是在"母女关系"的含混叙事上，导演本意是把女性塑造为逐步摆脱男性依附，走向自主独立的形象，但意外的是，矛盾焦点却由"男女问题"转变为"母女问题"。导演显然没有处理好这个问题，所以他不得不声称："我想在影片中表现的是：女人的生活状态是女人自己造成的，问题与自我完成都在于女性自身，跟男人没关系。所以我想让影片中的男性人格多样化，不是那种绝对一致的。"② 在影片结尾，导演才恍然大悟似的突然回到了女性摆脱男性依附的主题上来，但这个结尾也很仓促，显然是故意拔高，与影片的整个结构很不协调，三个女性之间并没有成为相互关联、相互发展的一个有机的整体。

另外，在影片结尾，还有一个很有深意的镜头，花独自带着女儿来到"新家"，导演让花以灿烂的微笑结束影片，崭新家园和灿烂微笑，显然意味着女性摆脱了男性依附，拥有了自己的而且是光明幸福的世界，花的灿烂笑容似乎又显示了一个没有经过男人占有，回到少女时代的女性。可这个女性真像导演所设想的那样，不再需要男人，做一个纯洁寡妇？而她的孩子也必须接受没有父亲的现实？实际上，既然花带着孩子离开，就注定她离不开过去的世界，就像女性主义学者劳拉·穆尔维所说："女人的欲望是从属于她作为流血的床上的承担者的形象，她只能联系着阉割而存在，却不能超越它。"③ 女人要建立自我，但是不要这个世界没有男人，因而这个灿烂结尾，显然是一幅矫情的乌托邦幻境，而且作为一个男性导演，侯咏仍是按照男性社会的审美和道德规范建构了女性形象，花在镜头前永恒的温柔、甜美的形象，是观众所熟悉的传统家庭女性形象，这个女性最终实现的是回归，而不是反叛，她重新回到了男性为主导的历史位置。

① 见 2006 年 5 月 12 日侯咏与腾讯 QQ 网主持人的对话，http：//ent. qq. com。
② 侯咏编著：《茉莉花开时》，北京：中央编译出版社，2006 年，第 27 页。
③ ［美］劳拉·穆尔维：《视觉快感与叙事电影》，吴琼编：《凝视的快感——电影文本的精神分析》，北京：中国人民大学出版社，2005 年，第 2 页。

三、历史叙事与女性叙事

侯咏希望在影片中反映女性逐渐摆脱男性依附，走向独立自主的生活道路，但影片中女性的问题并不在男性身上，女性摆脱男性依附成了一句空话，影片大量展示的倒是琐碎的家庭生活。所以，这部影片并不像"导演手记"中所宣扬的那样是一部"彻底的女性主义题材"电影，相反，这是一部不彻底的女性主义电影。看完影片，观众不禁会发出这样的疑问，导演所谓的彻底的女性主义到底是什么？男性死的死，走的走，影片最终只剩下了女性，似乎只要离开男人，女性主体就建构起来了，难道彻底的女性主义仅仅意味着女性离开男性？影片结尾离开小杜的花以灿烂自信的笑容面对观众，仿佛是说："没有男人，我过得更好。"但离开男人的花真会幸福吗？她和孩子又将面临怎样的未来呢？

女性主义的发展历史也并非导演所建构的那样，与时代同步，随着时代发展而发展。历史背景在影片中起着重要作用，影片像小说一样，选择了三个历史时段，但与苏童不同的是，侯咏试图重新将女性命运纳入妇女解放的大历史叙事框架中，贴上时间的标签，侯咏的目的是让"影片所讲述的故事就像在一个传送带上不断随时代向前行进"。① 描述女性自我意识随着社会历史发展而不断发展。

导演强调了时代背景对于理解人物的重要性，并要求观众参照历史时代理解人物，但在电影里，宏大的历史时代似乎除了在人物的衣服色彩上留有一丝痕迹外，并没有对女性命运产生根本性的影响，三位女性的生活依然逃不出家庭这个狭小的空间，甚至沧海桑田的历史巨变也没有摧毁"汇隆照相馆"，它依然矗立在那里，周围的景观都没有变动，除了照相馆的名称发生了点变化。主要事件也均在这个狭小的空间发生，女性的反叛、回归都和照相馆密切关联，而与整个时代并无直接关系。尽管三段历史背景总体沿着时间向前延伸，但这三段历史本身是非连续性的发展进程，20 世纪 50 年代显然并不比 30 年代更高级，在影片中，褪色的 30 年代不仅不褪色，相反显得华美艳丽，理想的 80 年代倒毫无色彩。50 年代被导演设计为"动荡年代"，但这一点从影片里实难发现，相反邹杰在工厂里的"炼钢场景"，倒让人觉得这年代有一股催人向上的

---

① 侯咏编著：《茉莉花开时》，北京：中央编译出版社，2006 年，前言。

现代化热浪，在这样的历史背景中，邹杰的死亡十分突兀。历史时代本身就四分五裂，缺乏发展的连贯性，再用这个四分五裂的宏大历史叙事说明女性一生自我意识的成长过程就更虚妄了。如果用 30 年代代表一个女人的少女时期，那么实际上是不能用"褪色年代"加以概括的，因为导演是要将茉塑造为纯真少女，既然是纯真少女，又怎么与褪色年代挂钩呢？历史对莉的命运似乎产生过一点影响，像结婚场景中邹杰母亲所宣布的那样，资产阶级出身的莉走出家庭，勇敢地与工人邹杰结合了，按照通常的历史叙述，这是两个不同阶层的结合，这种结合充满政治与阶级意识，理应有一场剧烈的矛盾冲突才更合理，但一切都在平静中完成。虽然也发生了一些争吵，但争吵的主要原因，还是由不同家庭、阶层生活方式的差别引起的，而非政治对立。所以，历史时代没有对人物命运产生关键的影响，观众也就无法参照历史背景理解人物。实际上像小说那样，在电影中，历史时代背景本身就不甚宏大，电影也很少展现与历史相关的公共场景，历史背景在影片中可有可无，如果没有历史背景，三代人之间的故事情节照样成立。影响女性命运最重要的是家庭，而不是以政治与社会为主体的日常生活，是男女情事，是柴米油盐，由此，影像展现的世界实际上回到小说的主题上了。导演侯咏也意识到影片中历史时代与女性命运的脱节，所以他又强调影片探讨的是人本身的问题，"并不挖掘历史和社会的原因"。[①] 一方面要求观众参照时代理解人物，另一方面又强调人物与历史背景没有什么关系，这显然表明导演对于人物与时代的关系的处理是含糊、矛盾的。或许是影像背叛了导演，侯咏用三段式的叙事结构把历史背景与女性故事串联起来，让影片"保持一种深层的核心脉络"，希望将女性故事重新纳入妇女解放的大历史叙事框架中的意图在影像叙事中解体。

更为悖论的是，导演似乎也想以三个女性命运不断发展的历程，隐喻中国一百年来的社会与时代转变，三个女性作为一个女人的三个不同成长时期，对应着 20 世纪中国现代化的三个重要时期：30 年代、50 年代和 80 年代。导演根据女性的成长历程，对每个时代进行定位，30 年代被看作是一个"褪色年代"，50 年代被看作是一个"动荡年代"，而 80 年代则是一个"理想年代"。30 年代对应着少女时期的女性，50 年代对应着成长时期的女性，而 80 年代对应着成熟时期的女性。女性的成长过程，时代不断发展的历程，尤其是花最后的微笑，

---

① 侯咏编著：《茉莉花开时》，北京：中央编译出版社，2006 年，前言。

意味着中国在近一百年现代化道路之中，虽然历经艰难曲折，但终于摆脱了依附西方与自我封闭的历史阶段，走向独立自主的现代化道路。但前面我们说过，把历史发展与女性自我意识的成长过程联结起来是荒谬的。反过来，用三位女性隐喻时代发展亦不妥当，因为三位女性的故事也缺少内在关联，并非按照线性结构发展。不过，影片主题倒符合当下意识形态的需求，配合了当下的现代化叙事。

总之，无论是从女性与男性，女性与母亲，还是女性与历史的关系看，这部被导演认为是一部彻底的女性主义电影的电影，实际是一部并不彻底的、暧昧的女性主义电影。《茉莉花开》与其说是一部强调妇女解放的现代寓言与宏大叙事，一部反映女性的自我意识随着时代发展，由不成熟到成熟的女性电影，倒不如说是一部杂糅、拼贴的后现代主义的女性故事。不同时代杂糅在一起，电影特别用了三种颜色代表时代，30年代是绿色，50年代是红色，而80年代是白色，并且不同颜色拼贴在同一个演员（章子怡）身上。除了用颜色拼贴时代和人物外，影片中还有大量的拼贴场景，孟老板的发型、《良友》画报，都具有浓厚的拼贴风格，这些镜头在《花样年华》等影片中反复出现过。更进一步讲，这样的拼贴风格或许正是当下中国影像文化的真实处境，缺乏真正的思想和艺术创见，许多影像产品只是不同想法的大杂烩。

或许，电影本身就是一项拼贴的"文化工业"，由导演、编剧、演员、影像机器共同拼贴出一个乌托邦的世界。侯咏在一次采访后说："其实在昨天、今天之前，我不停地在接受采访，我的理论越说越清楚，特别清楚，我的思路，我的观点。昨天晚上，我看了好多博客上对影片的观后感。很多观众，各种各样的反映，有些东西是我没想到的，有些对影片的理解，以及对它的含义的理解是我没想到的，或者说是我忽略的。我根本想不到怎么还会有这样的感受，完全是意想不到的，看了很多。现在就有点乱了。"①

---

① 见2006年5月12日侯咏与腾讯QQ网主持人的对话，http：//ent.qq.com。

第四节　从"芙蓉姐姐"到"凤姐"

　　随着网络新媒体的发展，在微博、微信、QQ 等网络新媒介空间上，一些粗俗不堪的词汇充斥网络空间，粗俗文化日益泛滥。以"芙蓉姐姐""凤姐"为代表的粗俗文化早已大行其道。在这里，笔者便以"芙蓉姐姐""凤姐"为研究个案，批判性地检讨中国当代的粗俗文化。

一、一种粗俗文化

　　"粗俗文化"一说不是笔者独创，美国学者帕米拉·罗伯森在解读美国流行音乐女歌手麦当娜时，就曾将麦当娜现象归为"粗俗文化"范畴："通俗文艺……为粗俗文艺欣赏的主流创造了条件——使粗俗文艺的民主精神合理化，打破了高低界限，而使大多数观众都能够接受。在奇异的扭曲中，粗俗文艺的欣赏变成了主导性准则。粗俗文艺不是公开的崇拜性鉴赏，而是变成了一种商业化的欣赏——一种出于纯商业主义的欣赏——一种毫无内疚的快乐。"[①]

　　罗伯森敏锐地意识到粗俗文化与通常的找乐文化有很大差别，一般的找乐不带有功利色彩，而是为了自娱自乐，但粗俗文化目标明确，纯粹出于一种商业化的欣赏。罗伯森的论述特别适用于今天在新媒体空间里流行的各种恶搞和粗俗的文化现象。在消费主义和新媒体语境中，大量低级、粗俗和色情化的恶搞现象随处可见，甚至主导了当代流行文化的趣味。不少粗俗文化借着颠覆权威、正统和神圣的名义出现，但实际上只是为了博取大众的眼球，获得商业利益。

　　当然，无论是被许多人看作神一样的迈克尔·杰克逊，还是在西方国家备受争议的麦当娜，还有在舞台上总是玩各种新花样的 Lady Gaga，他们有一点是

---

　　① ［美］帕米拉·罗伯森：《对麦当娜谈什么？何时谈麦当娜?》，王逢振主编：《俗文化透视》，天津：天津社会科学院出版社，2002 年，第 9 页。

共同的，那就是他们都受到现代工业和商业社会的制约，他们以自己的独特风格对抗着工业、资本主义和父权制社会对他们的控制，但其自身又是这一制度的产物。罗伯森一针见血地指出：

> 粗俗文艺与主流文化一直是一种寄生关系。粗俗文艺不是处于一种对立的先锋位置，而是代表着一种亚文化进入主流文化已协商好的方式。它一方面享用大众文化对象，一方面创造自己的文化对象。从这个意义上来讲，它表明一种亚文化承认未能进入文化行业，而不简单是拒绝进入文化行业。在确立粗俗文艺和消费社会的价值的过程中，20世纪60年代后的通俗文化和粗俗文艺仅仅使早已隐于粗俗文艺中的消费主义公开化。①

粗俗文化的泛滥借助的正是资本主义的文化工业，它是消费社会需求的体现，是资本主义的文化工业将之推上了历史舞台。

二、芙蓉姐姐的"粗鄙形象"

在我国，芙蓉姐姐和凤姐是近些年冒出来的粗俗文化的代表人物。两位都是新兴媒体的"宠儿"，她们都被称为"网络红人"，互联网给她们提供了出人头地的机会和空间。芙蓉姐姐最早是在一个校园新媒体的社区"清华水木"上走红的，有网友将其S形照片和跳舞的视频发到了这些媒介社区空间里，引起了青年网友的围观。芙蓉姐姐因此迅速走红，成为"草根明星"的代表。

芙蓉姐姐的文字和图片，完全颠覆了传统中国女性形象，她既不美丽，也谈不上性感，但她敢于在公众面前展示身体和形象。她的形象当然引起了广泛争议，一些女权主义者认为芙蓉姐姐代表了一种独立的女性形象，她勇敢、自信，重新界定了美，美不再局限于外表，而在于她是否"勇敢"；也有人称赞芙蓉姐姐是普通的、底层的声音的代表，提供了一个从边缘到中心的范例，因为在过去，占据舞台中心的往往都是一些漂亮的、被包装过的电影明星，但是芙蓉姐姐告诉公众和广大女性，普通人只要通过自己努力也可以成为万众瞩目

---

① ［美］帕米拉·罗伯森：《对麦当娜谈什么？何时谈麦当娜？》，王逢振主编：《俗文化透视》，天津：天津社会科学院出版社，2002年，第11页。

的"明星人物"。但更多的人则是将芙蓉姐姐看作是一个"怪物"。

网友们在热烈讨论"芙蓉姐姐为什么会出名"时，经常使用的就是"卖丑""耍贱""自恋""出格"等词语，这些词汇其实都是一种"男性化语言"——从男性的心理和审美传统去认识芙蓉姐姐。芙蓉姐姐之所以引发众多批判，就是因为她打破了父权制社会对于女性的一般定义，人们总期望女性是美丽的、温柔的、端庄的，芙蓉姐姐却将这些女性修辞统统打破，她就是要以自恋、"暴露"、"丑女"、"粗鄙"的形象吸引众人眼球。针对那些"嘲笑""唾弃"和"不理解"，芙蓉姐姐如此宣布：

> 不靠潜规则，不进艳照门，芙蓉姐姐红得光明正大，红得健康阳光，红得积极上进，她超强的自信心和生命力让她脱颖而出，成为新一代的精神偶像，激励广大为理想而奋斗的人们，不畏人言，不懈努力，终会成功。
>
> 我敢于迎接挑战，敢于在唾液中奋进，敢于把别人的不理解变成前进的动力。喜欢我的人反映，征服他们的不仅仅是芙蓉姐姐的才华，更是芙蓉姐姐的精神，勇敢坚强自信的大无畏精神。一个女孩子靠着怎样的精神支撑着她在唾液里摸爬滚打，奋力向前……①

芙蓉姐姐认为男性大众无权嘲笑、污蔑自己，她强调自己是独立女性的典范，她认为她有理由得到尊重，因为她靠的是自信。在芙蓉姐姐自己看来，凭借这点她理应为新一代的"精神偶像"。的确，芙蓉姐姐或许慰藉了少数处于边缘的、底层的又渴望成功的那些默默无闻的弱势亚文化社群，尤其是为那些缺乏美丽容貌、姿色和权力的青年女性提供了一个"成功样板"，即可以借助于各种新媒体，通过宣传改变自己的命运，活出自己的精彩生活。当然，芙蓉姐姐的成功绝不是仅仅依靠自信，商业社会、新媒介和宣传策划团队为她的走红提供了条件。

在芙蓉姐姐之后，另一个更加粗鄙的女性形象出现在大众视野里，和芙蓉姐姐一样，凤姐也是靠高调"卖丑"走红网络空间。凤姐的走红自然也引起无数争议，和芙蓉姐姐一样，有少量的人称赞凤姐的勇敢、自信、敢做敢说。更多的网友则认为她患上了不切实际、盲目自大的"狂妄症"，她越是自信，反

---

① http：//blog. sina. com. cn/frjj。

而越是招来大众的批判。

颇具意味的是，芙蓉姐姐和凤姐这两位同样来自社会边缘阶层并依靠"卖丑"而走红的"网络红人"，互相之间并没有惺惺相惜，结成与主流文化相对抗的亚文化同盟，相反，她们互相批评、攻击。相比于芙蓉姐姐，凤姐表面上更大胆、前卫，也更直截了当。在她的许多大胆的言语里，她直白地表示她需要高大、英俊和成熟的男性。她并不像芙蓉姐姐那样挑衅男性世界，而是认为她理所当然地得到了男性世界的认同和赞赏，为达到这样的自我认识，她宁愿幻想性地认为自己是一个貌若天仙、对一切男人都有致命诱惑力的"性感尤物"。菲斯克在《解读大众文化》一书中，特别提到了幻想对于在社会现实生活中处于从属地位的女性的重要意义：

> 幻想常被看作是女性特有的现象，而表征则与男性相联系。按这种观点，幻想是被当作"纯粹逃避主义"来建构的，是女性因无法与（男性化）现实妥协而形成的弱势的标志。它是一种允许女性以一种在"现实"世界中从来也不可能采取的方式实现其欲望的白日梦，是由她们"实际"缺乏权力引起并掩盖了这种状况的补偿领域。①

菲斯克借用了弗洛伊德的补偿理论去解释女性的"幻想"。显然，凤姐就是通过网络大胆地发表言论，吐露自己内心世界，将自己幻想成一个受到无数男性热烈欢迎的"性感尤物"，以此来消解在现实生活中经常遭遇各种嘲笑、讽刺和挖苦的情景。但她毫无顾忌地大胆暴露自身形象，不仅没有得到一致喝彩，相反却引起了更大争议。或许如巴特所说："女人在脱到全身赤裸时，就失去了性感。因此可以说，在某种意义上，我们面对的是一种恐惧的景象，或者是恐惧的伪装。仿佛在这里，色情只不过是一种美味的恐惧。"②

当然，无论是芙蓉姐姐还是凤姐，她们或许很清楚自己在现实生活中的形象，而她们之所以如此，或许也没有其所宣扬的那么自信，她们仅仅是要借助网络进行自我推销。为何并不漂亮的她们又能走红呢？这主要有三个方面原因：

---

① ［美］约翰·菲斯克著，杨全强译：《解读大众文化》，南京：南京大学出版社，2001年，第143页。

② ［法］罗兰·巴特著，许蔷薇、许绮玲译：《神话：大众文化的诠释》，上海：上海人民出版社，1999年，第128页。

其一，新媒体空间确实给草根阶层的发言提供了更大空间，使得许多底层和边缘阶层得到了发言权利，而不少人就利用这样的新媒体空间，通过奇装异服来吸引公众；其二，这是商业和消费社会的需求，媒体需要盈利，需要吸引关注，于是便包装推销一些"商品"，究其本质，芙蓉姐姐和凤姐只不过是网络推手精心包装的"产品"而已；其三，为何许多公众反对她们，却又关注她们呢？这就是公众的围观心理，越是稀奇古怪的东西，越能得到大众围观，公众在围观中获得了一种快乐，一种狂欢。

三、从"粗俗"到"恶俗"

芙蓉姐姐和凤姐所代表的粗俗文化当然也部分地表达了社会边缘和草根阶层的一些不能实现的社会诉求，代表了社会底层的某种愿望。但是她们所代表的粗俗文化，跟麦当娜乃至 Lady Gaga 的粗俗文化有着本质差异。麦当娜和 Lady Gaga 的粗俗文化首先是建立在对流行文化的颠覆和反叛上，她们通过自己创造性的音乐活动，开拓了流行文化的新天地，麦当娜在今天的美国流行文化史上已经得到了广泛认可，成为美国大众心中真正的"流行偶像"。Lady Gaga 的粗俗文化实际上也是建立在其对艺术的理解上，她试图颠覆过去的音乐模式，开创一种新的流行时尚。但无论是芙蓉姐姐还是凤姐，她们虽然也试图颠覆主导文化，可她们并没有开创出任何新的艺术样式。

在罗伯森看来，麦当娜的粗俗文艺具有一种明确的政治参与意识，它不仅反对父权制社会，而且直接介入到同性恋政治中，麦当娜用自己的歌曲支持同性恋团体，把同性恋政治要素带入了大众文化。同样，Lady Gaga 也通过音乐和出格的扮演抵抗"男性霸权"，和麦当娜一样，她是同性恋政治的坚定支持者。不管怎么说，麦当娜和 Lady Gaga 均利用自己的身份和音乐，表达了一种亚文化的政治立场。在音乐中，她们表达了边缘的、底层的女性的渴求和感受，表达了同性恋群体对爱的需求。但是芙蓉姐姐和凤姐，虽然都来自社会边缘和下层社会，按照道理更能理解下层社会的需求，她们更应该成为下层社会的"代言人"，也应该作为社会边缘亚文化的代表，紧紧团结在一起，为社会边缘阶层发声，共同抵抗不合理的男性霸权，但她们根本没有做到这些。无论是芙蓉姐姐，还是凤姐，她们只是竭力地表现自我，希望通过"卖丑"、自我暴露和商业推销，以博得公众关注，却没有为社会底层说话的勇气。虽然芙蓉姐姐、凤姐偶尔也提到社会热点话题，谈及自己对现实社会中的"潜规则"和其他一些社会新闻事件的看法，但不是为了代表被忽略的社会边缘群体发表社会见解，而是用这些事来进行"自我吹嘘"。而且，从商业、主流文化与她们的关系而言，她们不仅没有像许多粗俗文化的代表那样，通过自己的艺术展示，表现底层和下层人的喜怒哀乐，让人们从她们的通俗文化中体会普通人真实的生活状态。相反，她们希望借助于自我暴露和商业炒作，摆脱"下层身份"，融入"上流社会"中，她们也总认为自己是上流社会的一分子，芙蓉姐姐拒绝承认自己是恶俗文化的代表，在一次被大众嘲笑之后，她这样宣称："我真的不想做芙蓉姐姐，从来都不想。只是我不甘心让那些别有用心的人带动荒唐的舆论，把芙蓉姐姐贬斥成恶俗的代表。芙蓉姐姐从来都没有恶俗过，从来都没有。恶俗的只是这个可怕的世界。"后来，她在装扮上越来越接近"主流打扮"，经过减肥等一系列运动，摇身变成了一个出没于时装晚会和车展的"时尚女郎"，完全脱离了最初的那个笨拙的、丑小鸭式的芙蓉姐姐。她对自己的转变很满意："芙蓉姐姐从一个被大家认为'丑小鸭'的人变成现在大家口中的'励志女神'。"但正是在这样的转变过程中，芙蓉姐姐仅存的一丝代表社会边缘阶层的反叛色彩和抵抗精神消失殆尽。

第五节　无性别特征的"电子人"

詹森在《批判的传播理论：权力、媒介、社会性别和科技》中曾深入讨论了媒介技术的发展与女性的关系。在詹森看来，在人类科技发展史中，性别关系其实被忽略了，西方整个科学技术史被当作"男性活动史"，工业和先进武器等通常被看成和男性相关，而女性则被看作"科技的消费者"而已。一些赛博女孩们和用数字科技批判信息学的批判女性主义赛博活动家，她们渴望"被整合进信息王国"，也有些人专门针对女性，生产出适合女性运用的数字产品，但是她们也在不同程度上对数字科技"感到矛盾"，因为女性往往要比男性"更少有闲暇时间用电脑来娱乐"。更为重要的是，詹森认为在这个过程中，"女性主义自身也在数字中产生分化"，因为数字科技体现的是男性的文化霸

权，有些赛博女性主义不仅未能利用数字科技进行解放活动，相反却在过程中
向"资本主义反民主的专横投降了"：

数字化是相当明确的全球化加资本主义（和美国）扩张霸权的同义词。并
且科技的集中也和经济集中或信息产业的纵向整合相呼应。现在很明显的是妇
女和小孩不管是否已经上网，在这个新的网络世界都是最基本的失败者。除去
技能上的数字鸿沟外，在发展中国家，在专门的出口依托型的劳动力市场上，
对妇女和女孩的经济剥削很普遍，网络世界甚至定义了全球经济的特征；互联
网已经使性交易和性观光市场合理化和全球化；在互联网上，有妇女和儿童色
情内容的网页总是点击率最高的。①

詹森指出，科技是"权力结构、资本以及科学和工程话语衍生物的延伸"，
新兴的互联网上大量关于女性色情化的"性感尤物"形象，显然是为了满足、
迎合男性的视觉欲望和文化霸权。詹森认为，要改变在新兴科技中性别之间的
数字鸿沟和男性视觉霸权体系，女性就应该发展"另类的信息网络"，构想
"另类的社会配置"，例如通过另类的女性主义设计，发展"去中心的、平等
的、可获取的、过程导向的信息科技"，从而"颠覆、逆转或转移培育资本密
集型信息系统发展的设计逻辑"，重建民主化的数字科技。而在具体讨论数字科
技时，詹森还特别分析了"机器人形象"。在詹森看来，无论是在科幻小说、
电影，还是在科学实验中，机器人形象是当代人讨论的重要形象，许多科幻小
说家和科学家们都认为机器人在将来会取代人类，人类的大脑与机器合成的人
机一体化的现象将成为现实。而在此过程中，原来人类的性别概念、死亡概念
可能都将改变，"在人工智能的进化论机械重建的内部，'无性繁殖'结构最终
将获得解放，思维将脱离肉体，而男人也将摆脱生物性上对女人的依赖。"② 巴
克在《文化研究》中也介绍了一种"人机合体美女"，并指出这种人机合体的
美女形象"模糊了生物体和机器，以及人类和其他动物之间的边界，甚至到了

① ［美］苏·卡利·詹森著，曹晋译：《批判的传播理论：权力、媒介、社会性别和科
技》，上海：复旦大学出版社，2007 年，第 120 页。
② ［美］苏·卡利·詹森著，曹晋译：《批判的传播理论：权力、媒介、社会性别和科
技》，上海：复旦大学出版社，2007 年，第 205 页。

文化与自然之分已经崩解的程度"。① 詹森站在女性主义的角度讨论了女性在人工智能和机器人研究发展领域可能起到的作用。但总的来说，她对于机器人形象和人工智能社会的未来表示担忧，认为这些仍然没有摆脱"超凡的隐喻"的西方男性话语结构。

多娜·哈洛维却与詹森的看法不同，对于机器人、"人机合体美女"的出现，哈洛维怀有一种乐观态度。她认为"电子人"是 20 世纪以来信息技术、计算机技术迅速发展的结果："'电子人'是控制论的一个有机体，是机器和有机体的杂糅，它既是虚构的，也是社会现实的产物。"② 在哈洛维看来，"电子人"最初出现在科幻小说中，20 世纪的一些科幻小说里涌现出不少既是动物又是机器的"电子人"，它们居住在自然和人工技术两可的世界上，到了 20 世纪末，在虚构作品中出没的"电子人"走进了人类现实生活中，科学技术的发展让每个人的身上都打上了"电子人"的烙印："我们都变成了虚构，被理论化为机器与有机体的机制混合体；简言之，我们是'电子人'，'电子人'是我们的本体，它赋予我们以政治。'电子人'是想象与物质现实的浓缩形象，这两个毗连的中心正在建构任何可能的历史转变。"③ 哈洛维的描述不仅会让人想起 20 世纪 70 年代美国卢卡斯电影公司出品的《星球大战》，在宇宙星际之间，人类、机器人、克隆人为了自己的利益展开殊死搏斗。如今，在人体里装上芯片，用人工心脏代替真人的心脏已屡见不鲜，许多人的体内都植入了机器，哈洛维认为 20 世纪末以来，科学技术发展已经让每一个当代人都成了人与机器混合的"电子人"。

哈洛维乐观地认为"电子人"的出现颠覆了父权制的男性霸权，因为"电子人"取消了人与机器、男性与女性、生与死的区别，在电子人时代，将人类分为男性/女性、公共/私人、自然/文化的划分方法失效了，哈洛维甚至将电子人视为后性别世界的一个"终极的自我"：

电子人是后性别世界的一种生物，它跟双性、前俄狄浦斯的共生性、未异

---

① ［澳］Chris Barker 著，罗世宏主译：《文化研究：理论与实践》，台北：五南出版社，2012 年，第 416 页。

② ［美］多娜·哈洛维：《电子人宣言：20 世纪末的科学、技术和社会主义女性主义》，陈永国主编：《视觉文化研究读本》，北京：北京大学出版社，2009 年，第 397 页。

③ ［美］多娜·哈洛维：《电子人宣言：20 世纪末的科学、技术和社会主义女性主义》，陈永国主编：《视觉文化研究读本》，北京：北京大学出版社，2009 年，第 398 页。

化的劳动或通过最后挪用各部分的全部力量而进入比较高级的有机整体的其他诱惑无关。在某种意义上，电子人并没有西方意义上的创始故事——这是"最后的"反讽，因为电子人也是对"西方"日益升级的、抽象个性化的、可怕的终极启示，是最终摆脱所有依赖而得以解放的一个终极自我，是空间里的一个人。①

电子人摆脱了人类传统意义上的身体和社会阈限，颠覆了传统人类以男性为主的身份政治和霸权体系，但是哈洛维也指出，电子人本身仍然是控制社会的一部分，正是现代通信科学和现代技术的发展改变了世界，把世界转换为编码，从而重建了人们的身体和新的社会关系，结果，西方自我的"完整"或"真诚"让位于"决策程序"和"专家系统"。

对于一个人与机器混合的电子人来说，父亲和母亲的概念都失去了意义，决定它们命运的是信息社会中的电脑程序和专家系统，所以哈洛维用"统治的信息学"概述"电子人社会"的本质。哈洛维意识到，电子人社会其实是一个更加令人恐怖的世界，因为这表明整个人类社会正在"经历从有机的工业社会向多形态的信息系统转变的一次运动——从全面工作到全面游戏，而且是致命的游戏"②。这个"统治的信息学"世界也是波德里亚所说的"仿真世界"，真实与虚构、现实与虚拟、自然与机器之间的差异在这里统统取消，在这样一个"统治的信息学"世界中，经过拆解、组装、镶嵌和植入，机器人、人机混合美女之类的新品种随时可以生产出来，并且随时可以进行再拆解和重新组装，今天人类所研制的智能机器人不仅在形体上越来越接近人类本身，而且在思维上也越来越接近甚至超越人类："人类必须局部化为一个系统建筑，其基本操作是概率的、统计学的。任何物体、空间和身体都不是神圣的……"③哈洛维还用了一张表（见表6-2）对比了传统的工业社会和她称之为新的、令人恐惧的

① ［美］多娜·哈洛维：《电子人宣言：20世纪末的科学、技术和社会主义女性主义》，陈永国主编：《视觉文化研究读本》，北京：北京大学出版社，2009年，第398-399页。

② ［美］多娜·哈洛维：《电子人宣言：20世纪末的科学、技术和社会主义女性主义》，陈永国主编：《视觉文化研究读本》，北京：北京大学出版社，2009年，第407页。

③ ［美］多娜·哈洛维：《电子人宣言：20世纪末的科学、技术和社会主义女性主义》，陈永国主编：《视觉文化研究读本》，北京：北京大学出版社，2009年，第409页。

统治信息学网络之间的根本差异。①

表6-2 哈洛维制作的"再现"与"仿真"之间的区别

再现	仿真
资产阶级小说，现实主义	科幻小说，后现代主义
有机体	生命成分
深度，完整性	表面，界限
热能	噪音
作为医疗实践的生物学	作为刻写的生物学
生理学	通信工程
小群体	子系统
优生学	人口控制
颓废，《魔山》	退化，《未来的冲击》
卫生学	免疫学，艾滋病
微生物学，肺结核	工效学，劳动控制论
功能专业化	组合式建构
再生产	复制
有机性功能专业化	优化基因策略
生物决定论	进化惰性，约束
群体生态学	生态系统
存在的种族链条	新帝国主义，联合国主义
家庭/工厂的科学管理	全球工厂/电子屋
家庭/市场/工厂	集成电路中的妇女
家庭工资	可比性财富
公共/私下	电子人公民身份

---

① ［美］多娜·哈洛维：《电子人宣言：20 世纪末的科学、技术和社会主义女性主义》，陈永国主编：《视觉文化研究读本》，北京：北京大学出版社，2009 年，第 408 页。

（续上表）

再现	仿真
自然/文化	差异领域
合作	通讯改善
弗洛伊德	拉康
性	基因工程
劳动力	机器人学
心智	人工智能
第二次世界大战	星球大战
白人资本主义的父权制	统治的信息学

从表6-2可以看出，在传统的西方社会，其核心是白人资本主义的父权制社会，在这样的父权制体系下，男性和女性是截然对立的，男性主宰着家庭、社会以及女人的身体，这也体现在视觉影像世界里性别关系的建构中。但是随着技术的发展，未来社会很可能就是哈洛维所说的电子人社会，一切由信息系统所控制，人工智能取代心智，基因工程取代性，人类与机器、真实与虚构、现实与虚拟之间的差异可能统统消失。人类的一切都将发生根本变化，这样的变化对于今天的人类而言是祸是福，还难以知晓。

参考文献

…　…

1. ［德］马克斯·霍克海默著，李小兵等译：《批判理论》，重庆：重庆出版，1989 年。

2. ［美］弗雷德里克·詹姆逊著，王逢振等译：《快感：文化与政治》，北京：中国社会科学出版社，1998 年。

3. ［美］约翰·费斯克著，王晓珏、宋伟杰译：《理解大众文化》，北京：中央编译出版社，2001 年。

4. ［斯洛文尼亚］斯拉沃热·齐泽克、［德］泰奥德·阿多尔诺等著，方杰译：《图绘意识形态》，南京：南京大学出版社，2006 年。

5. ［美］道格拉斯·凯尔纳著，丁宁译：《媒体文化——介于现代与后现代之间的文化研究、认同性与政治》，北京：商务印书馆，2004 年。

6. ［美］安德鲁·芬伯格著，韩连庆、曹观法译：《技术批判理论》，北京：北京大学出版社，2005 年。

7. ［德］马克斯·霍克海默、西奥多·阿道尔诺著，渠敬东、曹卫东译：《启蒙辩证法——哲学断片》，上海：上海人民出版社，2006 年。

8. ［英］约翰·斯道雷著，杨竹山等译：《文化理论与通俗文化导论》，南京：南京大学出版社，2006 年。

9. ［英］斯托克斯著，黄红宇等译：《媒介与文化研究方法》，上海：复旦大学出版社，2006 年。

10. ［英］比格纳尔：《后现代媒介文化》，北京：北京大学出版社，2006 年。

11. ［美］苏·卡利·詹森著，曹晋译：《批判的传播理论：权力、媒介、社会性别和科技》，上海：复旦大学出版社，2007 年。

12. ［日］吉见俊哉著，苏硕斌译：《媒介文化论》，台北：群学出版有限公司，2009 年。

13．［英］迪克·赫伯迪格著，陆道夫、胡疆锋译：《亚文化：风格的意义》，北京：北京大学出版社，2009 年。

14．［英］戴维·莫利著，郭大为等译：《传媒、现代性和科技："新"的地理学》，北京：中国传媒大学出版社，2010 年。

15．［美］雷蒙·威廉斯著，高晓玲译：《文化与社会：1780—1950》，长春：吉林出版集团有限责任公司，2011 年。

16．［澳］Chris Barker 著，罗世宏主译：《文化研究：理论与实践》，台北：五南出版社，2012 年。

17．［美］赫伯特·马尔库塞著，刘继译：《单向度的人——发达工业社会意识形态研究》，上海：上海译文出版社，2013 年。

18．［英］雷蒙德·威廉斯著，倪伟译：《漫长的革命》，上海：上海人民出版社，2013 年。

19．［英］文森特·米勒著，晏青等译：《数字文化精粹》，北京：清华大学出版社，2017 年。

20．［德］哈特穆特·罗萨著，郑作彧等译：《新异化的诞生：社会加速批判理论大纲》，上海：上海人民出版社，2018 年。

21．TURNER G. British culture studies. London：Unwin Hyman，1987.

22．CAREY J W. Communication as culture：essays on media and society. New York：Routledge，1982.

23．FERGUSON M，GOLDING P. Cultural studies in question. London：Cromwell Press Ltd.，1997.

24．HALL S，ed. Representation：cultural representations and signifying practices. London：Sage，1997.

25．曹晋、赵月枝主编：《传播政治经济学》（英文读本），上海：复旦大学出版社，2007 年。

26．史文鸿：《媒介与文化》，香港：次文化有限公司，1993 年。

27．张锦华：《传播批判理论》，台北：黎明文化事业公司，1994 年。

28．马杰伟：《解读普及媒介》，香港：次文化有限公司，1996 年。

29．卢岚兰：《现代媒介文化——批判的基础》，台北：三民书局，2006 年。

30．张京媛主编：《后殖民理论与文化批评》，北京：北京大学出版社，1999 年。

31. 陈龙：《传媒文化研究》，北京：中国人民大学出版社，2009 年。

32. 蒋原伦：《媒介文化十二讲》，北京：北京大学出版社，2010 年。

33. 陶东风、胡疆锋主编：《亚文化读本》，北京：北京大学出版社，2011 年。

34. 朱丽丽：《数字青年：一种文化研究的视角》，南京：江苏人民出版社，2017 年。

35. 曾一果：《西方媒介文化理论研究》，北京：学习出版社，2017 年。

36. 罗小茗主编：《反戈一击：亚际文化研究读本》，上海：上海书店出版社，2019 年。

后　记

…　…

　　这本书集中了我对当代媒介文化理论和现象的部分思考，也是国家社会科学基金重大招标项目"数字媒介时代的文艺批评研究"（项目号19ZDA269）阶段性成果。书的名称直接受到吉见俊哉《媒介文化论》和詹姆斯·凯瑞《作为文化的传播》的影响。当然，我的研究和思考远没有他们二人那么深入、系统和有见地。不过，书中的内容也是多年来我对电视、电影、报纸、网络和新媒介等当代媒介文化现象观察和思考的一点成绩。当代的媒介文化纷繁复杂，而且从报纸杂志、电影电视到如今的互联网新媒介，变化实在太快，我的许多观察还很浅陋，但我个人觉得，对于各种纷繁复杂的媒介文化现象之观察，哪怕是浅显一点，在今天也是非常有必要的。我的观察和思考建立在以下基础之上：

　　其一，从文化的角度理解当代媒介现象，这也是本书取名"媒介文化论"的缘故。自从工作之后，我便根据自己的兴趣和专长，选择了从文化角度理解形形色色的新旧媒体现象。先前，在国家社科基金后期项目的资助下，我做过西方媒介文化理论的整体考察和梳理，出版了《西方媒介文化理论研究》《媒介文化理论概论》等书。本书试图进一步将理论与现象结合起来，带着问题思考，深入研究日常生活中的媒介文化现象。

　　其二，努力将各种媒介文化现象置于中国社会的历史脉络和发展语境中加以理解。种种媒介文化现象与当代社会的发展密切相关，吉见俊哉在讨论日本媒介文化现象时也特别强调："你们作为读者，若要习得这种取向的媒介研究视野，就必须将对电视、收音机、电话、电影、留声机等各种媒介设备的考察焦点，放在这些媒介于特定时代的社会空间中如何形成、被赋予什么意义、如何被使用以及如何受到进行消费的社会主体青睐……我们不单单描述技术的发展史，更将媒介理解为'新技术'、现代性及'他者'结合的装置，并试着深描这个装置的社会图像，以及人们的身体实践与论述实践。"在对各种媒介文化想象的考察中，我也尝试将纷繁多样的媒介文化现象案例置于复杂的历史脉络和现实语境中加以探究。只不过，由于才疏学浅，我的努力并没有达到预期效果。特别是在"深描"方面做出一些尝试时，我发现自己不仅历史文献知识缺乏，经验性材料也准备不足，研究方法的训练更是不够系统，以致许多观察不能够深入。

其三，我的理论训练深受法兰克福学派、伯明翰学派的影响，我也试图带着批判的视角、态度和眼光审视种种媒介文化现象。当然，无论是法兰克福学派的批判理论，还是伯明翰学派的文化研究，其理论都并非针对中国社会。生搬硬套地用西方理论解释中国问题可能会是一种误读。因此，在具体运用西方社会批判理论时，我也努力做到"落地生根"，具体问题具体对待。而且，法兰克福学派的批判理论和伯明翰学派的文化研究本身也在不断发展，如哈特穆特·罗萨的《新异化的诞生：社会加速批判理论大纲》等著作就体现了批判理论对当代社会的关注。所以，我需要不断学习和吸收新的社会批判理论，以加强自己对新媒体文化现象的理解和认识。

其四，我希望自己的研究能够为打破学科和专业壁垒做点贡献。我本科是历史学专业，后来进入文学研究，再后来从事新闻传播学的专业研究，这样的经历使得我更倾向于赞同打破学科壁垒和专业界限的观点，而媒介文化本身就包含了新闻传播、艺术、影视、文学和社会学等学科知识。因此，从事媒介文化研究的人也最好有一定的跨学科知识背景。

以上四个方面是我对当代媒介文化理论和现象研究的一点体会。当然，前面已说过，由于才疏学浅，特别是面对越来越复杂的新媒体文化现象，我常常有一种在理论和方法上都力不从心之感，但我又深知，不断涌现的诸种媒介文化现象是多么值得更多的人关注。因而，这本书的完成也可以说是一个新的起点，其将督促我继续努力探究这个领域。

最后要说的是，这本书的部分内容是我和我的研究生颜欢、朱壹、李思蓓等人合作的成果，在这里不一一指出，谨向他们表示感谢。本书的部分章节分别在《新闻与传播研究》《国际新闻界》《现代传播》《文艺研究》《探索与争鸣》《南京社会科学》《江苏社会科学》《中国电视》等刊物上发表过，在这里，向这些刊物的编辑表示诚挚的感谢。

另外，我还要感谢暨南大学和新闻与传播学院的领导及同事们对我的关心和帮助。一切都是因缘际会。2018 年 8 月我从苏州大学调到了暨南大学。在这里，我开启了新的生活和学术研究工作。从明湖楼边寓居的周转楼到第二文科教学楼的办公室步行只需五六分钟，感谢暨南大学为我提供了良好的工作环境，使得我能够比较从容地工作和学习。我每天往来寓所和办公室，很有规律地教书、学习和生活，这在哈特穆特·罗萨所说的"社会加速时代"里还是有点难得的。我很珍惜这样的工作环境，并希望自己能在这样的学术环境里有更扎实的学术思考，写出更多令自己满意的作品来。

曾一果

2019 年 10 月于暨南大学

暨南文库·新闻传播学
第一辑书目